Jutta Ditfurth **Durch unsichtbare Mauern**

Jutta Ditfurth

Durch unsichtbare Mauern

Wie wird so eine links?

Rotbuch Verlag

Von Jutta Ditfurth liegen bei Rotbuch außerdem vor:

Krieg, Atom, Armut. Was sie reden, was sie tun: Die Grünen (2011)
Die Himmelsstürmerin. Roman (2010)

Bildnachweis: Heilwig von Ditfurth: II u., III o., IV–VI, VII u., VIII; York Ditfurth: XVI o.; Norbert »Mac« Schell, Hamburg: XIII, XV o.; Axel Schölmerich, Mainz: XIV o.; Felicitas Timpe, München: XIV u.; Foto Zemann, Heidelberg: XII. Alle übrigen Bilder stammen aus dem Privatbesitz der Autorin. Nicht in allen Fällen konnten die Rechteinhaber ermittelt werden. Berechtigte Honoraransprüche bleiben gewahrt.

ISBN 978-3-86789-138-7

1., unveränderte Nachauflage der 2002 im Verlag
Kiepenheuer & Witsch erschienenen Ausgabe

Umschlaggestaltung: Rotbuch Verlag, Katharina Fuchs
Umschlagabbildungen: Vorderseite © privat; Innenklappe vorn
© Heilwig von Ditfurth; Rückseite: April 1954, am Mainufer in
Würzburg mit Mutter Heilwig und mit Vater Hoimar von Ditfurth
© Heilwig (r.) und Hoimar von Ditfurth (l.)
Druck und Bindung: CPI Moravia Books GmbH

Ein Verlagsverzeichnis schicken wir Ihnen gern:
Rotbuch Verlag GmbH
Alexanderstraße 1
10178 Berlin
Tel. 01805/30 99 99
(0,14 Euro/Min., Mobil max. 0,42 Euro/Min.)

www.rotbuch.de

Für meine FreundInnen,
für Manfred

»Sehen Sie, für mich ist das gar kein besonderes Engagement. Das kommt natürlich, spontan. Ich kann eben einfach heute nicht denken, ohne als selbstverständlich mitzudenken, was um mich herum vorgeht, was in der Welt geschieht. Und zwar nicht nur in meiner näheren Umgebung, sondern in den Ghettos in den Vereinigten Staaten, in Südostasien, in Lateinamerika, überall wo das Elend und die Grausamkeit und die Unterdrückung einem ins Gesicht starren, selbst, wenn man nicht hinsehen will, man fühlt es, man liest es, man weiß es. Ich würde sagen, das ist für mich kein besonderes Engagement, das ist der natürliche Ausdruck meiner Existenz.«

Herbert Marcuse 1971

Kaum geboren, legten sie mich in einen Wäschekorb in einer Dachkammer der Psychiatrischen Universitätsklinik Würzburg in der Füchsleinstraße. Über meinem Kopf lagerten, nur über die Wendeltreppe erreichbar, in Formalin eingelegte Gehirne. Benötigte ein Psychiater eines der Gläser, schob meine Mutter ihr Feldbett zur Seite, bis der Klinikangestellte unsere kleine Kammer mit dem fahlbleichen Präparat in der Hand wieder verlassen hatte.

*

Niemand wird links geboren. Ich kam im September 1951 in Würzburg hellhäutig und weiblich auf die Welt, wurde christlich getauft, auf den Namen Jutta Gerta Armgard von Ditfurth, und aufgezogen von Eltern, die beide aus Adelsfamilien stammten. Die Berliner Offiziersfamilie meines Vaters Hoimar von Ditfurth war durch die Folgen des Ersten Weltkriegs verarmt, die vorpommersche Großgrundbesitzerfamilie meiner Mutter Heilwig von Ditfurth, geborene von Raven, 1945 nach der Flucht vor der Roten Armee. Mein Vater, 29 Jahre alt, trotz seiner Herkunft weder Landwirt noch Offizier, hatte drei Jahre zuvor, 1948, seine erste Assistenzarztstelle an der Psychiatrischen Universitätsklinik gefunden. Meine Mutter, 25 Jahre, von den Jagdgründen und Zwerghuhnzuchten ihrer Jugend in der Uckermark getrennt, hatte sich zur Fotografin ausbilden lassen.

Die Gesellschaft, in die ich zufällig hineingeworfen wurde, war die Bundesrepublik Deutschland, sechs Jahre nach der Befreiung vom NS-Faschismus. Die Deutschen hatten mehr als 60 Millionen Menschen auf dem Gewissen, allein 27 Millionen Menschen in der Sowjetunion.

So wenige waren den Verfolgungen Nazi-Deutschlands entkommen. Anstatt die EmigrantInnen auf Knien anzuflehen, in die Bundesrepublik zurückzukehren, neideten ihnen viele, unter ihnen eine

Armee von MitläuferInnen und bis zur Unkenntlichkeit in der »inneren Emigration« Verschwundene, dass sie überlebt und dass einige im Ausland sogar Anerkennung gefunden hatten.

Bert Brecht, Anna Seghers und Heinrich und Thomas Mann mussten sich anhören, dass solche wie sie den »deutschen Geist«, die »deutsche Seele« und das »Deutschtum« durch Flucht verraten, dass sie im Ausland unter luxuriösen Lebensbedingungen gelebt hatten, dass sie von Bombennächten und Hunger nichts wussten, dass ihre Literatur nur »Leerlauf«, »Stagnation« und »Entfremdung« vom Deutschtum bedeute. Hatten sie nicht durch feige Flucht den »natürlichen Kreislauf der Erlebnisse in einem Volk« unterbrochen?, zeterte Hans Werner Richter, der Gründer der Gruppe 47. (»Literatur im Interregnum«, 1946/47) Nicht nur er.

Thomas Mann fühlte sich »ohne die alliierten Bayonette (…) in Deutschland seines Lebens nicht sicher«. Mann: »Das Monopol-Kapital«, das den höchsten Ausdruck seiner Herrschaft im Faschismus gefunden habe, wolle »den Kampf bis aufs Messer und ist zu jedem Verbrechen bereit, ehe es abdankt«. Entnazifizierung? Im Ruhrgebiet sah der Literaturnobelpreisträger die »Geldgeber Hitlers als Statthalter des amerikanischen Kapitals wieder eingesetzt«. (*Tagebücher* 28.5.1946–31.12.1948) Er entfloh der McCarthy-Ära 1952 in die Schweiz.

Anna Seghers, 1947 zu vorsichtigem Besuch aus dem mexikanischen Exil in Deutschland, suchte hier »nach Menschen, die sich gar nicht erst hatten [mit Nazideutsch und Antisemitismus; d. Verf.] füttern lassen; die diese Nahrung von vorneherein verweigert hatten«. Von manchen Freunden fand sie nur noch deren Namen auf Todesurteilen. Seghers: »Anständige Menschen [stechen] von den übrigen ab wie vielleicht einmal die ersten Christen von den Zuschauern in der römischen Arena. Die Menschen verstehen jeden Tag weniger, (…) dass sie auch nur im Geringsten Schuld haben sollen an dem Hunger, den sie tatsächlich haben.« Sie fand ein »Volk der kalten Herzen«, dessen »moralische Werte bis zu einem Grad vernichtet [waren], den man sich draußen trotz aller Fantasie schwer vorstellen kann«. (*Hier im Volk der kalten Herzen*, 1947/2000) Wie Bert Brecht kehrte Seghers aus dem Exil in die DDR zurück.

Wir Kinder lebten, ohne es zu ahnen, unter MörderInnen und MitläuferInnen, unter DenunziantInnen und Gleichgültigen. Sie waren unsere PolitikerInnen, LehrerInnen, JournalistInnen, sie waren Verwandte und NachbarInnen. Andere hatten das Land verwüstet, viel zu oft sind in Deutschland andere schuld. »Feinde« hatten deutsche Städte bombardiert, die die Deutschen nun voller Selbstmitleid rekonstruierten. Die »Trümmerfrau« wurde zur Metapher für den »Wiederaufbau«, niemand fragte sie nach ihrer Schuld, und sie wurde viele Jahre später sogar eine bürgerlich-feministische Heldinnenfigur. Ob die Tapfere vor 1945 »Heil Hitler« gejauchzt, jüdische NachbarInnen denunziert, deren Habe ergattert oder ob sie antifaschistische Zivilcourage bewiesen hatte – wir sollten es nicht wissen. Eine neue alte Ordnung entstand, und als Baumaterial verwendete mensch die allzu brauchbaren Trümmer von gestern.

*

Der langsame soziale Aufstieg meiner Eltern trug mich 1952 den Berg hinauf, in eine Hütte im Wald hinter der psychiatrischen Klinik, in der mein Vater arbeitete. Zwei winzige Kammern, magere Schlafgelegenheiten, Herdofen, Tisch, Stühle, Waschschüssel, kein Klo. Meine Mutter klemmte sich das Kleinkind und den Säugling unter die Arme, wenn sie bergab zur Toilette in die Klinik lief. Von meinem Vater verlangte das autoritäre Ordinariensystem der psychiatrischen Universitätsklinik Unterwerfung als Dank für seine anfänglich unbezahlte Assistenzarztstelle. Meine gelegentlichen Babysitter trugen weiße Krankenschwesterntracht, und ich glaubte, Krankenhäuser seien unter anderem dafür da, kleine Kinder mit Erdbeereis zu versorgen.

Kurz vor seinem zweiten Geburtstag im April 1952 fuhr meine Mutter mit meinem großen Bruder Krafft für einige Tage nach Hindelang im Allgäu. Der Zweijährige liebte sein Motorrad aus Blech und tollte damit im Garten der Pension herum. Heilwig ließ den Kleinen für einen Moment in der Obhut eines älteren Jungen auf der Wiese spielen und half der Pensionswirtin, ein Kinderbett die Treppe hinaufzuhieven, am Nachmittag kamen neue Gäste.

Die Wiese war leer, als sie zurückkam. »Weiß nicht, wo er ist«, sagte der große Junge. Heilwig eilte bachaufwärts, als sei ihr kleiner Junge ein fliegender Fisch. Eine Frau lief ihr zu Hilfe, beide rannten jetzt den Bachlauf hinunter. Krafft schwamm im Tauchbecken der Sägemühle. Die Holzstämme hatten ihn nicht verletzt. Er sah lebendig aus. Heilwig hob ihn aus dem Wasser, legte ihn auf die Erde und hielt ein Wildgras vor seinen Mund. Eine grausame Windböe bewegte das Gras.

Der Totengräber schnürte später den weißen Sarg, nicht viel größer als eine Schuhschachtel, auf den Gepäckträger seines Fahrrads und radelte über holprige Wege zur Leichenhalle. Heilwig wurde von der Polizei verhört: Haben sie ihr Kind getötet? Ein Klinikkollege fuhr meinen Vater von Würzburg nach Hindelang, er hatte weder das Geld für die Fahrt mit der Eisenbahn, noch war er in der Verfassung, allein auf diese Reise zu gehen. Meine Eltern wollten den Sarg mit ihrem toten Kind mit nach Würzburg nehmen, um Krafft dort zu beerdigen, aber das war illegal, und eine offizielle Überführung konnten sie nicht bezahlen. Krafftchen, nie mehr hieß mein großer Bruder anders, wurde in Hindelang beerdigt.

Eine Krankenschwester hatte mich während dieses kurzen Urlaubs meiner Mutter betreut. Ich war sieben Monate alt und wurde mit Tränen überschüttet. Später fanden wir vier Geschwister an Krafftchens Todestag Maikäfer aus Schokolade auf unserem Frühstücksteller. Bei jedem Umzug wurde eine kleine Kiste mitgenommen und verborgen, in der ich manchmal heimlich kramte, darin fand ich fremde kleine Socken, Spielzeug und anderes, was im Lauf der Jahre Farbe und Geruch veränderte.

Wenn ich fragte, erzählte mir meine Mutter von meinem Bruder. Doch die Geschichte seines Todes klang jedes Mal ein mikroskopisches bisschen anders. Mal hatte sich Krafftchen bei einem Spaziergang von der Hand gerissen, ein andermal war er allein gelaufen und war, unbemerkt von den Erwachsenen, seinem Blechmotorrad hinterher in den Wildbach gesprungen. Immer riss das Wasser ihn bergab. Aber etwas stimmte für mich nicht, meine Fantasie lief Amok. War er einem dieser gefährlichen Männer in die Falle gelaufen, die Kindern in Grünanlagen Bonbons anboten? Die Kinder verschwanden, jedenfalls wollte kein Erwachsener Wort für Wort aussprechen, was mit ihnen geschah. Was für eine Art von Menschen brachte Kinder um?

Ich sah mir seine Fotos oft an. Ich hätte so gern einen großen Bruder gehabt. Vielleicht lebte er woanders, und niemand sollte es wissen. Wenn ich ihn suchte, wenn ich ihn fand? Kam etwas Schreckliches ans Licht? Er war ein wildes Kind, sagte meine Mutter. Hieß brav sein sicher sein?

Meine Eltern hatten, so erfuhr ich Jahrzehnte später, ein anderes Kind geschützt. Es hatte sich vielleicht so abgespielt: Der große Junge hatte den Kleinen um das Motorrad aus Blech beneidet. Er stritt sich mit ihm, und die Kinder erreichten die kleine Brücke über dem Wildbach am Ende der Wiese. Der Junge schubste Krafftchen in den Bach, der war flach, aber das Wasser wild und schnell. Der große Junge begriff irgendwann, was er getan hatte. Er litt, musste jahrelang in Therapien und starb früh, ich weiß nicht woran. Das Blechspielzeug wurde nie gefunden.

*

Drei Wochen nach Kraffts Tod, am 11. Mai 1952, nach einer Reihe von dezentralen Manifestationen im ganzen Land, folgten 30 000 junge Leute einem Aufruf des Präsidiums des westdeutschen Treffens der jungen Generation für eine Friedenskarawane nach Essen – unter ihnen ArbeiterjugendIiche, PfadfinderInnen und SportlerInnen, Angehörige katholischer und kommunistischer, sozialdemokratischer und evangelischer Jugendverbände.

Die Sowjetunion hatte im August 1945 Korea von der japanischen Herrschaft befreit. Japan war Nazi-Deutschlands Kriegspartner gewesen. Korea wurde von den Alliierten für eine Übergangszeit aufgeteilt: Den Norden »betreute« die Sowjetunion, ließ aber Raum für die bereits existierenden Volkskomitees und einen provisorischen Volksausschuss. Den Süden besetzten die USA und lösten sogleich die Komitees auf, die Wahlen und eine unabhängige Zukunft für Korea vorbereiten wollten. Die USA installierten den Diktator Li Syng Man. Im August setzten die Komitees im ganzen Land Wahlen durch, gegen das Verbot der USA beteiligten sich auch 75 Prozent der WählerInnen im Süden. Die Volksversammlung gründete die Demokratische Republik Korea (KDVR). Die Sowjetunion zog wunschgemäß ihre Truppen ab. Der südkoreanische Diktator hatte die Wahlen haushoch verloren und wurde nun von den USA mit militärischer Gewalt an der Macht gehalten. Südkoreanische Truppen griffen Nordkorea an. Die UNO verharmloste den Angriff als notwendige »Polizeiaktion« und ließ die USA gewähren.

Nordkorea wehrte sich erfolgreich. US-Truppen griffen Nordkorea an – zur See, in der Luft und am Boden. Der UNO-Sicherheitsrat lehnte den Truppenabzug und die Forderung nach freien Wahlen ab, denn die USA hofften, ganz Korea zu unterwerfen. Trotz eines immensen militärischen Aufwandes, ähnlich wie später in Vietnam, gelang den USA die Einnahme Nordkoreas nicht, das inzwischen auch von China unterstützt wurde. Fotos fanden ihren Weg in den Westen, auf denen mensch sah, wie amerikanische Soldaten unbewaffnete, zivile KoreanerInnen abknallten. Internationaler Druck zwang die USA, sich 1953 auf ein Waffenstillstandsabkommen einzulassen.

Die »Ohne-uns-Bewegung« im westlichen Deutschland von 1950 war zuerst eine ganz spontane politische Aktion. 1951 wurden die »Ohne-Michels« politischer, bildeten sich auf Friedensveranstaltungen und organisierten sich parteilich, gewerkschaftlich, kirchlich oder unabhängig. Hier trafen sich KommunistInnen, die Auschwitz überlebt hatten, Menschen, die Zivilcourage bewiesen, oder auch solche, die alles besser machen wollten, und vor allem viele junge Leute. Sie wollten gegen die geplante Remilitarisierung protestieren und gegen die Absicht, die Bundesrepublik Deutschland Mitglied der verachteten NATO werden zu lassen. Mit den Bildern von Hiroschima und Korea im Kopf wurden vor allem die jugendlichen Aufrüstungs- und AtomwaffengegnerInnen immer zahlreicher und hofften auf ihre Chance.

Während an diesem 11. Mai 1952 die TeilnehmerInnen aus der ganzen Bundesrepublik noch nach Essen unterwegs waren, wurde die Demonstration gegen Remilitarisierung und NATO-Mitgliedschaft von Bundesinnenminister Robert Lehr (CDU) verboten. Der 68-jährige Lehr, von 1950 bis 1953 Adenauers Innenminister, war der

Sohn eines preußischen Generals, ein besessener Anhänger staatlicher Sicherheit, der den Bundesgrenzschutz schuf und stärkte und Verfassungsklagen gegen linke Parteien betrieb. Die Jugendlichen, die mit Bussen und der Eisenbahn nach Essen strömten, wurden bei ihrer Ankunft von Polizeigewalt empfangen. Die Polizisten jagten Hunde in die Menge und prügelten viele Jugendliche krankenhausreif. Schließlich griffen sie zu scharfen Waffen und schossen drei junge Leute in den Rücken: Philipp Müller, einen kommunistischen Münchner Eisenbahnarbeiter, einen Sozialdemokraten und einen Gewerkschafter. Philipp Müller starb. Nichts davon stand in irgendeinem meiner Schulbücher, nichts davon erfuhr ich, bevor ich erwachsen war.

*

Viele Kinder fühlen sich von Geheimnissen umgeben. Wenn wir in unseren Familien unglücklich sind, trösten wir uns manchmal mit der Vorstellung, ein Findelkind zu sein und nichts mit dieser schrecklichen Familie zu tun zu haben. Natürlich war auch meine kleine Schwester im Krankenhaus vertauscht worden. Schließlich war sie zierlich und braunäugig, anders als wir drei Riesen mit den graublauen Augen.

Krafftchens Tod veränderte meine Kindheit, ich war jetzt die Älteste von später vier Geschwistern. »Verantwortungsbewusste Tochter«, lockten meine Eltern. »Doofe Gouvernante«, schimpften meine Geschwister, wenn ich mit ihnen allein war und sie mal wieder »spätestens um sieben, hörst du!« ins Bett bringen musste. Sonntags durfte ich beim Abwasch helfen, während mein Bruder mit Hoimar Fußball spielte, denn »Fußball ist nichts für Mädchen«. »Nix für Mädchen!«, krähte der kleine Bastard.

Solche Kränkungen wurden vielfach ausgeglichen. Mein Vater liebte es, bevor ihn seine Karriere verschlang, an mir auszuprobieren, was ich von dem, was er schrieb, verstand. Ich war die Älteste und ich hatte einen Vater, der alles wusste. Ich vergaß jedes Spiel, warf meine Puppen und Bücher weg, wenn er Zeit hatte, mich an die Hand nahm und ich fragen durfte, was immer ich wollte. Wo ist das Weltall zu Ende? Ist das Licht schneller oder die Zeit?

1953 war mein Bruder Wolf-Christian geboren worden, 1956 Donata-Friederike. Wir lebten nun zu fünft in einer engen Zweieinhalbzimmer-Sozialwohnung in der Würzburger Huttenstraße. Die Hauswirtin jagte uns Kinder mit ihrem Schäferhund aus Hof und Garten. Es war ein schöner Tag, als Christian auf wackeligen Beinchen auf dem Balkon stand und seinen vollen Matscheimer über den Kopf der Tyrannin leerte. Er wurde pflichtgemäß ausgeschimpft, denn die Eltern hatten Angst, aus der Wohnung geworfen zu werden. Aber warum grinste mein Vater heimlich so frech? Warum schmunzelte meine Mutter, als sie glaubte, dass ich es nicht sah?

Sobald ich auf meinen eigenen Beinen davonlaufen konnte, rannte ich mit anderen Kindern *Dschieps* hinterher. Manchmal rasten sie nicht »mit 80 um die Ecke«, sondern fuhren langsam, und die fremden Männer lachten uns an. »Hello!« war unser erstes Wort in der fremden Sprache. Sie waren viel lässiger als unsere deutschen Nachbarn.

Tschuiingamm flog vor unsere Füße, oder die Fremden, manche von ihnen mit Gesichtern aus Schatten so dunkel, hielten uns Schokoladenriegel hin oder Bananen und fütterten uns wie Äffchen. Die *Dschi-Ais* kamen aus einem riesig großen Land jenseits des Meers und hatten »Gott sei Dank die Nazis besiegt«, sagte mein Vater, und dafür hatten »die Amis« leider Bomben auf die Stadt schmeißen müssen. Deshalb lagen so viele Trümmer herum, mehr als 80 Prozent der Stadt waren 1945 zerbombt, das war nicht zu vermeiden. Wenn ich etwas viel Kleineres kaputt machte, regte das die Großen viel mehr auf.

Die GIs kamen aus einem Land, wo es Indianer gab und Elvis Presley in einem Wolkenkratzer wohnte. Ich starrte in den Himmel. Wenn ein Haus die Wolken kratzen konnte, wie furchtbar hoch musste es sein?

»Was für 'ne komische Musik die haben«, maulte ein Nachbarjunge.

Fand ich nicht, kannte ich von zu Hause, meine Mutter liebte Swing. »Durften wir bei den Nazis nicht hören«, sagte sie.

Jemand darf Musik verbieten? Das war noch gemeiner als die Geschwindigkeit, mit der Chewinggum nach kurzem Geknatsche seine

Süße verlor, ich teilte meinen Streifen künftig besser in zwei Hälften, dann hatte ich zweimal einen süßen Anfang.

Wer einen reichen Onkel in Amerika hatte, war fein raus, der fuhr mit dem Schiff nach Amerika, traf Indianer und Cowboys, fuhr Cadillac und wurde Millionär, das wussten wir schließlich alle. Meine Patentante Armgard, die ältere Schwester meiner Mutter, war nach Kalifornien ausgewandert, aber sie war eigenartigerweise nicht reich geworden. Wahrscheinlich weil sie eine Frau war, es gab schließlich eine Menge, was nur Männer konnten – Kinder in der Schule anmelden, Lkw fahren, Sachen reparieren, Brüder verhauen – eben alles Wichtige.

*

Die verdammte Debatte fing 1945 wieder tief unten an, wie alles, was mit Vorstellungen von Gleichheit und Freiheit zu tun hatte.

Weiter war die Weimarer Reichsverfassung nicht gekommen: »Männer und Frauen haben die gleichen staatsbürgerlichen Rechte und Pflichten.« Linke Frauen aus Gewerkschaften, Initiativen, aus KPD und SPD nahmen 1945 die Auseinandersetzung wieder auf. Der Kampf um die bürgerliche Emanzipation der Frau, um die Verwirklichung der Forderungen von Frauenrechtlerinnen der Französischen Revolution war noch immer nicht gewonnen. Frauen, die heirateten, wurden häufig sofort entlassen. Männer konnten ihren Frauen verbieten zu arbeiten, sie konnten sogar ihre Arbeitsverträge gegen ihren Willen kündigen.

Aber der Wahlopportunismus der Parteien half: Es gab sieben Millionen mehr Frauen als Männer, auf 100 Wähler kamen 170 Wählerinnen.

Im Januar 1949 wurde der uneingeschränkte Gleichberechtigungsparagraf in zweiter Lesung angenommen und im Grundgesetz verankert: »Männer und Frauen sind gleichberechtigt.« Die Teile des Familienrechtes im BGB, die dem Gleichberechtigungsgrundsatz widersprachen, sollten bis März 1953 angepasst werden. Gerichte entschieden in der Übergangszeit oft fortschrittlich, während die Bundesregierung in ihrem Gesetzentwurf patriarchale Einschränkungen aller Art vorbereitete.

Wieder sollte der Vater mit dem Stichentscheid und mit dem Alleinvertretungsrecht für die Kinder patriarchal ermächtigt werden: Alle familiären und ehelichen Angelegenheiten sollten zwar im gegenseitigen Einvernehmen geregelt werden, einigte sich ein Ehepaar jedoch nicht, entschied der Mann. Nur wenn »seine Entscheidung dem Wohl der Familie« widersprach, war »die Entscheidung für die Frau nicht verbindlich«.

Wenn mann weiß, dass mann im Notfall autoritär und allein entscheiden kann, ist der Druck gering, sich zu einigen. Alles nur zum Schutz von Ehe und Familie! Krieg ist Frieden, Lüge Wahrheit, Unterdrückung nur Schutz. Auch die Interessen der Kinder setzten »einer völligen Gleichstellung beider Geschlechter« angeblich »Schranken«. Patriarchaler Kindesmissbrauch.

Während Frauen wie die Sozialdemokratin Elisabeth Selbert an vorderster Front für die bürgerliche Gleichberechtigung kämpften, jammerte ihr SPD-Kollege Carlo Schmidt, die chauvinistischen Paragrafen sollten doch nur »die Frauen schützen«. Der zuständige FDP-Bundesminister, Name der Erwähnung nicht wert, verteidigte die Sonderrechte des Ehemannes mit »der natürlichen Ordnung von Ehe und Familie, wie sie das Leben selbst entwickelt hat«. Mit der vollen Gleichberechtigung der Frau, wähnte ein CDU-Bundesminister, verlöre die Frau ihre Würde und könne »durch solche Verrücktheiten in ein Kollektiv abrutschen«, denn wohin »eine totale Gleichberechtigung und Gleichsetzung von Mann und Frau in letzter Konsequenz führt, zeigt uns ein Blick in die Ostzone (…). In der letzten Konsequenz enden diese Dinge dann im Kohlen- oder Uranbergwerk.«

*

Wenn ich einmal heiraten würde, und das schien so unausweichlich wie Großwerden, könnte mein Ehemann mir also vorschreiben, ob ich einen Beruf ausüben dürfte: Frauen hatten nur ein Recht auf Erwerbstätigkeit, »soweit dies mit ihren Pflichten in Ehe und Familie vereinbar ist«. Vereinbar? Darüber entschied der Mann. Ich würde später sehr vorsichtig sein müssen, wen ich aussuchte. Am besten einen, der mich nicht bevormundete, einen mit einem interessanten

Beruf, damit ich in seiner Begleitung etwas von der Welt sah, wenigstens solange ich keine Kinder hatte.

*

1958 trat das neue Gleichberechtigungsgesetz in Kraft, aber erst im Juli 1959 erklärte das Bundesverfassungsgericht den Stichentscheid und das Alleinvertretungsrecht des Ehemannes für unvereinbar mit dem Gleichberechtigungsgrundsatz und für nichtig. Gesellschaftlich wirksam war die Diskriminierung jedoch weiterhin. Frauen hatten während des Krieges und in den ersten Jahren danach viele, auch industrielle Arbeitsplätze übernommen, die bis dahin Männern vorbehalten gewesen waren. Warum sollten sie sich zu Hause wieder ducken? Mann versuchte in den folgenden beiden Jahrzehnten, wenigstens die jüngeren Frauen und die Mädchen zurück in den Kaninchenstall der »Weiblichkeit« zu zwängen. Knicksen, artig sein, fleißig, brav, anständig, gerade sitzen, den Rock über zusammengepresste Knie zupfen, lächeln, lieblich, hilfsbereit, zierlich, leise reden, liebes Mädchen. – Unsichtbares, Atem raubendes Fangnetz, elend schleppend zu durchschauen, langsamer noch zu zerreißen.

Im Schnitt bekamen Frauen für die gleiche Arbeit 20 bis 25 Prozent weniger Lohn als Männer. Als, auch auf Druck der KPD, im Kontext mit dem neuen Gleichberechtigungsgrundsatz, »gleicher Lohn für gleiche Arbeit« durchgesetzt wurde, führte das Kapital Leichtlohnarbeitsplätze ein. Es musste dafür gesorgt werden, dass die Arbeit von Frauen nicht mehr gleich erschien, dass sie ungleich gemacht wurde, so dass sie nicht mehr gleich bezahlt werden musste. Mit Hilfe von willigen Wissenschaftlern wurde die Arbeit der Frauen entwertet und die Frauen gleich mit. Ihre körperliche Kraft, aber auch ihre intellektuellen und produktiven Fähigkeiten galten weniger. Der Mann galt wieder wie ehedem als das rationale, das produktive Element. »Frauen sind zu selbständigen intellektuellen Leistungen nicht fähig, sie sind reproduktiv, und darin sehr gut«, behauptete eine gewerkschaftliche Studie 1954. 1959 lag das durchschnittliche Monatseinkommen der Frauen bei 280 Mark, das der Männer bei 550 Mark.

*

Wir schickten Päckchen in die »Ostzone«. Meine Tante aus Amerika schickte Geschenke an uns. Meine Mutter staunte in den offenen Karton hinein: »typische Amifarben«, türkis, rosa, gelb. Farben, so bunt, nicht gemacht für dieses graue Land, denn »sie passen zu nichts« und sie gefielen mir doch, »damit kann man doch nicht herumlaufen«, sagte meine Mutter und trug sie trotzdem.

Ab und zu gab es neue Schuhe. Ich ging gern zu Salamander, da konnte ich in mich hineinschauen. Ich stellte mich dicht vor einen hochkantigen Kasten und steckte beide Füße unten hinein. Oben hineinblickend, wie in das Objektiv der Großbildkamera meiner Mutter, sah ich das Skelett meiner Füße wie bleich-bläuliche Neonfische in grünem Sumpf, radioaktiv bestrahlt. Lagen die Zehenknöchelchen breit und bequem herum, war der Schuh vermutlich hässlich. Quetschte ein schöner Schuh die Zehenknochen zur Seite, machte ich den Fuß rund und bog die Zehen. »Passt!«, rief ich. Vergeblich, wir nahmen immer die großen, passenden. Immer noch besser als später die gebrauchten von meiner Mutter.

Ausrangierte Kleider und Mäntel kriegte ich von jungen Tanten und alten Cousinen. Ich sah es ein, wir waren arm, aber ich schämte mich und versuchte es meine Mutter nicht merken zu lassen, damit sie kein schlechtes Gewissen bekam. Vielleicht zum Trost gab es zu besonderen Gelegenheiten Ausschneidebogen mit Papierpuppen, denen man die Kleider mit kleinen Klappflügeln um den Leib heftete. Als die langweilig wurden, bekam ich Bogen mit Fachwerkhäusern und mit Patrizierhäusern aus Lübeck. Ich klebte sie auf Paketkartons und malte Gärten, Straßen und Plätze. Wenn die Häuser mir nicht mehr gefielen, schnitt ich neue Teile hinein. Aus Resten von Sankt-Martin-Lampions wurden Anbauten und neue Stockwerke.

Heilwig tupfte der schönen fremden Frau einen schwarzen Punkt aufs Auge. Ich beobachtete meine Mutter gern, wenn sie dasaß, versunken, vor sich eine Untertasse aus geblümtem Porzellan mit angetrockneter lackschwarzer Farbe, wenn sie die Spitze eines kleinen feinen Pinsels mit der Zunge nässte, mit weit weniger als einem Tropfen Feuchte, auf diese Weise ein bisschen vom schwarzen Lack löste, mit dem Pinsel kreiste und den Fleck weich rührte, bis gleichmäßige, krümellose Farbe entstand. Dann badete sie die Spitze des Pinsels in der Farbe, strich die feinhaarige Spitze vorsichtig am Rand ab, so dass sie nur noch auf einen winzigen Punkt zulief, atmete durch, langsam und tief, als lege sie ein Gewehr an – »am besten schießt du, während du ausatmest«, lehrte sie mich Jahre später –, tupfte einen winzigen glanzschwarzen Punkt auf die Pupille dieser fremden Frau. Die hatte dunkle Augen, die durch jenen einzigen Punkt meiner Mutter noch eindringlicher leuchteten, das Gesicht lag im Halbschatten, und hinter ihren schwarzen Haaren lag ein heller Schatten an der Wand. Meine Mutter hatte viele Instrumente, wie eine Chirurgin. Mit einer winzigen Klinge stupste sie auf der Wange der melancholischen Schönen sorgfältig die letzte Hautunreinheit weg, so dass ein Punkt mehr und einer weniger am Ende viel ausmachten.

Heilwig arbeitete als Fotografin für die psychiatrische Uniklinik, ehrenamtlich, denn Eheleute sollten nicht zur gleichen Zeit für den bayerischen Staat arbeiten. Selbstverständlich verzichtete die Ehefrau auf das eigene Einkommen. Die Klinik bezahlte Heilwig das Material und die Ausrüstung für Patientenbilder und Laborfotografie, und sie durfte diese Sachen auch für private Porträtaufträge nutzen.

Eines Abends, vermutlich im Winter 1956, weckte sie mich und sagte: »Heute Nacht fährt eine Eisenbahn durch Würzburg, ein Zug voller Flüchtlinge aus einem Land namens Ungarn. Der Zug hält für eine kurze Zeit.« Wir hatten nun ein eigenes gemeinsames Kinderzimmer, mein Bruder und ich. Das neue Baby schlief bei den Eltern. Ich war so müde. Flüchtlinge?

»Leute wie wir und Kinder sind darunter.« Ich sah aus dem Fenster. Finstere kalte Nacht. Ein Zug voller Kinder.

»Sie haben kein Zuhause mehr und keine Spielsachen«, sagte sie. Kinder, die aus einem fremden Land kommen und wieder ins Dunkle fahren, nicht wissend wohin. Ich ahnte, auf was die Sache hinauslief.

»Sieh mal, du hast so viele Spielsachen, und die haben gar nichts.« Können die nicht hier bleiben? Ich leihe ihnen was.

»Das geht nicht.«

Was Eltern sagen, ist wahr. Die Russen hatten den Kindern ihr Zuhause und die Spielsachen weggenommen. Brauchte ich drei Puppen? Spielzeugautos hatte ich nicht, die hatte mein blöder Bruder, weil er ein Junge war. Sollte ich den fremden Kindern meine Lieblingspuppe geben? Ich hatte drei, sie keine. Jedenfalls kriegten sie nicht meine unliebste, das wäre geizig.

»Überleg's dir«, sagte sie.

Ich dachte an eine Lok, die einen Zug in den Bahnhof schleppt.

Bis an den Horizont öffneten sich die Fenster der Waggons. Heraus schauten Kinder. Meine Mutter und andere Leute hoben Kartons mit Spielsachen, Kleidung, Decken und Lebensmitteln hinein. Die Nacht war schwarz, und der Zug mit den Kindern fuhr so lange um die Welt, bis jemand sie aufnahm samt meiner zweitliebsten Puppe.

Die Welt in der Huttenstraße in Würzburg war eng. Unter uns die Hauswirtin und ihr Schäferhund. Auf der anderen Straßenseite Trümmer. Zwei, drei Häuser links führte die weißhaarige, kinderliebe »Tante Hedwig« ihren Kindergarten in ihrem Wohnzimmer. Ein paar Kinderschritte weiter hing ein Vivil-Automat mit kleinen Stangen für zehn Pfennige. Gab ich meinem Vater ein paar Bonbons ab, kriegte ich zehn Pfennige für eine neue Stange und fand mich raffiniert. Auf dem Bürgersteig war Platz für Murmelspiele, Gummitwist, Himmel und Hölle. Auf der anderen Straßenseite lagen Ruinen, offiziell eine Sperrzone für uns Kinder. Alles andere war nur an der Hand von Erwachsenen erreichbar: der Wald, den ich vermisste, die Marienburg, die aussah wie eine fette Riesenkröte hoch oben über der Stadt, der Fluss ein paar Straßen weiter, der mich so lockte, die Speisegaststätte in der anderen Richtung, wo es manchmal sonntags Würstchen mit Kartoffelsalat gab, und schließlich die städtischen Grünanlagen, Klein-Nizza und der Hofgarten.

Wasser zog mich an wie der Magnet den Eisenspan. Das Flussbad am Mainufer besaß einen Steg. Meine Mutter ließ ihre langen Beine ins Wasser baumeln und spritzte mit den Zehen Wasser zu mir herauf. Ich kam mit meinen fünf Jahre kurzen Beinen nicht mal in die Nähe der Wasseroberfläche, und so reckte ich mich.

Als ich auf dem Ufergras erwachte, sah ich in besorgte Gesichter. Bilder hellgrüner und tannendunkler Wasserschwaden durchwaberten meinen Kopf wie Aquarellfarben. Fremde Leute beglückwünschten meine Mutter. Ihre Uhr war stehen geblieben, als sie mir hinterhergesprungen war und mich aus dem Fluss gefischt hatte.

Im folgenden Winter gefror der Fluss an seinen Rändern. Das Eis schien wie ein fester Deckel, was konnte schon passieren? Es gab schräge Wege zum Fluss hinunter, steil genug, um bei Eis und Schnee einem Kinderschlitten Tempo zu schenken. Eine Eisscholle schnitt mir ins Kinn, schmerzlos wie eine Rasierklinge. Durch das viele Blut an meinem Hals kam heraus, dass das Kind sich aufs Eis gewagt hatte. Ich war ängstlich, aber in der Nähe von Wasser leichtsinnig. Ans Ufer nur noch fest an der Hand! Im folgenden Sommer würde ich im Main schwimmen lernen.

Ein paar Straßen entfernt von meiner kleinen Welt gab es ein Haus, aus dem Musik schallte. Mädchen tanzten in Gymnastikhosen und Tüllröckchen und sprangen in weiten Sprüngen quer durch den Saal. Sie drehten Pirouetten, tanzten auf Zehenspitzen, breiteten die Arme aus, bogen sich zurück und sanken in sich zusammen.

»Ich will tanzen!«

»Das ist zu teuer.«

»Ich will auch auf Spitzen tanzen!«

»Das tut weh!«

Konnte ich etwa nicht die Zähne zusammenbeißen, wenn meine Sehnen beim Spagat spannten? Heulte ich etwa wie irgendein albernes kleines Mädchen, wenn meine Zehen bluteten trotz Watte, Mull und all dem Schweben? Balletttanzen schmerzte doch viel mehr, als mit den großen Kindern auf den Trümmergrundstücken in der Huttenstraße Bombensplitter oder Granatreste zu finden, worüber die Erwachsenen sich so aufregten, falls sie es herausfanden. Ich durfte tanzen.

Der Dritte Weltkrieg lauerte. Einen Kalten Krieg, was immer das war, gab es schon. Es hatte Krieg gegeben, und den konnte es wieder geben.

»Wir müssen uns dicht an den Baum pressen«, sagte meine Mutter im Stadtpark Klein-Nizza, als die Sirenen heulten, »üben, damit uns die Bomber nicht sehen können, wenn wieder Krieg ist.« Sie schob den Kinderwagen mit meinem Bruder dicht an einen uralten Baumstamm. Was war ein Krieg? Der letzte hatte Spuren hinterlassen. Von den wichtigsten wusste ich nichts, die anderen waren überall. Weit oben am Himmel waren Flugzeuge.

»Keiner sieht uns«, sagte ich und schaute stolz in die mächtige Baumkrone.

»Möchtest du noch Geschwister? Lieber ein Brüderchen oder ein Schwesterchen?«, fragte meine Mutter und schaukelte den Kinderwagen. Was sollte die blöde Frage? Ein Bruder reichte völlig. Wenn ich die Störenfriede schon nicht verhindern konnte, dann wenigstens als Nächste eine Schwester. Erst danach einen zweiten Bruder, der blieb dann eine Weile kleiner als ich und konnte mich nicht verhauen. Dann aber Schluss. Sie hielt sich an meine Bestellung.

Wenn ich zu meinen Großeltern nach Lemmie, einem Dorf bei Hannover, geschickt wurde, erwartete ich bei meiner Rückkehr eine neue Schwester oder einen Bruder. Das gelang dreimal, mit der Geburt von York-Alexander hörten 1957 die Lieferungen auf.

Die Eltern meiner Mutter hatten nach ihrer Flucht aus Groß Luckow/Uckermark in einem Ditfurthschen Gut in Lemmie bei Hannover Unterschlupf gefunden. Diese Großmutter, Heilwig von Raven, war die Älteste von fünf Kindern, das jüngste der Sohn Hattorf, mein Großonkel. Gemäß patriarchalem adligem Erbrecht, in dem Töchter wenig gelten, hatte keine der vier Schwestern, sondern Hattorf den elterlichen Besitz geerbt. Dafür musste er die aus dem Osten – nicht vor den Nazis, sondern vor »den Russen« – geflüchtete Verwandtschaft auf dem Gut wohnen lassen.

Nirgends sonst gab es so viele Erwachsene für uns Kinder: Großonkel und Großtanten, Großmutter und Großvater, Urgroßmütter, Tanten und Onkel, Vettern und Cousinen, Mägde, Knechte, Hausgäste und Besucher, unter ihnen die Reiter, die auf dem Turnierplatz des Gutshofs ihre Schlachten schlugen.

Das Baumhaus im Park war erwachsenenfrei, aber baufällig. Es schien keine Grenzen und keine Zäune für uns Kinder zu geben. Die Zäune hielten das Vieh auf der Koppel, aber nicht uns. Mauern trennten den Park vom Hof und waren zum Klettern da. Sofern wir

Orte und Ereignisse mieden, wo die Erwachsenen arbeiteten – Mähdrescher, Treibjagden, Heuernte kurz vor einem Gewitter –, redete uns niemand rein. Ich liebte den riesigen Bauerngarten meiner Großmutter. Zwischen Gladiolen, Lupinen und Pfingstrosen, Rhododendren und Lilien konnten wir Kinder uns verstecken und mit vom sauren Geschmack verzogenen Gesichtern geklauten Rhabarber zerkauen. Weitsprung übte sich am besten im Heuschober. Mutig war, wer von den Sparren direkt unter dem Dach zwei bis drei Stockwerkhöhen nach unten in den pieksenden Duft sprang. Wer dabei mit dem Kopf gegen einen Deckenbalken knallte, blieb einfach liegen und überlegte sich, wie ich, eine einleuchtende Rechtfertigung für die neueste Beule.

Niko war der Schönste. Ein Pferd hoch wie ein Turm. Wenn ich auf ihm sitzen durfte, wenn mich jemand in den Steigbügel hob und ich die Beine über den breiten warmen Rücken legte, diesen weiten Blick auf die Welt hatte, wenn Niko sich dann vorsichtig mit mir bewegte und den Kopf schüttelte, um mich auf sich zu begrüßen, dann war das Glück. Wenn Niko zum Turnier antrat, meinen Großvater oder den Onkel mit Reitstiefeln, Reithosen, Kappe und steilem Rückgrat im Sattel, hing ich über dem Gatter und sah nichts sonst.

Eines Tages spannte irgendwer Niko vor einen zweirädrigen Karren. Der Hengst bäumte sich auf wie Fury, versuchte das Gestänge abzuschütteln, rollte mit den Augen, und Schaum troff ihm aus dem Maul. Niko ging durch. Er raste ums Rondell vor dem Gutshaus, stieg hoch, brach aus und schlug sich doch nur die Beine blutig. Alle gafften. Als Niko endlich hinkend, schweißnass, am ganzen Leib zitternd aufgab, schulterte mein Großvater Franz-Krafft von Raven sein Jagdgewehr.

Pferdeställe rochen anders als Kuhställe und die anders als die Ställe der Schweine oder der Hühner. »Butterbrötchen«, Frau Butterbrodt, eine der Hausgäste, fütterte die Hühner. Mägde sorgten für die Schweine. Für die Kühe und Pferde waren meistens Männer zuständig. In der Essensküche wimmelte es von »Leuten«. Kinder durften manchmal Erbsen pulen, Bohnen schnippeln oder Johannisbeeren zupfen. Meistens störten wir in der Welt der Erwachsenen, und sie verscheuchten uns. In der Schlachtküche wurden die Körper von Tieren verwertet. »Die Leute« rupften Gänse. Pressten blutige Breimasse in Schweinedärme. Hackten Fleisch und Knochen. Am Abend schrubbten die Frauen die Fliesen, wässerten das Blut und schoben es hin und her, bis alles abgelaufen und das Wasser wieder klar war.

Das private Wohnzimmer meiner Großeltern war ein seltener Ort. Die Wände waren mit Bildern aus anderen Zeiten und besseren Verhältnissen tapeziert. Da hing ein Eisernes Kreuz, weil Großmutter fünf Kinder geboren hatte, darauf ein Hakenkreuz, das Symbol derselben Nazis, die meine Eltern hassten.

Mit Kindern sprach man nicht über Geld und Politik. Das Wort »Sexualität« hörte ich bis zur Pubertät nie. Frauen wurden nicht schwanger, sondern waren »guter Hoffnung«. In meiner Verwandtschaft waren Frauen eine gewisse Zeit »gesundheitlich angegriffen«, und dann las mir jemand eine Geburtsanzeige vor.

Wurde die Welt der Erwachsenen zu verwirrend, flüchtete ich zu den Pferden oder zu meiner Urgroßmutter Elisabeth. Einer ihrer Vorfahren war Karl Friedrich Hieronymus von Münchhausen (1720–1797), Leutnant in einem russischen Kavallerieregiment.

Seine Abenteuergeschichten, »Münchhauseniaden« von Reisen nach Russland, auf den Balkan, nach Ägypten, über Ozeane und auf den Mond, gehörten in Lemmie zum festen Repertoire meiner Verwandten:

Der »Lügenbaron« hatte sich am eigenen Schopf, sein Pferd zwischen die Knie geklemmt, aus dem Moor gezogen; er hatte abends sein Pferd angebunden und sich auf hohem Schnee schlafen gelegt, der nachts allmählich schmolz, als Münchhausen aufwachte, hing sein Pferd am Wetterhahn auf der Kirchturmspitze; er hob die Pistole und zerschoss das Halfter und ritt weiter; einem wilden Wolf griff er durchs Maul in die Eingeweide und stülpte das Tier um wie einen Handschuh; er sprang auf eine Kanonenkugel und flog auf die feindliche Festung zu, weil er befürchtete, als Spion gehängt zu werden, wechselte er kurz vor der Landung auf eine entgegenkommende Kanonenkugel und ritt auf ihr zurück.

Sein jüngerer Verwandter, Börries von Münchhausen (1874–1945), war Urgroßmutter Elisabeth von Ditfurths Bruder. Großmutter Heilwig, Elisabeths älteste Tochter, schwärmte von seinen Balladen aus der mittelalterlichen Ritterwelt.

*

Schon vor dem Ersten Weltkrieg feierten Börries' Balladen und Lyrik hohe Auflagen. Der 40-Jährige zog 1914 in den Krieg und fand es »herrlich, dass ich alles das, was ich nun 20 Jahre lang als Höchstes gesagt und gesungen habe: Das Heldentum so aus nächster Nähe erleben und bewundern darf! (...) Das Größte, was ein Mensch erleben kann, ist der Krieg!« Erst im Krieg habe er erfahren, was es heiße, ein Mann zu sein. 1916 war's ihm genug Heldentum, und er ließ sich zum Auswärtigen Amt abkommandieren.

Urgroßonkel Münchhausen war weder Demokrat noch Anhänger der Weimarer Republik. Das Militär habe im Weltkrieg »die Mehrzahl aller Volkswünsche (...) rascher und vollständiger erfüllt (...) als je in Friedenszeiten« ein Parlament. Gäbe man dieser Regierungsform doch nur »Zeit, einen Beamtenkörper (...) heranzuziehen, und das Tausendjährige Reich bricht an!«. (1916)

Seit langem stand Börries von Münchhausen Alfred Hugenbergs nationalistischem Alldeutschen Verband von 1891 nah, dessen Hauptprogrammpunkt lautete: »Zusammenfassung aller deutschen Elemente auf der Erde«. Alfred Hugenberg war bis 1918 Vorstandsmitglied der Krupp-Werke Essen gewesen, Reichstagsmitglied und Parteivorsitzender der Deutschnationalen Volkspartei und Mitgründer der Harzburger Front. Er verhalf Hitler mit seiner Medienmacht auf den Thron. Münchhausen lobte 1916, dass »die Alldeutschen heute die Einzigen [sind], die in allem recht gehabt haben«. Adolf Hitler begegnete den Alldeutschen früh in Wien. Ihre Vokabeln »Herrenvolk« und »Lebensraum« gefielen ihm. 1939 wurde der Alldeutsche Verband aufgelöst. Er hatte seine Mission erfüllt.

In seinem *Buch Juda* hatte der Dichter vor dem Ersten Weltkrieg übrigens noch alttestamentarischen Helden mit hebräischen Namen gehuldigt, aber in der Weimarer Republik war er zum Antisemiten und Rassisten geworden: »Ich glaube an die drei Völkerwiegen (...): Die der Kulturschöpfer in Nord- und Mitteleuropa, die der Kulturzerstörer in den asiatischen Steppen und die semitische der Kulturschmarotzer in Arabien.« (1923)

Seine Beschwerden gegen den Einfluss jüdischer Literaturkritiker im *Berliner Tagblatt*, der *Vossischen Zeitung* und der *Deutschen Allgemeinen Zeitung* wurden heftiger. Der feine Edelmann, der sich den meisten Menschen durch die Gnade seiner adligen Geburt überlegen fühlte, war tief gekränkt, dass man ihn nicht in die Berliner Dichterakademie aufnehmen wollte. »Dass man auch ›Essayisten‹ in die Akademie aufnehmen will«, war für ihn nichts als ein »satanisch geschickter Schachzug (…) Ursache und Veranlassung dieses Planes ist natürlich Alfred Kerr und vier andere Berliner Juden [unter ihnen Siegfried Jacobsohn und Leopold Schwarzschild; d. Verf.], da es andere als jüdische Essayisten von Wert überhaupt nicht gibt [!], bedeutet dieser Plan nichts anderes als die dauernde Vergrößerung des jüdischen und des nicht so sehr demokratischen als zersetzenden Elementes«, schrieb Münchhausen seinem Freund Schücking 1930.

Onkel Börries war berühmt, als den Nazis 1933 die Macht überlassen wurde. Landauf, landab lud mensch ihn zu Dichterlesungen. »Die gesamte Hitlerjugend (…) zog, seine Lieder schmetternd, durch die Gaue«, beschrieb Beate Schücking, die Tochter seines besten Freundes. (Beate Schücking (Hrsg.), *»Deine Augen über jedem Verse, den ich schrieb.« Levin Ludwig Schücking – Börries von Münchhausen. Briefwechsel 1897–1945*, 2001)

Der Freiherr ließ sich nicht nur feiern, er hatte dem NS-Regime Anregungen zu geben. Die wären wohl nie ans Tageslicht gekommen, hätte die DDR einem gewissen Hans Globke, Staatssekretär Adenauers, nicht in den sechziger Jahren den Strafprozess gemacht. Die rund 90 Aktenbände des DDR-Ministeriums für Staatssicherheit landeten schließlich in der Gauck-Behörde und im Bundesarchiv. Durch Zufall hielt ich eines Tages einen Brief meines Urgroßonkels in den Händen. Was machte ein Brief von Münchhausen in den Beiakten zum Strafprozess gegen Globke?

Ministerialrat Hans Globke (1898–1973) war hoher Beamter im Innenministerium und ein Vorreiter bei der Entrechtung der Juden. Er war der Kommentator der Nürnberger Rassengesetze und half den NS-Faschisten, das Vermögen ermordeter Juden zu raffen. Nach 1945 stieg er in der CDU rasch auf, 1950 Ministerialdirektor im Bundeskanzleramt unter Konrad Adenauer und schließlich dessen Staatssekretär. Er log gern, dass er die Nürnberger Rassengesetze abgemildert habe.

Schon 1932, noch vor der Machtübergabe an die Nazis, war Globke zuständig für alle Gesetze über Namensänderungen. Er erarbeitete damals interne Richtlinien für den Nachweis »arischer« Abstammung, die er opportunerweise nicht veröffentlichte. In seinen Empfehlungen hieß es unter anderem: »Bestrebungen jüdischer Personen, ihre jüdische Herkunft durch Ablegung oder Änderung ihrer jüdischen Namen zu verschleiern, können (...) nicht unterstützt werden.« Auch der »Hinweis auf antisemitische Strömungen« gewähre kein Recht auf Tarnung.

Sowohl im 19. Jahrhundert, seit der Judenemanzipation von 1808, als auch am Ende des Kaiserreichs und zwischen 1918 und 1933 war es Juden unter bestimmten Bedingungen erlaubt worden, ihre Vor- oder Nachnamen zu ändern. Häufig wurde als Begründung Angst vor Antisemitismus akzeptiert.

Hans Globkes Vorgesetzter, Reichsinnenminister Wilhelm Frick (1877–1946), Teilnehmer des Hitler-Putsches von 1923, wurde 1928 Fraktionschef der NSDAP im Reichstag, 1930 der erste NSDAP-Minister in einer Landesregierung, in Thüringen. 1933 holte ihn Hitler als Innenminister in sein erstes Kabinett, was Frick bis 1943 blieb. Frick war eine treibende Kraft bei der Durchsetzung der Nürnberger Gesetze, galt als organisatorischer und verwaltungstechnischer Begründer der Allmacht der SS. Frick war mitverantwortlich für das Terrorsystem der Konzentrationslager. 1946 verurteilte ihn das Nürnberger Militärgericht zum Tod durch den Strang.

Im Herbst 1936 hielt Frick einen Brief des berühmten und sehr deutschen Dichters Börries Freiherr von Münchhausen Dr. jur. und Dr. phil. h. c. aus Schloss Windischleuba bei Altenburg in Thüringen in der Hand. Münchhausen hatte sein Schreiben vom 25. September 1936 an Fricks Ministerialdirektor Gütt gerichtet, ließ Frick einen »herzlichen Gruß in alter Verehrung« ausrichten, lobte Vorträge von Frick und Gütt und schlug vor:

»Wäre es nur nicht möglich, diejenigen Juden, die seit 1900 deutsche Namen angenommen haben, zu veranlassen, diese wieder aufzugeben? Ich erinnere mich, dass zum Beispiel in Dresden Mitglieder der höchst geachteten Familie Körner bis zu Tränen außer sich waren, als gleich auf einmal wohl ein Dutzend Juden diesen Tarn-Namen wählten. Ich soll denken, dass eine solche Maßregel in Zukunft das Erkennen der Juden leichter machen würde, und damit wäre zweifellos viel geholfen. Anstelle der deutschen Namen würde den Herren das ganze Alte Testament zur Verfügung stehen, natürlich müsste man aber wohl auch französische und englische Tarnungen verhüten, da bei der Fremdländerei unseres Volkes zu befürchten ist, dass die Herrschaften als Mister Smith und Monsieur Lafai besondere Hochachtung gewinnen.«

Der Ministerialdirektor freute sich sehr, bedankte sich beim »lieben« Baron und gab die Sache sofort an Reichsinnenminister Frick weiter. Der vermerkte handschriftlich sein Interesse und verfügte, die Anregung zu prüfen.

Münchhausens Brief kam gerade zur rechten Zeit, um ein altes Anliegen der Nazis nach einer kurzen Pause – Zurückhaltung wegen der Olympischen Spiele im August 1936 – wiederzubeleben. Martin Bormann, seit Juli 1933 Stabsleiter bei Rudolf Heß, faktischer Chef des NSDAP-Parteibüros und fanatischer Verfechter der NS-Rassengesetze, wollte längst per Gesetz allen Juden den Namenszusatz »Jud« aufzwingen. Frick selbst erwog »Jüdd« oder »Itzig«. Frick gab die Münchhauseniade an Globke weiter, und der notierte am 20. November 1936: »Aufgrund eines Briefes des Dr. Börries Freiherr von Münchhausen, in dem die Frage der Entdeutschung von Judennamen angeschnitten wird, ist Rücksprache über den Gesetzentwurf angeordnet worden.«

Globke schickte im August 1935 Referentenentwürfe für ein »Gesetz über die Änderung von Familiennamen und Vornamen« an des »Führers Stellvertreter« Rudolf Heß und an den Justizminister. Er war sich mit anderen einig: »Der Grundgedanke« in dessen Gesetzentwurf sei, »dass die Nachkommen der Juden, die bei der Judenemanzipation zu Beginn des 19. Jahrhunderts deutsche Namen angenommen haben, zur Ablegung dieser Namen und zur Annahme jüdischer Namen veranlasst werden. Dieser Grundgedanke ist gesund«, und »alle deutschen Namen [müssen] gegen die Annahme durch Juden gesichert werden.« Man erwog, auf Drängen etlicher adliger Nazis, eine Liste geschützter arischer Familiennamen von historischer und kultureller Bedeutung anzulegen. Aber dem besonderen Wunsch des Adels standen »unüberwindliche praktische Schwierigkeiten entgegen«, befürchtete das Innenministerium, denn ordnungspolitischer Wahn kollidierte mit völkischer und elitärer Ideologie.

Quer durch die sozialen Klassen und Schichten des NS-Regimes waren sich alle einig: Den Juden mussten ihre christlich-deutsch-arischen »Tarn-Namen« (Münchhausen) entrissen werden. Aber die »rassische Unterscheidung« klappte nicht, da halfen auch keine *Stürmer*-Karikaturen und keine Namenshetze. »Ein großer Teil des Volkes ist in rassischer Beziehung noch so instinktlos, dass es hinter den arischen Namen nicht den Juden sieht. Ist es für die Erziehung unseres Volkes nicht ratsam, gesetzmäßig zu bewirken, dass Juden diese arischen Namen sofort abzulegen haben und nur ihre vorherigen jüdischen Namen tragen dürfen?«, beklagte sich ein NSDAP-Gauleiter.

Rudolf Heß drängte und so auch Heinrich Himmler: »Der Führer hat kürzlich bei einem Vortrage, den ich über die Verwendung deutscher Namen durch Juden hielt, mir den Auftrag gegeben, (...) dass diese Frage gesetzlich geregelt werden soll, dass Juden den Namen Siegfried oder Thusnelda nicht führen dürfen und, soweit sie ihn führen, ablegen müssen.« Aber da standen erst einmal die Olympischen Spiele im August 1936 vor der Tür und viel nationales Image auf dem Spiel. Könnte die zwangsweise Entziehung von, seit Anfang des 19. Jahrhunderts getragenen, Namen dem Ansehen des »Dritten Reichs« schaden? Die Sache kam auf »Wiedervorlage« – »nach der Olympiade«.

Immer mehr Ministerien und Behörden wollten in die Sache einbezogen werden und nachgeordnete Korrekturen anbringen. Dass sich die Sache hinzog, lag nicht am Obstruktionswillen etwa Globkes, wie der nach 1945 log, sondern an juristischen Wirrnissen, an Zuständigkeitsfragen und an der Verquickung mit anderen Gesetzen. Wie sollte die Rolle des Reichssippenamtes sein? Wie kreuzte sich die Sache mit dem Adoptionsrecht? Länder- oder Reichssache? Was war mit den Juden im Ausland? Sollten die Namensänderungen auch in sudetendeutschen Gebieten und in Österreich gelten? Welche Behörden sollten informiert werden? Wie die Einträge in die Wehrpässe erfolgen? Wie viel »jüdisches Blut« durfte ein Mensch für einen christlich-deutschen Namen haben?

Welche Vor- und Nachnamen – so das immer wiederkehrende Rätsel – waren überhaupt jüdisch, welche »arisch«? Was in einer deutschen Region galt, schien in der nächsten genau andersherum zu sein. Lange Listen waren angelegt und immer wieder korrigiert worden. Die meisten »jüdisch klingenden« Namen stellten sich als sehr deutsch heraus. Wurde »der Tarnung übler Juden« mit der Nachnamensänderung nicht »Tür und Tor geöffnet«? Vielleicht wurde die Sache ja einfacher, wenn mensch sich auf die Vornamen beschränkte? Aber was war dann mit »Adam« und »Eva«, mit »Maria« und »Gabriel«? Neue Listen wurden angelegt. Österreich an das Deutsche Reich »angeschlossen«. Hitler selbst griff zur Vornamensliste und zum Korrekturstift.

Schließlich hatte Rudolf Heß keine Bedenken mehr. Das Auswärtige Amt auch nicht, so wenig wie der Justizminister oder der Innenminister. Auch Hitler war zufrieden. Am 5. Januar 1938 trat das Gesetz über die Änderung von Familiennamen und Vornamen in Kraft. Paragraf 7 Absatz 1 ermächtigte zum Widerruf von Nachnamensänderungen. Paragraf 12 schuf die Grundlage für eine einheitliche antisemitische Vornamensregelung. Künftig stand für neugeborene jüdische Kinder nur noch eine Namensliste mit 185 männlichen und 91 weiblichen »jüdischen« Vornamen zur Verfügung. Alle anderen JüdInnen mussten sich einen zusätzlichen Vornamen aufzwingen lassen: »Sarah« für Frauen, »Israel« für Männer.

Offen blieb der besondere Schutz für adlige Namen. Fertige Entwürfe wurden im Sommer 1940 auf Anweisung Hitlers zurückgestellt.

Dass sich mein Urgroßonkel Börries am 16. März 1945, sechs Jahre vor meiner Geburt, mit einer Überdosis Schlafmittel getötet hatte, erfuhr ich nicht. Börries war bei seinen Nichten und Neffen außerordentlich beliebt gewesen. Herzversagen hieß es. Selbstmord galt nicht als Heldentat.

*

Immer sagte Börries' Schwester, Urgroßmutter Elisabeth, »herein«, wenn ich klopfte, es sei denn, sie schlief. Sessel und Samtpolster hielten sie mitten in ihrem Museum aus Fotos, Büchern, Porzellanfiguren und Zinnsoldaten aufrecht. Wenn sie mich anlächelte, legte sich ihre porzellanfarbene Haut in zierliche pergamentartige Falten. Ich lehnte mich an ihre Knie, und sie wusste nicht, welcher ihrer vielen UrenkelInnen sie mit ihrer federleichten Hand über das Haar strich.

Mir fehlte in Lemmie nichts außer meinen Eltern, die mich hinbrachten und wieder abholten, aber oft nicht blieben. Dass ich kein Geld hatte, spürte ich nur, wenn ich die Glocke des Eismanns hörte. Er schob seine Karre in die Dorfmitte und drohte wieder auf und davon zu sein, bevor ich einen Erwachsenen gefunden hatte, der mir einen Groschen für eine Kugel im Hörnchen schenkte.

Wenn ich Glück hatte, nahm mich mein Großvater vorn auf dem Traktor mit, wenn er Zuckerrüben zur nahe gelegenen Zuckerfabrik brachte. Er lenkte das knatternde Fahrzeug über die Landstraßen bis zur Rampe der Abladestelle. Ich hielt die Nase in den Wind und roch die Felder, die Wiesen, die Ställe anderer Höfe, manchmal den Qualm der Dampflok und, am Ziel, den süßen schwülen Geruch der Melasse. Abends versuchte ich zu zeichnen, was ich sah und dabei fühlte, aber es gelang nie.

Großvater schrubbte meine Hände vor dem Abendessen, bis sie rot waren. Es schmerzte: »Er mag mich nicht, Mami!«

»Er hat euch alle gleich lieb.«

»Christian mehr.«

»Der ist ein Junge.«

»–«

»Opali hat im Krieg aus Versehen einen Mann erschossen. Darunter hat er sehr gelitten.«

Mein Großvater Franz-Krafft, der über alles hier befahl, hatte gelitten?

»Er glaubt, der liebe Gott hat uns zur Strafe Krafftchen weggenommen, und deshalb ist dein Großvater sehr froh, dass er wieder einen Enkelsohn hat.«

Mich gibt es doch auch, dachte ich.

Kinder stehen bei Tisch nicht auf, Kinder sitzen gerade, Kinder lehnen sich nicht an, legen die Ellenbogen nicht auf den Tisch, Kinder schmatzen nicht, Kinder reden nur, wenn sie gefragt werden, und niemals mit vollem Mund. Wenn wir den Gong auf dem Hof, im Garten, auf den Feldern, im Park, in den Ställen oder Heuschobern hörten, den Schlag, der uns zum Abendessen rief, der unsere Ungezwungenheit zerschnitt, reichte die Zeit oft nur zum Händewaschen, bevor ich mich an die lange, strenge Tafel im dunklen Speisesaal mit Kriegs- und Jagdszenen an den Wänden setzte, in die unerwünschte Gesellschaft von eisernen Regeln und einer ebensolchen Sitzordnung. Die Krise kam, wenn ich während des Essens aufs Klo musste. Aufstehen ging nicht ohne Erlaubnis. Sprechen auch nicht. Wie fragen? Es gab wenige Methoden, Erwachsene dazu zu bringen, »Was willst du?« zu fragen. Fingerschnipsen galt als schlechte Manieren. Auf dem Stuhl rumrutschen provozierte eine unfreundliche Reaktion. Übelkeit war nicht oft vorzutäuschen. Wenn meine Mutter in Lemmie war, galten manchmal ihre Regeln, und das Leben wurde leichter. Ich war froh, wenn ich den strengen Augen von Großvater und Großonkel entflohen war. Draußen in der Halle sah ich einem dritten strengen Mann in die Augen: Kaiser Wilhelm II. hing immerhin stumm, in Öl und überlebensgroß, zwischen all unseren missmutigen Ahnen herum.

Emil, der Knecht, war mir der Liebste. Der kleine zerknitterte Mann mit blauen Arbeitsklamotten, die nach Stall rochen, zeigte mir alles und verriet mich nie. Er war 1945 mit entfernten Verwandten aus Vorpommern gekommen. Wenn mein Großvater aufzählte, was mir alles verboten war, sagte Emil, die Kappe in der Hand und den Kopf gebeugt, »Jawoll, Herr Baron«. Er drehte sich um und blinzelte mir zu. »Dannwollnwirmal, Meechen!«

Was sprach dagegen, Emil »zu helfen«, wenn er die schweren Milchkannen auf den Bollerwagen hievte und diesen wie ein Maulesel zur Abholrampe der Molkerei oben im Dorf zog? Solange uns niemand dabei erwischte, wie wir dann auf dem Rückweg, den Lenker umgelegt, im leeren Bollerwagen hockend, mit höllischem Gerappel und wildem Geschrei die kopfsteingepflasterte Dorfstraße »mit Karacho« hinunterdonnerten und uns beinahe jedes Mal die scharfe Kurve in den Hof gelang.

Von Emil lernte ich den Umgang mit Pferden. Emil schubste mich auf das erste Fahrrad, »kannstealles, Meechen«. Es war leicht, hinauf auf einen voll beladenen Heuwagen zu klettern, wenn Emil zeigte wie. Mit diesem Erwachsenen hatte ich Geduld. Dem sagte ich nicht so oft: Lass mich! Will's selbst machen.

»Warum isst Emil nicht mit uns?«

Gleichgültiger Blick meiner Großmutter. »Der isst in der Personalküche.«

Die war groß und laut und voller »Leute«. Da ging es nicht so steif zu wie bei uns.

»Ich frage ihn, ob er nicht mit uns essen will.« Dann würde es ein bisschen lustiger.

»Der fühlt sich nicht wohl an unserem Tisch.« Das konnte ich verstehen. »Emil isst lieber unter seinesgleichen.«

Ich schöpfte Hoffnung. »Darf ich bei den Leuten essen?«

»Das kommt nicht infrage! Du gehörst nicht zu denen. Die sind lieber unter sich.«

Da wo ich hin sollte, gefiel es mir nicht, wo ich hin wollte, gehörte ich nicht dazu.

Großmutter war Vorsitzende des Königin-Luise-Bundes und sammelte backsteinschwere Bildbände über eine ätherische Schöne, die für Preußen »dem großen Franzosen Napoleon als Heldin« entgegengetreten und jung gestorben war. Sobald ich ins große Bett der Großeltern hüpfte, versank ich in Kissen, Spitzen und Parfüm. Zwischen Lavendelduft und Nostalgie erfuhr ich viel von den »Befreiungskriegen«, nichts von der Aufklärung und dem Kampf gegen Adel und Feudalismus und niemals ein einziges Wort vom gerade erfolgten Verbot der KPD im Jahr 1956. Mit Kindern sprach niemand über Politik. Aber ich hatte gute Ohren, nicht groß genug, um herauszufinden, was sich im Schlafzimmer der Eltern tat, aber scharf genug, um manch andere Information aufzuschnappen.

Ich zermarterte mir den Kopf mit der Frage, warum einige Verwandte mit meinem Vater schimpften, weil er es nicht mehr ausschloss, »die Roten« zu wählen. Wer waren die?

»Russen«, sagte meine Großmutter verächtlich. »Die haben uns vertrieben und uns alles weggenommen.«

»Die Russen« hatten offensichtlich immer noch nicht genug und würden uns, wenn wir nicht wachsam waren, alle in den Rhein treiben. Und diese Leute wählte mein Vater?

Hoimar hatte zuvor ein paar Jahre der CSU nahegestanden.

Mit ihrem Ahlener Programm (1947) hatte die CDU den Eindruck erweckt, auch sie hielte den Kapitalismus für eine inhumane Wirtschaftsweise (»Das kapitalistische Wirtschaftssystem ist den staatlichen und sozialen Lebensinteressen des deutschen Volkes nicht gerecht geworden« / »Inhalt und Ziel dieser sozialen und wirtschaftlichen Neuordnung kann nicht mehr das kapitalistische Gewinn- und Machtstreben (…) sein« / »Die Zeit der unumschränkten Herrschaft des privaten Kapitalismus [ist] vorbei«). »Bergwerke« und »eisenschaffende Großindustrie« sollten vergesellschaftet, die Wirtschaft insgesamt geplant und gelenkt werden.

Mein Vater wählte »die Roten«? Die SPD? Wie die Verwandten sich erregten!

*

Adenauer wollte in der CDU die Hegemonie des rechten bürgerlich-konservativen Flügels. Die AnhängerInnen eines »christlichen Sozialismus«, beeinflusst von der katholischen Soziallehre, waren ihm zu einflussreich. Mit dem Ahlener Programm band er die CDU-Linke ein und dämpfte zugleich die Bedenken der Parteirechten. »Vergesellschaftung« meinte eben nicht »Sozialisierung«, wie die einen hofften, auf dem Weg in einen wie immer gearteten Sozialismus, sondern harmlose, die Herrschaftsverhältnisse stabilisierende erste Mitbestimmungs- und Mitbeteiligungsbrosamen für die potenziell aufmüpfige Arbeiterschaft.

Schon 1949, mit dem dogmatischen Bekenntnis der CDU zur

»sozialen Marktwirtschaft« in den Düsseldorfer Leitsätzen vom 15. Juli 1949, verloren die AnhängerInnen eines »christlichen Sozialismus« in der CDU bzw. eines »wirtschaftlichen Sozialismus auf demokratischer Grundlage« gegen die stramme Einbindung in die nordatlantische Allianz und gegen Ludwig Erhards »soziale Marktwirtschaft«.

Adolf Hitler hatte 1944 den deutschen Wirtschaftsführern, die ihn an die Macht gebracht hatten, versprochen, »dass die deutsche Wirtschaft nach diesem Kriege ihre größte Blüte, vielleicht aller Zeiten, erleben wird«. »In der Förderung der privaten Initiative« liege »die alleinige Voraussetzung für jede wirkliche Höherentwicklung, ja, für die Weiterentwicklung der ganzen Menschheit.«

Rudolf Stahl, der Vorstandsvorsitzende der Salzdetfurth AG, war zugleich stellvertretender Leiter der Reichsgruppe Industrie. Unter seiner Leitung arbeitete Ludwig Erhard in seinem vom Kriegsverbrecherkonzern IG Farbenindustrie AG, kurz IG Farben (fusioniert vor allem aus Bayer, Hoechst und BASF), finanzierten Nürnberger Institut für Industrieforschung an Konzepten für die Nachkriegszeit. Stahl vermittelte Erhard 1944 an den Unterstaatssekretär im Wirtschaftsministerium, SS-Gruppenführer Otto Ohlendorf. Otto Köhler: Der hatte »noch zwei Jahre zuvor (…) im Osten als Leiter der Einsatzgruppe D 90 000 Männer, Frauen und Kinder umgebracht«.

Ohlendorfs und Erhards Vorstellungen passten zusammen. Erhards »wirtschaftliche Zielsetzung« ging in Ohlendorfs Planungskonzept für die Nachkriegszeit ein. »Erstens: Abbau der staatlichen Bewirtschaftung unter betonter Wiederbelebung der Privatinitiative (…) Zweitens: Grundsätzliche Abstimmung zwischen Staats- und Privatbedarf (…) Drittens: Grundsätzliche Abstimmung zwischen Investitions- und Konsumgüterherstellung; Viertens: Gestaltung der Marktordnung (…)« Köhler: »Kurz: die Einführung dessen, was später dann ›soziale Marktwirtschaft‹ genannt wurde.« Man war sich einig, dass der Krieg nicht mehr zu gewinnen und Vorsorge für die Nachkriegszeit zu treffen sei. (*Konkret* 7/1994)

Ohlendorf wurde 1948 vom US-Militärgerichtshof in Nürnberg zum Tod durch den Strang verurteilt. Ludwig Erhard, über den noch heute gern die Legende verbreitet wird, er sei »dem Nationalsozialismus gegenüber ablehnend eingestellt« gewesen (zum Beispiel Brockhaus 2001), machte als CDU-Mitglied rasch Karriere und war von 1949 bis 1963 Bundeswirtschaftsminister. Er gilt als der »Vater« der »sozialen Marktwirtschaft«, die alles andere als sozial ist.

*

Meine Großmutter stand vor dem Spiegel, zog die Haarnadeln aus ihrem am Hinterkopf zu einer Schnecke gesteckten Zopf, entflocht ihn, und rotblonde Locken rollten auf ihre Hüften. Sie zählte die Striche ihrer silbernen Bürste, wobei sich ihr üppiges Nachthemd, schwer von Spitzen, im Rhythmus der Bürstenstriche vom Boden hob, und dann erzählte sie »von früher« und wie schön das Leben vor dem Krieg gewesen war. Manchmal wusste ich nicht, welchen Weltkrieg sie meinte.

Der Großgrundbesitz meiner Großeltern im Osten, in Vorpommern und Thüringen, »drüben«, wo »die Russen« lauerten, wurde in meinem kindlichen Kopf mit jeder Erzählung größer. Da gab es Schlösser, »unser Groß Luckow« und »unser Langenorla«, weite Wälder und ganze Dörfer »gehörten uns«. Ein Schatz mindestens so groß wie der von Ali Baba und den 40 Räubern, wertvolle Ölgemälde, Silber, vor allen Dingen Pferde: Trakehner, Hannoveraner, Araber. Sie wurden gezüchtet, dressiert, Rennreiter-Onkel gewannen Pokale. Aus einem holte ich zu Hause meine Äpfel. Auf das schwere silberne Ungetüm war eine Widmung für den siegreichen Rennreiteronkel Raimar von Raven eingraviert. War das nicht ein unumstößlicher Beweis? Musste dann nicht auch alles andere wahr sein? Gegenstände, die »den Treck« überdauert hatten, wurden Andockstellen für unüberprüfbare Legenden aus anderen Zeiten und Verhältnissen, als es so war, wie Deutschland »eigentlich« sein sollte.

Die Geschichten variierten über die Zeit und blieben Jahrzehnte unüberprüfbar. Eine Welt voller Geheimnisse. Wenn diese Großmutter zu uns zu Besuch kam und sich mein Vater mit ihr stritt, weil er sagte: »Deutschland hat den Krieg angefangen, und wir sind selbst schuld«, war sie beleidigt, und ihre Stimme rutschte nach oben: »Wie du meinst«, und »Du weißt ja alles besser«, und »Ich bin ja nur zu Besuch«. Es war hochinteressant, wenn die geschlossene Erwachsenenwelt hie und da aufbrach. Selten genug, denn vor Kindern stritten sich die Erwachsenen fast nie. Vielleicht hatte Großmutter gar nicht immer recht? Vielleicht war auch manches andere völlig anders, als sie behauptete?

Der Projektor schnurrte. Großmutter zeigte Filme »von früher«, aus der Zeit vor dem Krieg, wo »die Zeiten besser gewesen waren«: Verwandte. Gäste. An- und Abreisen. Pferde. Das erste Auto. Ein hübsches Mädchen mit blonden Zöpfen: »Das ist deine Mutter.« Ihre Schwestern. Der kleine Erbe, der Sohn nach vier Töchtern. Noch mehr Pferde. Freiluftübungen der Kinder am Strand von Bansin auf Usedom. Burgenbau. Kutschfahrt. Treibjagd. Dorffest. Dorfkinder. Groß Luckow. Sie sagte »Groß Luckow«, wenn sie ihr ehemaliges Schloss meinte, als sei das Dorf und ihr Haus eins. Jagdausflüge. Felder. Mein Großvater als Jäger oder in Kavallerieuniform mit Reitstiefeln, den Fuß auf der Scholle, das Profil in den Himmel. Zu seinen Füßen gebückte Menschen auf dem Acker.

»Was sind das für Leute, Omali?«

»Das sind unsere Polen.«

»Wieso eure?«

»Die haben für uns gearbeitet. Sehr fleißige Leute.«

»Kamen alle Leute, die bei euch gearbeitet haben, aus Polen?«

»Nein, nur arme, sie kamen als Saisonarbeiter. Die anderen Familien waren Deutsche.«

»Und was haben die Deutschen gemacht?«

»Die haben auch bei uns gearbeitet. Das Dorf gehörte uns und die Nachbardörfer« – sie zählte sie auf – »auch.«

»Warum gehörte euch so viel und den anderen viel weniger?«

»Groß Luckow ist schon seit vielen hundert Jahren im Besitz der Familie. Wir waren verantwortlich für alles, und wir haben uns um die Leute gekümmert. Das kann nicht jeder. Wenn jemand krank war, habe ich der Familie heiße Suppe gebracht. Sie haben auch Kartoffeln und mal ein Schwein aus unserem Stall bekommen.« Was stellt das Kind für dumme Fragen. Wer bringt es nur darauf? »Einen Dorflehrer für die Kinder haben wir auch bezahlt. Sie sollten schreiben und rechnen können.«

»Warum gehörte euch viel mehr als den anderen?«

»Das ist eben so.«

War in Vorpommern alles unvergleichlich groß und der Himmel weit, lag der verlorene thüringische Besitz, der denselben Großeltern gehört hatte, südlich von Weimar in einem Tal zwischen hohen, rätselhaften Wäldern. Das Schloss mit Wassergraben auf einem Foto hieß, wie das Dorf, Langenorla. Die dazugehörige Schimmersburg wurde ohne Foto immer größer. Mächtig wuchs sie, und in der kindlichen Fantasie gewann das kleine Vorwerk Türme und Zinnen. Kommunisten hatten das Schloss abgerissen. »Alte Geschichten«, sagte meine Mutter später, »ich höre da gar nicht mehr hin.«

1957 beanspruchten drei jüngere Geschwister mehr und mehr die Aufmerksamkeit meiner Mutter. »Babys und Kleinkinder brauchen viel Aufmerksamkeit.« Brüder vor allem, denn die sind »wilder als Mädchen und nicht so vernünftig wie du«. Ich langweilte mich. Es gab nicht genug erwachsene Antworter mit genügend Zeit für meine Fragen. Im Wohnzimmer wuchsen die Regale mit Büchern voller geheimnisvoller Worte, Wissen über die Welt und Abenteuergeschichten. Dahinein vergrub ich mich, blätterte, sah Schrift wie Bilder an, fragte, quengelte, entzifferte hier ein Wort und dort ein Fitzelchen von der Welt.

Irgendwie lernte ich lesen und rechnen. Ich drängelte, bis ich in die Schule durfte, obwohl ich erst fünf Jahre alt war. Die Schule schien mir ein wunderbarer Ort, wo Kinder den ganzen Tag »warum?« und »woher?« fragen durften. Da gab es LehrerInnen, die nur dafür da waren, Kindern zu antworten, und die nicht wegliefen, um zur Arbeit zu gehen oder um die voll geschissenen Windeln von kleinen Geschwistern einzuweichen. Das Paradies wartete auf mich.

Die Steinbachtalschule, meine erste Volksschule, war in konfessionellen Fragen liberal. Zwar galt auch hier im September 1957, als ich eingeschult wurde, noch – wie überall in Bayern – die von katholischer Kirche und CSU erzwungene konfessionelle Trennung der Kinder, Mädchen und Jungs dagegen wurden gemeinsam unterrichtet. An anderen Würzburger Schulen wurden vor allem die katholischen Kinder massiv religiös indoktriniert, und mancherorts war körperliche Gewalt durch gottgläubige LehrerInnen ein alltäglicher Teil der »Erziehung«. An der Steinbachtalschule nicht.

Wir nichtkatholischen Kinder waren nicht so zahlreich wie die katholischen, und so teilten sich die erste und zweite nichtkatholische Klasse, zusammen 35 bis 40 Kinder, einen Klassenraum. An der Wand hing ein Kruzifix. Einmal am Tag wurde ein Kirchenlied gesungen oder ein Gebet gesprochen. Wenn unsere LehrerInnen das Klassenzimmer betraten, standen wir auf und begrüßten sie im Chor. Wir hatten im Unterricht in unseren Bänken zu sitzen und nicht herumzulaufen.

Die ganze Sache war ein ziemlicher Beschiss. Von wegen Paradies! Für fast 40 Kinder und mich nur eine Lehrerin! Das war ein noch mieseres Verhältnis als zu Hause, da stand es seit zwei Monaten wenigstens vier zu zwei.

Als es in der linken Hälfte des Klassenzimmers, in der ersten Klasse, eintönig wurde – »Jutta, träum nicht und sieh nicht ständig aus dem Fenster!« –, malte ich Figuren und Blumenornamente um längst gelöste Rechenaufgaben und stellte mir vor, wie es wäre, wenn Pippi Langstrumpf durchs Fenster schaute und »Plutimikation!« brüllte. Die Lehrerin rätselte. Waren meine Zeichnungen lobenswert oder eine Verschmutzung des Schulheftes? Sie fand einen Kompromiss. Ich kriegte keine Rosenbildchen mit Engeln und Blüten mehr, denn dieser Lohn für Fleiß wurde knapp, aber ich durfte nach rechts rüberrutschen, in die Bänke der zweiten Klasse. Dort lernte ich eine Zeit lang einiges, was neu für mich war.

*

Im Dezember 1955 setzte sich die 41-jährige Näherin Rosa Parks in Montgomery, Alabama, auf der Heimfahrt von der Arbeit auf einen der vorderen Sitzplätze im Bus. Sie war müde und zu stolz, als sie rüde aufgefordert wurde, sich sofort nach hinten zu setzen. Dorthin gehöre sie, schrien der Busfahrer und die Fahrgäste im vorderen Teil des Busses. Rosa Parks weigerte sich und blieb sitzen. Sie wurde verhaftet wie alle »Nigger«, die es wagten, sich auf die *whites-only*-Sitze im vorderen Teil eines Busses zu setzen. Sie wurde bald sogar verurteilt, weil sie das Gesetz gebrochen hatte.

Ihre Verhaftung löste eine Welle von Bürgerrechtsaktionen aus, die sich nicht mehr an die legalistischen Spielregeln der konservativ gewordenen alten Bürgerrechtsorganisationen wie der NAACP (National Association for the Advancement of Colored People) hielten. Spontan organisierten radikaler gewordene BürgerrechtlerInnen direkte Aktionen, wie zum Beispiel einen zwölf Monate währenden Busboykott, um sich schließlich auch vor dem Obersten Bundesgericht durchzusetzen. Einer ihrer Anführer war ein noch unbekannter junger Baptistenprediger: Martin Luther King.

*

»Neger stinken«, sagte meine feine Tante Gerta 1958. Das wisse sie genau, schließlich habe sie in Amerika in der Straßenbahn schon neben »Negern« gestanden. Die Tante, eine Schwester meines Vaters, lebte in der Willistraße in Hamburg-Winterhude. Dorthin hatten mich meine Eltern geschickt, denn meine Mutter brauchte nach der Geburt des fünften Kindes dringend Erholung. Ich ging auf eine Hamburger Volksschule, die LehrerInnen ließen mich in Ruhe, ich war ja nur auf Durchreise. Neger stinken? Vielleicht hatte der Mann, der das Pech hatte, neben meiner Tante zu stehen, bei der Arbeit geschwitzt? Musste meinen Vater fragen, sobald ich nach Hause durfte. Behauptungen, die mich irritierten, sammelte ich für ihn.

Tante Gerta lehrte mich, dass Kinder sich morgens und abends die Zähne putzen müssen. Dass Hände, Kleider und Schuhe von Mädchen immer sauber sein mussten, »du bist doch kein Junge«. Dass ein Mädchen seine Tante vor Erwachsenen auf keinen Fall blamieren darf, sondern knickst und schweigt, es sei denn, sie wird gefragt. Ich wäre völlig in Heimweh ertrunken, hätte die kalte Frau nicht eine mit mir etwa gleichaltrige Tochter gehabt, die zwar vor den Erwachsenen die Wohlerzogene mimte, aber lustig und warmherzig war, sobald wir allein waren.

Ich lernte, dass es sehr reiche Leute gibt. Mit den neuen Lackschuhen und weißem Kragen, voll gestopft mit Maßregelungen, nahm mich die Tante zu einem Kindergeburtstag in eine weiße Villa an der Alster mit. Wenn ich zu Hause zu einem Kindergeburtstag ging, kriegte ich höchstens eine Mark fünfzig für ein Geschenk und kaufte eine Tafel Schokolade oder nahm eine Topfpflanze mit, die ich aus einem Ableger gewonnen hatte. Wir spielten Verstecken und Topfschlagen, wir tobten, stritten und lachten, und es gab Kuchen und Kakao für ein halbes oder ein Dutzend Kinder, und abends fühlte sich eine meistens wohl. In der Alstervilla dagegen traf ich auf ein paar Dutzend wohlerzogene, fein angezogene Kinder, manche brachten Geschenke, wie ich sie nicht einmal von allen Eltern, Großeltern und Patentanten zusammen zu Weihnachten bekam. Auch die Eltern dieser Kinder waren dabei und störten. Lange Tische, beladen mit Essen, verloren sich im Park. Das Geburtstagskind, ein etwa achtjähriges Mädchen, prahlte mit dem Geschenk seiner Eltern: eine eigene kleine weiße Kindervilla am Ende des Parks. Sie schien mir größer als die Wohnung mancher meiner FreundInnen.

In der Nacht, bevor meine Mutter mich von der Eiskönigin befreite, zeichnete ich das Muster meiner Bettdecke nach, bis endlich der Morgen graute. Ich besuchte Tante Gerta nie wieder. Ich stieß noch zweimal auf sie: Auf einem Adelsball beschwerte sich mein Tischherr lauthals, dass sie »die Ehe seiner Eltern zerstört habe«, ein Ausdruck für eine aufgeflogene Affäre. Ein anderes Mal ließ ich mich von ihr einen Tag aus dem bayerischen Internat befreien, in das mensch mich gesperrt hatte. Tantes Wahl für unseren Tagesausflug fiel ausgerechnet auf Oberammergau und auf ein Kloster.

Hier im großen Hamburg war der Schulweg kurz. Ich wurde zur Schule gebracht und wieder abgeholt. Niemand konnte mir, wie zu Hause die Nachbarjungs, auflauern, um mich in den Graben zu stoßen oder zu verhauen.

Zu Hause in Würzburg wohnten wir inzwischen in einer Art Sozialwohnung für kinderreiche Familien auf einem Berg über dem Main unterhalb der Frankenwarte. Der Weg hinab zur Schule war weit und der Rückweg steil, erschöpfend und einsam. »Wir mussten früher sechs Kilometer zur Schule laufen, auch im Winter«, sagte meine Mutter. Der Berg war noch weitgehend unbebaut, und es gab Schleichpfade zwischen Hubertusschlucht und Betpfad, auf die versuchte ich mich vor den Nachbarjungs zu retten. Manchmal schützte mich der Schäfer, wenn er auf der Wiese am Hang seine Schafe weidete.

Unser neu bezogenes graues Haus über der Hubertusschlucht lag gleich neben dem Hinteren Johannishof, einem Bauernhof mit Kühen, Schweinen, Hunderten von Hühnern und Obstwiesen. Es roch nach Lemmie. Die Bäuerin umrundete mit ihrem linken Arm den riesigen warmen Laib Roggenbrot und sägte mit einem großen Messer dicke Schnitten auf ihre Brust zu, so dass es aussah, als umarme sie das Brot. Dann strich sie mir frisches Pflaumenmus so dick auf die Scheibe, dass ich es hätte vom Brot löffeln können.

Im Hof stand der Schlachtbock für die Hühner. Manche hüpften noch quer über den Hof, nachdem ihr Kopf abgeschlagen worden war. Wenn neue Küken geliefert wurden, in weißen Kartons mit Luftlöchern, Schachteln, größer als meine für Maikäfer und angefüllt mit ängstlichem Gefiepe, stupste ich vorsichtig mit dem Zeigefinger hinein. Ihr Gefieder war nur ein weicher Flaum, und die hauchdünne Haut über den spitzen Knöchelchen war sehr beweglich. Oft lagen leblose kleine gelbe Knäuel zwischen ihnen, Hühnerküken, die den Transport nicht überlebt hatten.

Das Haus am Johannisweg schien mir riesig. Es hatte zwei Stockwerke! Unten eine Küche mit Tisch und Stühlen und einem Ausgang in den Garten. Ein kleines Bad mit Badeofen, Wanne und WC. Der Ofen wurde mit Kohlen befeuert, das geheizte Wasser lief auch in einen Eimer, in dem im Lauf der Zeit Millionen von voll geschissenen Windeln eingeweicht wurden. Durch ein kleines Wohnzimmer kam mensch in das Elternschlafzimmer. Eine gewendelte Holztreppe führte vom Flur nach oben in die Kinderabteilung. Auf dieser Treppe schmollte ich an meinem siebten Geburtstag. War mein größter Wunsch nicht eindeutig gewesen? So viele Bananen für mich allein, wie ich essen konnte, ohne sie mit irgendwem zu teilen. Was blieb? Drei Bananen, denn alle anderen Bananen zermixte meine Mutter zu Bananenmilch für meine Geburtstagsgäste. Auf diese seltene Leckerei stürzten sich alle Kinder.

Ab jetzt hatten wir »Kindermädchen«, wie meine Mutter die Praktikantinnen von einer Hauswirtschaftsschule im weit entfernten Frankfurt am Main nannte. Sie schliefen im Spielzimmer. Dahinter lagen zwei kleine unbeheizbare, durch Styropor und Gips getrennte Kammern mit je zwei Betten, eine für die Mädchen, die andere für die Jungen. Auf dem Kohleofen im Spielzimmer wurden im Winter metallene Wärmflaschen geheizt und ans Fußende unter das Federbett gelegt. Bei Vollmond konnte ich mein Buch ans Fenster halten und lesen, wenn das Deckenlicht aus war. Ich musste doch wissen, ob Winnetou starb.

Wie eine kleine Burg thronte das Haus über der Straße, steil der Garten nach vorn, groß und wild nach hinten. Direkt neben dem Haus lag ein Wäldchen mit Bäumen zum Klettern, wilden Wurzeln, kleinen Tieren und Höhlen nur für uns. Hinterm Haus, bergauf, Felder zum Drachensteigen, ein großer Wald, durch den eine Straße zur Frankenwarte hinaufführte, zu den Kasernen der US-Army, zu einem Kiosk mit rosa Bubblegum für zehn Pfennig, einem Ausflugslokal und einer Siedlung mit schlichten Mietwohnungen.

Nach links führte die kleine Straße, der Johannisweg, vor unserem Haus und um den halben Berg herum, vorbei an Kornfeldern und Wiesen, mit weitem Blick über die Stadt und den Fluss, zum Schützenhof, einem Ausflugslokal samt Schweinen und Hühnern. Mit sieben hatte ich gelernt, wie schrill Ferkel quieken und mit welchem Schnitt sie kastriert werden. Hier sah ich die Armbewegung beim Hühnerfüttern wieder, die ich wie das Kornsäen aus Lemmie kannte. Ich holte Milch vom Schützenhof und trödelte mit der vollen Kanne am Panorama der Stadt entlang. Schob Kinderwagen mit Geschwistern herum. Aber lieber ging ich diesen und andere Wege an der Hand meines Vaters: »Stimmt es, dass es den lieben Gott nicht gibt?« Schließlich war vor kurzem der Osterhase für ewig und alle Zeiten gestorben. Ich war früh aufgestanden, um ihn endlich zu sehen. Und wer huschte da im Garten herum? Meine Eltern. Ich hielt den Mund, denn ich wollte ihnen den Spaß nicht verderben.

Während Hoimar mich beruhigte und mir versprach, dass Gott existierte, dass es aber Leute gab, die nicht an ihn glaubten, und dass sie das Recht dazu hätten, wuchs bei diesem Gespräch der Verdacht, dass er mir eines Tages genauso ruhig erklären könnte, dass es Gott nicht gab. Aber mir machte die Vorstellung, wenn ich älter war, eine Welt ohne Gott vorzufinden, auf einmal keine Angst mehr. Es gab Gott – noch eine Weile, solange ich es wünschte. So wie ich in Alpträumen einfach davonfliegen konnte, sobald es wirklich gefährlich wurde.

Bis auf den steilen Schulweg, die Nachbarjungs und die Gespenster im Keller gab es am neuen Wohnort nichts auszusetzen.

Den Nachbarjungs rannte ich oft davon oder versteckte mich vor ihnen, damit sie mich nicht drangsalierten. Die Gespenster im Keller, dem Eingang ins Haus für Kinder und schmutzige Stiefel, verjagte ich laut singend mit Kirchenliedern. Da ich nicht sicher war, ob mich Falls-es-ihn-gab-Jesus auch in einem dunklen Keller hörte, rannte ich die letzten Treppenstufen so schnell es ging hinauf.

Morgens bekamen wir »Kindertee« – dünnen schwarzen Tee und Roggenbrot mit Marmelade. Mittags gab es Nudeln mit Tomatensoße, Kartoffelaufläufe, Eierpfannkuchen mit Apfelmus, Milchreis mit Zimt und Zucker oder Mohrrüben mit Frikadellen und Salzkartoffeln. Oft Quarkspeise oder Pflaumenkompott. Abends belegte Brote und Milch oder Kakao oder Sprudel.

Ab und an geriet Neues auf den Esstisch. Zum Beispiel diese braunen kleinen Flaschen mit langem Hals. Wenn ich den Verschluss abnahm, streute ich ein bisschen Zucker auf die kreisrunde weiße Oberfläche im Flaschenhals, die in die weiße Masse hineinschmolz und verkrustete. Extra neue lange Löffel waren angeschafft worden, denn mit dem Teelöffel kam niemand auf den Grund der Flasche, mit dem Esslöffel gar nicht erst durch den Hals der neuartigen Gläser. Ich durchstach steil die süße Kruste mit dem Löffel und hob sie samt dem sauren weißen Zeug heraus. Das schmeckte besser als das, was entstand, wenn Heilwig Vollmilch in einer Schüssel bei Zimmertemperatur herumstehen ließ, bis die Milch zur Stippmilch vergammelt war und mit Zucker und Schwarzbrot gegessen werden musste. Das exotische neue Lebensmittel hieß Joghurt und schmeckte, obwohl es gesund war.

Eines Tages öffnete sich in der vierten Klasse der Steinbachtalschule die Tür, und der Klassenlehrer kam herein, an der Hand ein kleines Mädchen mit langen dunkelblonden Zöpfen, gelbem Kleid mit großer Schleife um den Bauch und erwartungsvollem Gesicht. »Sie liest euch etwas vor«, sagte der Lehrer. Ich nahm das fremde Buch und las. Wenn ich es gut machte, fand ich vielleicht neue

FreundInnen für die Bande, die ich gründen wollte. Mein ein Jahr jüngerer Bruder wollte auch eine Bande, aber nicht mit Mädchen. Die anderen Mädchen wollten Prinzessin spielen und Gummitwist. Konnte ein Mädchen nicht an einem Tag Prinzessin sein und am anderen Indianer? »Das reicht«, sagte der Lehrer schließlich, legte seine Hand auf meine Schulter und lobte mich zugrunde: »Jetzt hat euch eine Zweitklässlerin gezeigt, wie man liest.« Keine FreundInnen. Feindselige Blicke. Steinschwere Hand auf meiner Schulter. Ich fröstelte und prägte mir das Muster des Fußbodens ein.

Unten im Tal gab es eine Straßenbahn, hier oben am Berg nicht mal einen Bus. Meine Eltern gingen, wie wir Kinder, überall zu Fuß hin. Eines Morgens machte mein Vater sein Ich-verrate-dir-ein-Geheimnis-Gesicht und winkte mich heran. Stolz zeigte er mir seine Vespa. Ich staunte. Ein Motorroller. So was hatten nur andere Leute, wie neue Kleider, viel Taschengeld, große Radios, Autos und Plattenspieler.

»Willst du eine Runde mit mir drehen?« Nichts wie auf den Rücksitz. »Leg deine Arme fest um mich!«

Ein paar Hundert windige Meter später fragte er: »Na, schön?« Ich nickte.

»Wollen wir noch zur Frankenwarte?« Der Schulranzen klemmte auf seiner Aktentasche. Ich würde zu spät in die Schule kommen. »Ich schreibe dir eine Entschuldigung und bring dich hin.« Auf zwei Rädern einen so steilen Berg hinunter? Die Kinder würden staunen. Ich legte meine Arme fest um seine Taille. Mit mindestens 40 Stundenkilometern jagten wir durch den Wald. Später erklärte Hoimar meiner Lehrerin, mir sei es heute Morgen nicht gut gegangen. Ich sah wirklich ein bisschen echauffiert aus, und wer misstraut schon einem Arzt, noch dazu einem so charmanten?

»Neger stinken? Dummes Zeug!« Mein Vater ärgerte sich über seine Schwester. »Neger sind genauso viel wert wie du und ich. Und gleiche Rechte haben sie auch. Sie sind nur im Durchschnitt nicht so intelligent wie Weiße, das hat genetische Ursachen. Dafür haben sie andere Qualitäten.«

*

In den Fünfzigern nahm ich es hin. Er konnte sich nicht irren. In den Sechzigern stritten wir lautstark über Fragen wie diese. In den Siebzigern befreite er sich von dieser Spielart des Rassismus, während sich der genetisch begründete Rassismus in den Achtzigern und Neunzigern in den USA und in der bundesdeutschen Gesellschaft erneut ausbreitete.

Noch 1969 fragte zum Beispiel *Die Zeit* mit großer Überschrift: »Sind Neger wirklich dümmer?« Gewiss, die Zeitung wollte nur über eine Diskussion informieren, die der US-amerikanische Professor Arthur Jensen, Psychologe an der Berkeley-Universität, ausgelöst hatte. Jensen hatte in einer wissenschaftlichen Zeitung auf 123 Seiten nachzuweisen versucht, dass »Neger« den »Weißen« an Intelligenz unterlegen sind. Eine antirassistische Zeitung hätte den Skandal zur Schlagzeile gemacht. Nicht so *Die Zeit*: »Hat Jensen unrecht? (…) mit einem klaren Ja oder mit einem Nein ist sie nicht zu beantworten.« Jensen, so kam heraus, wollte unter anderem Kosten sparen, die vergeblich zur Förderung von »Negern« und anderen »geistig weniger Begüterten« ausgegeben würden. Das musste abgewogen werden. (*Die Zeit* v. 2.5.1969)

*

Der weiße Gordonsetter jagte in weiten Sätzen in den Wald und ignorierte die Pfiffe. »Hoffentlich erwischt ihn der Förster nicht«, sagte mein anderer Großvater, der Vater meines Vaters, Hans-Otto von Ditfurth. In den Locken des schwarz-weißen Cockerspaniels verfingen sich kleine Zweige, er holte den Setter nie ein, hechelte zurück, schob mit seiner Nase das Laub zu Haufen. Mein Großvater unterrichtete Altgriechisch und Latein, meine Großmutter vermietete in ihrem Haus in Marburg Zimmer an Studenten. Die gemietete Villa stand in der Großseelheimerstraße, am Berg, damals nicht weit vom Wald. Zur Freude meiner Eltern ging »die Leseratte, die nie an die frische Luft will«, bei den Marburger Großeltern jeden Tag viele Stunden spazieren.

Großväterchen erzählte seine Geschichten nur im Wald. Am Waldrand ließ er die Hunde von der Leine und räusperte sich. Manchmal foppte er mich: »Heute fällt mir nichts ein.« Doch immer fiel ihm etwas ein. Oder er fragte: »Wo habe ich gestern aufgehört?« Ich erzählte, was ich mir gemerkt hatte, oder die Stelle vor einer besonders spannenden Szene, um die noch einmal zu hören. Oft wurde die Szene dann anders erzählt, aber nie nahm sie ein anderes Ende. Am Anfang war ich klein und stolperte seinen langen Beinen unterm Lodenmantel hinterher. Als ich älter wurde, verlangsamte ich meinen Schritt, denn Großväterchen brauchte jetzt einen Stock.

Nachts dachte ich mir aus, wie seine Geschichten weitergehen könnten. Wenn er eine neue anfangen musste, machte er mir Vorschläge: »Willst du die Geschichte von Odysseus hören? Oder vielleicht die von einem gewissen Oliver Twist aus England?« Am Ende hörte ich sie alle. Er erzählte von Troja und Medea, vom Minotaurus und von Iphigenie, einmal quer durch die griechische Sagenwelt und weiter nach Rom. Er erzählte von David Copperfield und den Armenhäusern im England des 19. Jahrhunderts. Er streifte durch die französische Literatur – und zensierte die erotischen Anspielungen bei Balzac und Baudelaire. Ich hörte Thomas Manns *Tonio Kröger* und eine zur waldgerechten Serie verkürzte Fassung von Tolstois *Krieg und Frieden*. Auf welcher Route hatte Fridtjof Nansen Grönland durchfahren, und auf welchem Schlitten war er zum Nordpol gereist? Thor Heyerdahls Floß Kon-Tiki hatte keinen Motor und segelte doch von Südamerika nach Polynesien. Da war ein Flugzeug in der Sahara abgestürzt. Die Passagiere, allesamt bedeutende WissenschaftlerInnen, irrten in der Wüste herum, bis sie ein unterirdisches Labor fanden, in dem alles für ihre Forschungen vorbereitet war. Ich fand eine ähnliche Geschichte später bei Agatha Christie wieder. Ich war Großväterchens Schwamm.

Wenn wir aus dem Wald auftauchten, wurden die Hunde herbeigepfiffen, angeleint und grob vom Laub gereinigt. Der Rückweg zum Haus der Großeltern diente der Verhandlung – morgen wieder eine Geschichte? Vielleicht eine längere?

»Wo wart ihr so lange?«, schimpfte Großmutter Mathilde anfangs. »Du erschöpfst das Kind!«

Jahre später sagte sie: »Das war viel zu anstrengend für deinen Großvater.«

Zu Hause spielte er auf dem Flügel, las, empfing Nachhilfeschüler, las, wusch nie ab und niemals kochte er, las, knurrte seine Frau und seine Kinder an, las, sprach mit seinen Hunden und verschwand im Keller in einer Einrichtung, die sehr modern und extra für ihn eingebaut worden war – eine Dusche. Großmutter roch nach Badewanne, nach Lavendel und Körperpuder, Großväterchen nach Dusche.

*

Ich wusste nicht, dass er meine Mutter als »Hure« tyrannisierte, weil sie Lippenstift benutzte. Dass er sie bei der Beerdigung meines ertrunkenen Bruders fertiggemacht hatte. Sie wollte meine Beziehung zu ihm schonen und ließ es mich nicht wissen. Ich ahnte aber auch nicht, dass er es für angemessen gehalten hatte, wären die Deutschen nach dem Krieg von den überlebenden Opfern und den Alliierten mit Zaunlatten erschlagen worden. Alle waren schuldig, die ihr Leben nicht gegen Hitler riskiert hatten. Auch sein Schuldgefühl beugte ihn tief über seinen Stock.

Hans-Otto von Ditfurth war 1893 geboren worden. Seit vielen Hundert Jahren gingen die ältesten Söhne der Ditfurths zum Militär. Noch nie hatte sich ein Ditfurth geweigert, die Uniform anzuziehen. Sein Vater drosch dem jungen Hans-Otto andersartige Träume traditionsgemäß aus den Knochen. Mit 17 kam er zu den Oldenburger Dragonern. Spielschulden, Alkoholismus, Bordellbesuche gehörten zur adligen Offizierkultur – Literatur und Geschichte nicht. Wer studierte, galt als geistesgestört oder exotisch. Wer in ein anderes Leben oder ein anderes Land auswanderte, hatte gewiss Dreck am Stecken.

Mit 18 wurde Hans-Otto Leutnant, mit 21 zog er mit patriotischem Schwung in den Krieg. Er geriet nach acht Wochen für fünf Jahre in französische Kriegsgefangenschaft. Als er zurückkam, war der Kaiser, Fixpunkt seines Lebens, verschwunden. Seine nationalkonservative monarchistische Welt war zusammengebrochen, als das Deutsche Reich den Krieg verloren, die Novemberrevolution von 1918/19 seine Gesellschaft erschüttert hatte und als eine Republik ausgerufen worden war.

Die Familie war verarmt, Kriegsanleihen hatten das Vermögen aufgefressen. Der 25-Jährige stand auf der Straße. Er machte in Berlin eine Banklehre und heiratete Mathilde von Wrisberg, eine Tochter aus einer gleichfalls verarmten Offiziersfamilie. 1921 wurde ihr erstes Kind geboren, mein Vater. Hans-Otto beendete seine Banklaufbahn nach seiner Ausbildung und trat in Lensahn als Beamter in der Vermögensverwaltung in die Dienste des Erbgroßherzogs von Oldenburg, des ehemaligen Ehrenkommandeurs der Oldenburger Dragoner. Die Verführung, in seine untergegangene Welt zurückzukehren, war zu groß. »Eine Riesendummheit«, wie er später zugab.

1931 oder 1932 trat Hans-Otto in die NSDAP ein und, vermutlich ein paar Wochen bevor Hitler Reichskanzler wurde, angewidert wieder aus, obgleich er die »nationale Haltung« der neuen Regierung schätzte. Er beobachtete, wie frühere Offizierskollegen im Pakt mit Hitler alles preisgaben, was einmal als »Offiziersehre« gegolten hatte. Er sah sich als konservativer Christ und ging nun auf Distanz zu den Nazis und zu seinen alten Offiziersfreunden. In der adligen Verwandtschaft galt er als sonderbar. Waren das nicht herrliche große Zeiten für Deutschland?

Hans-Otto arbeitete ab 1930 als kaufmännischer Angestellter im Innendienst von Siemens-Plania in Berlin-Lichtenberg. Mit Mathilde und vier Kindern zog er auf die entgegengesetzte Seite der Stadt in eine Mietwohnung mit dreieinhalb Zimmern in einem Arbeiterwohnhaus am Böttcherberg in Klein-Glienicke bei Potsdam. Er genoss, als habe er dies beabsichtigt, fünfzehn Jahre lang, bis 1945, an sechs Tagen in der Woche, jeden Morgen und jeden Abend, insgesamt vier Stunden Fahrzeit in öffentlichen Verkehrsmitteln, in denen er ungestört lesen und studieren konnte, Literatur, Geschichte, Altgriechisch, Latein.

Er berichtete seinen Kindern von den »Lagern« wie dem bei Oranienburg und verbot meinem Vater, Mitglied in der Hitlerjugend zu werden. Als der ihm endlich erwachsen genug erschien, schüttete der 50-Jährige, der alles Grauen immer in sich vergraben hatte, seinem ältesten Sohn in einer dramatischen Nacht im Winter 1943 sein Herz aus: Die Nazis waren Verbrecher. Sie überfielen Länder. Sie ermordeten die Juden in Konzentrationslagern. Sie richteten in den

Ländern, die sie überfielen, Grauenhaftes an. Der Krieg war ein Verbrechen und würde völlig berechtigt verloren werden.

»Sie werden, wenn das endlich zu Ende ist, von allen Seiten über uns herfallen und uns mit Zaunlatten totschlagen«, sagte er, auch ihn. Die historisch unvergleichliche Schuld würde sich durch dieses seiner Meinung nach angemessene Ende um kein Jota verringern. »Schuldig sind wir, weil wir unser Leben nicht riskiert haben.« Die Nachkriegslegende, dass es sich bei den Deutschen um ein Volk verführter MitläuferInnen und Opfer gehandelt habe und die eigentlichen Verbrecher nur eine kleine Minderheit seien, erfüllte ihn mit Verachtung.

Als Nazi-Opfer und Alliierte 1945 Besseres zu tun hatten, als Deutsche wie ihn zu erschlagen, begann sein drittes Leben. Glücklich beobachtete er, wie das Siemens-Werk in Berlin-Lichtenberg von den Sowjets demontiert wurde – und damit seine vermeintliche Pflicht wegfiel, für den Wiederaufbau Deutschlands in einen ungeliebten Beruf zurückzukehren. Noch im gleichen Jahr, mit 52 Jahren, begann er zu studieren: Altgriechisch und Latein. Er legte in Marburg das Staatsexamen ab und wurde Lehrer. Meine Großmutter mietete das Haus in der Großseelheimerstraße und finanzierte sein Studium durch Vermietung von Studentenzimmern.

*

Der Chef der Psychiatrischen Uniklinik in Würzburg hatte die Angewohnheit, StaatsexamenskandidatInnen ins öffentliche Schwimmbad am Dallenberg einzuladen. Dort zog er lässig im Swimmingpool seine Bahnen und warf ihnen, die im dunklen Anzug schwitzend am Rand standen, die Prüfungsfragen zu. Als Anonymus schrieb Hoimar 1959 in *Die Zeit* die vierteilige Serie »Wie man in Deutschland Medizin studiert«. Er prangerte den »diktatorisch geleiteten Universitätsbetrieb« an: die Hierarchie, die undemokratischen Ordinarien, die autoritäre, praxisferne Ausbildung, die Diskussions- und Kritikfeindlichkeit, die Abgehobenheit von der Gesellschaft.

Schließlich entfloh Hoimar den Anpassungszwängen der Universität – und setzte sich neuen Zwängen aus. Er nahm 1960 ein Angebot des Pharmakonzerns Boehringer Mannheim als Leiter des »Psycholabors« an, wo er künftig für die Erforschung von Psychopharmaka zuständig war. Er verließ uns unter der Woche, bis wir ihm hinterherzogen. Der fünfte Umzug in meinen ersten acht Jahren.

Ich wollte nicht weg von meinen FreundInnen, der Schule, den Tieren, dem Ballett, aber ich wollte meinen Vater öfters sehen. »An der Bergstraße ist es so warm, da wachsen Pfirsiche an Bäumen«, lockte meine Mutter. Exotische Bananen aus dem Laden waren das Größte, nun auch noch Pfirsiche an Bäumen? Wenn es so warm war, dass diese Früchte dort wuchsen, kannten die Kinder in Baden-Württemberg logischerweise keinen Schnee und ich konnte ihnen vielleicht mit meinem Schlitten imponieren. Aber die Erwachsenen hatten mich wieder einmal reingelegt, so wie damals, als ich das erste Mal zum Zahnarzt musste – »tut überhaupt nicht weh!« – und dieser, ohne Vorwarnung, bohrte. Die neuen Kinder kannten Pfirsiche und Schnee, und ich war fremd. Ich schrieb heimwehtrunkene Briefe an meine verlorenen FreundInnen in der Steinbachtalschule, die meine Eltern vermutlich nie abschickten.

Das Haus, das meine Eltern 1960 in Hohensachsen an der Bergstraße mieteten, war die Hälfte eines heruntergekommenen, einstöckigen Gebäudes mit zwei zweistöckigen Türmchen an beiden Seiten und quietschenden Fensterläden. Es lag auf dem Berg überm Dorf, im Blütenweg, in einem verwilderten stillgelegten Steinbruch, der in den Wald überging. In der direkten Nachbarschaft standen nur drei Häuser. Den Berg hinunter lagen Weinberge und Obstwiesen und das Dorf.

Wieder zwei Kinderzimmer, etwas größere diesmal und heizbar, eines für die Jungs, eines für uns Mädchen. Das Kinderbad mit Klo und Waschbecken mit kaltem Wasser, ausreichend für Katzenwäsche, zu kalt, um zweimal am Tag die Zähne zu putzen. Eine kleine Küche mit Tisch. Ein Wohnzimmer mit Essecke, Radio, Schallplattenspieler – »Hände weg!« – und Wänden voller Bücher; im oberen Geschoss des Türmchens ein Badezimmer; ein WC, eine winzige Kammer und das Elternschlafzimmer.

Aus dem Mädchenzimmer sahen wir über die Rheinebene. Ein weiter Blick mit sich andauernd veränderndem Licht auf den Feldern und Wiesen bis zum Horizont. Und jeden Abend würde die

Sonne zur Kugel und versank in anderen Farben. Vor dem Fenster unseres Zimmers standen eine alte Straßenlaterne und Bäume. Wenn meine Eltern aus waren oder auf Reisen, auch mal »nach Amerika«, und Großmütter, Tanten oder Erzieherinnen als Aufpasserinnen kamen oder ich bald auch allein »die Kleinen hüten« musste, durfte nachts kein Sturm aufkommen, denn dann bog sich der Baum und warf unheimliche Schatten über mein Bett, und Mörder schlichen um das Haus, die nur darauf aus waren, kleine Mädchen zu schlachten, deren Eltern sie allein gelassen hatten, das stand doch in allen bunten Zeitschriften.

Meine Mutter schloss die Fensterläden: »Ihr geht heute nicht mehr raus. Das sind alte Nazis.« Einmal im Jahr feierte der Vermieter, ein gewisser Herr Wolf, der woanders wohnte, mit seinen Leuten, die ich nie sah, am Ende des Gartens Sonnwendfeuer. Ich linste durch das Küchenfenster und sah Flammen. Warum durften Nazis in unserem Garten Feuer machen? Am anderen Morgen, vor der Schule, rannte ich in den Garten und fand eine kalte große Feuerstelle.

Die Faschisten hatten nicht nur Glenn Miller, sondern auch MalerInnen als »entartet« verboten. Im Mädchenzimmer hingen die mittelmäßigen Blauen Pferde von Franz Marc. Ich malte sie ab, bis ich entschlüsselt hatte, wie Marc die Konturen der Tiere auflöste. Dann langweilten sie mich wie ein gelöstes Rätsel. Impressionisten, Expressionisten, Kubisten, Pointillisten, Surreale und Picasso. Ich sammelte Kunstpostkarten und klebte sie in meine Alben. Jetzt wo der Krieg vorbei war, konnte mensch doch jede Musik hören und alle Bilder ansehen, die wir wollten – oder nicht?

Ich wusste auch nicht, dass fast keine der von den Nazis verfemten Malerinnen im Nachkriegsdeutschland gesellschaftliche Anerkennung gefunden hatte.

In den Wohnungen einiger MitschülerInnen hingen röhrende Hirsche, rosa gepuderte Alpenlandschaften, über einsamen Kindern auf Brücken schwebende Schutzengel und immer und überall die betenden Hände von Albrecht Dürer.

Hoimar tuckerte jeden Morgen mit seinem ersten Auto, einem gebrauchten anthrazitfarbenen Käfer mit geteiltem Rückfenster, den

Berg hinunter, quer durch die Rheinebene auf Landstraßen nach Mannheim-Sandhofen und kam abends spät zurück, eine Autobahn gab es noch nicht. Antworten kriegen, Planeten basteln, um mehr Taschengeld betteln, vieles musste auf das Wochenende verschoben werden. Meine Mutter war zuständig für »Woher kommen die kleinen Kinder?« und »Meine Lehrerin ist gemein!«. Mein Vater für »Wohin verschwindet das Wasser im Klo?« und »Wo ist das Weltall zu Ende?«. Blieb also für manche Fragen ein Antworter für vier Kinder, denn meine drei jüngeren Geschwister wuchsen und wollten nun auch Dinge wissen, und unser Vater hatte immer weniger Zeit. Sehr lästig. Jedes Kind, wünschte ich mir, müsste mindestens einen ganzen großen alleswissenden Menschen für sich allein haben.

Mein Vater nahm meine kleine Schwester auf den Schoß und alberte mit ihr herum. Ich konnte ihn verstehen, sie war ungemein niedlich. Mit meinen beiden Brüdern konnte ich noch nicht viel anfangen, der eine kriegte die Eisenbahn, die ich haben wollte, ich war ja ein Mädchen, und er biss gelegentlich, der andere Bruder war Mamis Liebling und spielte uns gegeneinander aus. Nachts krabbelte meine kleine Schwester in mein Bett, und ich musste mit ihr toben. Am liebsten spielte sie Flugzeug. Ihr kleiner warmer Bauch auf meinen Fußsohlen, flog sie auf meinen ausgestreckten Beinen durch die Luft und prustete vor Vergnügen. Irgendwann in jeder Nacht hob mein Vater sie in ihr eigenes Bett.

Hoimar kam während der Woche so oft so spät nach Hause, dass wir Fragen am besten sonntags stellten. Sonntags gab es in den anderen Familien im Dorf schwere, festliche Mittagessen – Schweine- oder Rinderbraten im Soßenbad, Salzkartoffeln, Gemüse in Mehlschwitze, die deutsche Sonntagsessenmaßeinheit. Bei den ärmeren Familien gab es Würstchen oder Frikadellen, Kartoffeln, Gemüse, Maggi. Bei uns wurde spät und lang gefrühstückt, und das deutsche Sonntagsessen fiel aus. Mein Vater saß am Kopf des Tisches. Es gab ein weiches Ei für jeden und geräucherten Schinken für ihn, denn der war teuer, zu teuer, wie gelbe Limonade für Kinder. Bohnenkaffee war nur für Erwachsene, für Kinderherzen viel zu gefährlich. Warum tranken die meisten Kinder im Dorf echten Bohnenkaffee? Jedem Kind standen sonntags zwei aufgebackene Brötchen zu. Wer nachts zuvor oder beim magenknurrenden Warten auf das späte Frühstück am Sonntagmorgen schon eins verputzt hatte, dem stand nur noch eins zu und der musste anschließend Brot essen.

Fragen: Eine Sängerin klagte im Radio »Ta-ha-buuh (...) Taha-buuh!« über verlorenes Glück, »doch dann kamst du«. Manchmal war Hoimar sonntags müde. Alle redeten auf ihn ein. Ich war nicht sicher, ob es ein »unanständiges« Wort war, das ich gehört hatte. Dann würde er mich foppen. Er war müde.

»Was ist ein Tabu?«

Er war unwirsch: »Darüber spricht man nicht.«

Ich war gekränkt. Was fiel ihm ein? Er wusste es, warum sagte er es mir nicht? Ich kochte, formulierte stumme Beleidigungen. Schwieg. Tagelang. Wenn ich hingegen Sprechverbot hatte oder meine Meinung nichts galt, sang ich gern laut: »Die Gedanken sind frei ...«

Gisela hatte blonde Locken, war hübsch und trotzdem nett. Sie war die Tochter des Architekten, der ein paar Jahre später unser erstes eigenes Haus baute. Sie hatte ein eigenes Zimmer und liebte Paul Anka. Gisela schleppte mich mit in den Hohensachsener Sportverein. Es machte Spaß, bis mich pädagogisch inkompetente Sportlehrer unvorbereitet auf einen Stufenbarren setzten. Ich war lang, tollpatschig, schlug mir die Hüftknochen blau und stürzte vom Barren. Gisela fiel nicht und machte weiter.

Elisabeth war die Tochter von Bauern. Das kleine pummelige Mädchen mit dem braunen Pagenkopf wohnte im benachbarten Großsachsen. Sie schwärmte für Elvis Presley; wenn sie seine Musik hörte, rollte sie mit den Augen und lachte. Sie war der erste Fan, dem ich begegnete. Der Geruch in ihrem Haus erinnerte mich an den in Lemmie, nach Tieren, Heu, Jauche. Denn hier standen die Ställe viel dichter beim Haus. Elisabeths Familie hatte einen unschätzbaren Vorteil: Sie besaß einen Fernsehapparat mit schwarz-weißem Bild. Kaum eine Familie, die ich kannte, hatte einen. Selbst in den USA gab es 1957 erst sieben Millionen Geräte.

Auf dem Weg zu Elisabeth, am Ende unseres Dorfes, trödelte ich oft in den Laden des Schusters, ich schnupperte das Leder gern und die Lösemittel. Der schärfste Kontrast dazu war der kleine gekachelte Milchladen in der Dorfmitte. Der roch wie eine Mischung aus Schwimmbad und von Babys ausgespuckter süßsäuerlicher Milch. Dorthin lief ich alle paar Tage mit der Milchkanne und stellte sie auf die gekachelte Theke. Die Milchfrau schob die Kanne unter die silberne Pumpe und hob den Schwengel wenige Male, dann war die Kanne voll. Sie schnitt vom Schichtkäse einen Brocken ab und wickelte den wässrigen weißen Klumpen in wasserdichtes Papier. Heilwig machte dann Himbeerquark daraus oder Käsekuchen. Andere Käsesorten wurden in Käseleinen eingeschlagen, ein stoffwindelähnliches Material. Ein paar Jahre später nannten wir das Material »indische Baumwolle«, färbten es bunt und nähten uns daraus Hippieklamotten.

In Elisabeths Schwarz-Weiß-Fernseher gab es Cowboys und Operetten. Da stürzten eifersüchtige Männer mit Gamsbarthüten ihre lederbehosten Nebenbuhler hinab in rauschende Wildbäche. Tenöre schluchzten: »Ja, ich hab sie ja nur auf die Schulter geküsst!« Sanfte Frauen schmachteten – vor blühender Heidelandschaft oder im Schwarzwald – in den Armen anständiger, aber kurzzeitig vom Weg abgekommener Männer. Das Biest aus der Großstadt – selbstbewusst, männermordend, Sportwagen – verlor den Konkurrenzkampf. Manchmal spendierten uns Elisabeths Eltern einen Kuchen, den es zu Hause nie gab: Buttercremetorte. Die Kaffeekanne besaß einen Tropfenfänger und ein eigenes Federbett namens Kaffeewärmer. Sonntags wurden »die guten Sammeltassen« benutzt, jede einzelne mit anderem Blumenmuster, stets mit passender Untertasse und alle mit Goldrand. Dann lachten wir über Heinz Erhardt, der sang nicht.

Meine dritte Freundin, Lena, war vaterlos. Ihre Mutter besaß ein kleines weißes Haus. Ich traute ihr zu, dass sie es Stein für Stein selbst gebaut hatte. Sie grüßte auch Kinder immer freundlich und stellte uns etwas zu trinken in die Küche. Sie schrubbte und putzte und wischte und hackte im Garten und lud Äpfel in Stiegen und erntete und bunkerte alles in den Keller und grub Erde und schleppte Kartoffelsäcke, strich ihr kleines weißes Haus, putzte die Fenster und sagte freundlich »auf Wiedersehen«. Ich kannte ihren Rücken besser als ihr Gesicht.

Die Klassenlehrerin verkündete, wer von der Volksschule in Hohensachsen ins Gymnasium in Weinheim an der Bergstraße aufsteigen durfte und wer nicht. Mein Vater war Arzt. Natürlich durfte eine Arzttochter – nach einer Aufnahmeprüfung – aufs Gymnasium, selbst wenn sie erst neun Jahre alt war. Ich war in der Volksschule »gesprungen«, denn in Bayern hatte das Schuljahr im September angefangen, in Baden-Württemberg begann es nach Ostern. Natürlich durfte auch die Tochter des Architekten auf die höhere Schule.

Da stand die Lehrerin vor der Klasse und nannte Lenas Namen. Lena durfte nicht. Der soziale Status ihrer Mutter war zu niedrig. Die war Arbeiterin und ohne Mann. Lena fehlten die notwendigen Einreisebedingungen in die Welt der höheren Bildung. Aber sie war kein bisschen schlechter in der Schule als ich, möglicherweise besser. Ich träumte dauernd aus dem Fenster und langweilte mich. Ich hasste diese Frau, wie sie da stand und über Lenas Leben entschied. Warum mussten wir überhaupt getrennt werden? Es war dieselbe Lehrerin, die ein paar Jahre später meiner kleinen linkshändigen Schwester mit einem Holzlineal auf die »böse linke Hand« schlug, bis mein Vater zornig in die Schule rannte.

Ich hob die Hand.

»Ja?«

Meine Hände klammerten sich feucht um die Tischkante. »Warum darf Lena nicht ins Gymnasium?«

»Das geht dich nichts an.«

»Sie hat bessere Noten als ich.«

»Sie ist überfordert. Sie schafft es nicht!«

Sie log. Das Miststück log. In mir war Aufruhr und Feigheit. Scham, dass ich nicht die richtigen Worte fand, dass meine Stimme zitterte, dass ich kein bisschen Macht hatte, diese Frau aus dem Klassenzimmer zu jagen. Wovor hatte ich Angst? Ich stammelte. Ich war feige. Was konnte ich tun? Worte blieben in meinem Hals stecken. Warum war ich ein so dummes Mädchen, dass ich meiner Freundin nicht helfen konnte? Lena schien nichts anderes erwartet zu haben. Sie fügte sich. Wo lernte ich mehr Mut?

Meine schwarze Katze holt mich von der Schule ab. Ich hatte die mickrigste aus dem pechrabenschwarzen Wurf der Katze des Hausmeisters ausgesucht. Sie überquerte nie die Dorfstraße, die gerade die ersten italienischen »Gastarbeiter« verbreiterten und die mir nachpfiffen, so dass ich manchmal einen Umweg machte, weil ich mich genierte. Meine Katze hörte sich meine Sorgen an, maunzte und suchte meine Nähe. An solchen Tagen, mit solchen Sorgen, war es mir gleichgültig, dass der blöde Kinderhasser, an dessen Grundstück ich jeden Tag vorbeigehen musste, in seinem Garten herumknurrte. Ich stieg den steilen Obstwiesenweg hinauf und naschte heute keinen Sauerampfer. Der alte Kinderfresser war ein berühmter Mann, aber ich interessierte mich nicht für Fußball und also auch nicht für Sepp Herberger.

»Geh raus spielen, Bleichgesicht«, sagte meine Mutter.

Ich lag bäuchlings auf meinem Bett.

»Du brauchst mal ein bisschen Farbe ins Gesicht.«

Konnte sie nicht endlich gehen? In meiner neuen Schule, dem Gymnasium in Weinheim an der Bergstraße, gab es eine Schulbibliothek. Gleich rechts neben dem Eingang ging die Tür auf, und ein Lehrer klappte ein Brett als Tresen in die Tür. Selbst herumstöbern durften wir nicht. Er legte uns Bücher für unsere Altersgruppe zur Auswahl vor, wurde aber weich, wenn eine schon alles durch hatte und bettelte, dann stufte er eine auch mal ein paar Jahre älter ein. *Durchs wilde Kurdistan, Ivanhoe, Fünf Freunde …, Lederstrumpf, Moby Dick.* Ich stopfte in meinen Schulranzen, so viel ich schleppen konnte. Las in der OEG, der Oberrheinischen Eisenbahngesellschaft, stieg in Lützelsachsen aus und lief ungeduldig eine halbe Stunde bergan, aß, was für mich im Backofen lauwarm gehalten worden war, aß fast immer allein, warf mich aufs Bett, las.

»Räum dein Zimmer auf!« Ich warf alles unters Bett.

»Schulaufgaben gemacht?«

»Jaaa!« Wozu? Morgens in der Bahn war genug Zeit. Auf Lateinvokabeln hatte ich sowieso keine Lust.

»Pass auf deine Geschwister auf, ich muss einkaufen.« Blöde Gören.

»Abendessen!« Da machte ich eine Ausnahme und unterbrach das Lesen.

»Um acht Uhr ist das Licht aus, du musst morgen früh aufstehen!« Wozu gab es Nachttischlampen?

»Warum kommst du morgens eigentlich nie aus dem Bett?«

Meine Eltern berieten, und ich lauschte. Das Kind spielte zu selten an der frischen Luft. Wozu lebte die Familie auf dem Land, wenn nicht wegen der Kinder? Sie griffen zur schärfsten Strafe, der Guillotine: Leseverbot.

»Nachmittags machst du Schularbeiten, dann gehst du raus spielen, nach dem Abendessen eine halbe Stunde lesen. Dann machst du das Licht aus.«

Meine Mutter kontrollierte mich. Meine Hand schwebte über dem Knopf der Nachtischlampe. Bevor Heilwig im Flur um die Ecke bog und das Licht unter meiner Tür sehen konnte, trat sie auf eine gesprungene Fliese, meine persönliche Alarmanlage, und ich war gewarnt und knipste blitzschnell die Lampe aus. Aber sie traute mir nicht. Eine harte Zeit begann, als sie sich erdreistete, meine Nachttischlampe anzufassen, um ihre Wärme zu prüfen.

Mein Taschengeld von zwei Mark fünfzig im Monat reichte nicht für Taschenlampenbatterien. Dafür ließ sich ein einziges Fläschchen Plaka-Farbe kaufen oder im Nachbarort Lützelsachsen eineinhalb Mal ins Kino gehen. Aber ich hatte Glück. Meine Eltern kauften sich eine neue Musikanlage, und ich erbte das riesige Grundig-Radio mit Stoffbespannung und Beleuchtung. Dieses Gerät auf meinem Nachttisch fasste Heilwig nie an, um zu prüfen, ob es warm war. Sie kam nie auf die Idee, dass ich im Lichtschein der Musik las. Von der Flucht eines jüdischen Jungen nach Spanien. Ich liebte John Steinbecks *Tortilla Flat* und Jack Londons *Lockruf des Goldes*.

Ich versank in Hörspielen, bibberte bei Ratekrimis – »Was geschah? / Wer war's? / Was war los?« – und notierte die Ergebnisse von Hanns Verres' Hitparade im Hessischen Rundfunk in ein kariertes Heft. Einige Hörspiele beschäftigten mich lange. In einem surrealistisch anmutenden reiste eine Familie nach Italien, die Frau, auf dem Beifahrersitz natürlich, wird an einer Straßenecke mit den Blicken einer alten Italienerin konfrontiert, die ihr anscheinend etwas sagen will. Bald darauf schwimmt die Urlauberin ins Meer, zu weit hinaus, und versinkt. Sie gerät in das Leben der Italienerin, wächst als diese unglückliche Fremde auf und wird alt. Eines Tages sieht sie sich in einem Auto aus Deutschland und will sich warnen –

schwimm nicht zu weit hinaus! Wahrscheinlich erinnere ich mich ganz falsch. Die Geschichte löste eine Kette von Überlegungen in mir aus. Vor allem die: War es nicht ein völliger Zufall, in welche Familie hinein wir geboren werden?

Es gab wenige Gründe, Bücher liegen zu lassen. Der wichtigste hieß *malen*. Ich wollte Malerin werden, was sonst? Wenn ich Geld hatte: *Kino*. Mein erster Film für eine Mark fünfzig hieß *Snowfire*, lief im Dorfkino von Lützelsachsen und handelte von einem Mädchen und einem Schimmel, womit schon alles verraten ist. *Schwimmen*. Ich sah sehnsüchtig durch den Zaun, aber die Nachbarn ließen mich nicht in ihren Swimmingpool. Der Besuch von Freibädern hing davon ab, dass mich jemand hinfuhr und abholte. *Radfahren*. Ich kriegte kein Rad. Als es nicht mehr zu teuer war, war es angeblich zu gefährlich.

Ein größeres Mädchen aus der Nachbarschaft, Roswitha, hatte einen netten, ziemlich alten Vater, der eine Baskenmütze aufsetzte, wenn er ausging. Roswitha hörte sich mein Gejammer über das fehlende Fahrrad nicht lange an.

»Dann musst du eben dafür kämpfen«, sagte sie.

Das klang fremd und ein bisschen peinlich – wie wenig das Wort doch in meine Familie passte, sofern es aus dem Mund eines Kindes kam. Beim nächsten Streit probierte ich es aus.

»Wenn ich nicht bald ein Fahrrad kriege, dann muss ich eben darum kämpfen.«

Meine Mutter zuckte zusammen. Bei der zweiten Verwendung eine Zeit später machte meine Drohung schon keinen Eindruck mehr. So ein Kampfwort nutzte sich schnell ab.

Ich musste uralte 14 Jahre werden, bis ich ein rotes Fahrrad bekam. Ich nannte es Pferd.

Kinder aus aller Welt, so ähnlich hieß mein Lieblingsfotobuch. Es zerfledderte. Kugelbäuchige Kinder in Afrika. Reiche blonde kleine Mädchen in Amerika. Schwer arbeitende Kinder in Asien. Erbarmungslose Slums in Lateinamerika. Fröhliche Kinder, traurige. Kinder im Krieg. Kinderleichen. Meine erste Weltreise. Es gab so viele verschiedene Leben.

»Guck mal, ein Jude«, sagt ein Mitschüler.

Ich sah irgendeinen Mann.

»Warum?«

»Bist du blöd!«

»Was ist ein Jude?«, frage ich.

»Die sind anders als wir.«

»Wieso?«

»Die haben lange Nasen und sind geldgierig, und sie haben unseren Herrn Jesus ans Kreuz genagelt.«

Die Gesellschaft war so wenig entnazifiziert wie unsere Sprache. Wir betrieben etwas »bis zur Vergasung«. Leute hatten eine »jüdische Nase«. Wir waren »Jungvolk«, das sich amüsieren wollte. Zu Hause hatte ich gehört, dass in dem furchtbaren Krieg, den die Deutschen angefangen hatten, den Juden von den Nazis unfassbares Unrecht geschehen war. Die Signale aus der Schule und aus dem Dorf unterschieden sich von denen zu Hause. Ich hatte noch nie einen Juden gesehen. Ich betrachtete den Mann, denn ich schien etwas zu übersehen, was andere sahen. Seine Nase war nicht ungewöhnlich, und er sah auch nicht geldgierig aus. Vielleicht anders. Ich sah mich um. Sah nicht jeder anders aus?

»Jude« war offensichtlich ein Schimpfwort. Ich nahm mir vor, niemanden je »Jude« zu nennen, vor allem keinen Juden, denn ich wollte sie auf keinen Fall kränken.

*

Es gab viel Überliefertes in der Familie, Tagebücher und Briefe, die Feuer, Kriege und Fluchten überstanden hatten. Dazu gehörte die selbst erzählte Lebensgeschichte meiner Urgroßmutter Gertrud von Beust (1850–1936). Ich las das gebundene Buch als Kind zum ersten Mal, tauchte ein in ein anderes Leben und tauchte völlig verwirrt wieder auf. Warum hasste sie Juden so sehr?

Schon als Kind: »Eines Tages wollten schwarzhaarige Kinder mit uns spielen. Instinktiv hielten wir sie für Juden und erklärten ihnen: ›Mit euch spielen wir nicht, denn ihr habt den Herrn Christus gekreuzigt.‹«

Ende des 19. Jahrhunderts, sie war 50 Jahre alt: »Die Gesinnung des Volkes war noch nicht durch Fremdrassige vergiftet. In Sachsen-Altenburg durfte kein Jude sich länger als zwölf Stunden aufhalten.«

Etwa 1910: »Der Jude zog uns durch seinen Terminhandel noch das letzte Geld aus der Tasche.«

1918: »Zunächst fuhr ich nach Prenzlau, wollte da in ein Coupé erster Klasse steigen. Juden, die darin saßen, hielten die Türe gewaltsam zu. Ich riss sie ihnen einfach aus der Hand und bestieg das Coupé. Auf einer der nächsten Stationen stieg ein großer junger Mensch aus dem Arbeiterstande ein, (...) er sagte, ich sähe sehr blass aus: (...) Er sah mir wohl an, wie unangenehm mir die Judengesellschaft war (...) Der Jude renommierte mit seiner bevorstehenden Einberufung zum Militärdienst. Da zeigte [der Arbeiter] mit dem Finger auf dessen Gesicht und sagte: ›Sie, mit das Jesichte?‹«

1918: »Das ist ein von Juden und Krämern angefachter Weltbrand (...) Viereinhalb Jahre hat das Morden vonseiten der Feinde mit unerhörter Grausamkeit gedauert.« Die Matrosen, »durch Fremdrassige aufgehetzt, töteten zum Teil ihre Offiziere«.

1929, da war sie 79 Jahre alt: »Nach und nach konnte man die Maulwurfsarbeit jener Partei [der Sozialdemokratie; d. Verf.] beobachten, deren Väter, die Juden, den germanischen Geist töten, wie der grimme Hagen den arglosen, deutschen Siegfried. (...) Wann wird der Retter kommen?«

Er kam.

Leon Uris' Roman *Exodus* (1959) gelangte in meine Hände. Er handelt von der Verfolgung der europäischen Jüdinnen und Juden vom 19. Jahrhundert bis zur Gründung des Staates Israel 1948. Im Zentrum des Buches steht die Geschichte der Passagiere des Schiffes *Exodus*. 1946 verbot England die Einwanderung europäischer Juden nach Palästina und errichtete auf Zypern Auffanglager. Versuche, die Blockade zu durchbrechen, scheiterten. Schließlich lief die *Exodus* aus, an Bord 300 jüdische Kinder. Im Maschinenraum der *Exodus* hatte die jüdische Geheimorganisation Mossad Aliyah Bet Dynamit verstaut und drohte, wenn die Durchfahrt nach Palästina nicht gestattet würde, das Schiff in die Luft zu sprengen.

In Rückblenden erzählte Uris die Lebensgeschichte seiner Figuren, die den NS-Faschismus überlebt hatten. Ich mochte vor allem Dov Landau, der floh nach dem niedergemetzelten Aufstand im Warschauer Ghetto durch die Abwasserkanäle der Stadt, wurde dennoch nach Auschwitz verschleppt und erreichte schließlich trotz alledem Palästina, wo er zum Untergrundkämpfer wurde.

Ich ahnte zum ersten Mal das Ausmaß der deutschen Verbrechen in Europa. Aus wie vielen europäischen Regionen JüdInnen hatten fliehen müssen und wie wenige sich vor SS, Wehrmacht und Gestapo hatten retten können. »Aus Kurdistan kamen Juden, aus dem Irak und der Türkei. Aus Hadramaut fand ein versprengter jüdischer Haufen den Weg nach Aden. Sie kamen in Scharen aus den *displaced-persons*-Lagern in Europa. Überall in Nordafrika kamen sie aus den Mellahs von Algerien und Tunesien. Sie kamen aus China und Indien, wo sie vor 3000 Jahren sesshaft geworden waren. Sie kamen durch brennende Wüsten gezogen. Sie kamen in klapprigen Flugzeugen geflogen. Sie kamen mit alten Frachtdampfern, wie die Heringe in den Ladeluken zusammengepfercht. Sie kamen aus sieben verschiedenen Ländern. Aus der Diaspora, aus dem Exil kamen sie, die überall Unerwünschten, zu diesem einzigen kleinen Fleck auf der ganzen Welt, wo das Wort Jude kein Schimpfwort war.«

Ich las Nächte durch im Licht der Straßenlaterne, als mein Kastanienbaum endlich kahl war. Ich las von der Gründung Israels, verstand noch nichts von militärischen Strategien und vom Konflikt zwischen Israelis und Arabern. SS-Offiziere hatten in Konzentrationslagern Säuglinge in die Luft geworfen und sie wie Tontauben abgeknallt. Ich stellte mir vor, während ich las, wie SS-Männer Kleinkinder an den Füßen griffen und sie mit voller Wucht gegen Mauern schlugen, bis ihre Köpfe zersprangen. Die Sache mit den Nazis war entschieden. Ich las das Buch drei Mal. In der Schule schlief ich ein.

Warum waren manche Menschen erst ganz normal und dann plötzlich grausam? Auf wen könnte eine sich verlassen, wenn »schlechte Zeiten, die glücklicherweise vorbei sind«, vielleicht doch eines Tages wiederkamen? Welchen Menschen, außer meinen Nächsten, konnte ein Kind im Notfall trauen?

War es besser, ein Junge zu sein oder ein Mädchen? Ich machte eine Liste mit Vor- und Nachteilen, als hätte ich eine Wahl. Mädchen durften in der Schule keine Hosen tragen. *Nachteil.* Jungen durften nie Kleider tragen. *Nachteil.* Jungen durften immer Hosen tragen. *Vorteil.* Mädchen mussten nähen, häkeln, sticken. *Unentschieden.* Mädchen durften plötzlich auch werken. *Vorteil.* Statt etwas Tolles zu bauen, hämmerten wir Kupferarmbänder, die uns die Haut blau färbten. Wir bekamen zwar endlich einen Hammer in die Hand – aber wie hielt eine ihn? *Reingelegt.* Jungens durften nicht heulen und mussten sich prügeln, wegen der Ehre und so. *Nachteil, Nachteil.* Mädchen durften nicht mit Vätern und Brüdern Fußball spielen. *Gemeinheit.* Mädchen durften weinen und mussten sich beim Schmusen nicht genieren. Mädchen konnten später Kinder kriegen. *Arme Jungs.* Dennoch. Mein Misstrauen blieb und der Verdacht, dass ich mir die Welt schönredete. Es war zwar nicht mehr so wie im Kopf des Marquis de Sade, der sich 1797 fragte, warum »ein so entartetes Geschöpf« wie die Frau, »dieses bizarre Individuum, das sich vom Manne ebenso unterscheidet wie der Waldaffe vom Menschen, einen Anspruch auf die Bezeichnung Mensch« habe. Aber wenn ich die Rangordnung zusammenfasste und die Wertigkeit der Menschen, wie sie aus den Subtexten meiner sozialen Umwelt in mein Bewusstsein sickerte, sah es doch so aus: Erst kam der Mann. Der war stärker. Rationaler. Ökonomisch unabhängig. Hatte mehr Rechte. Durfte für sich allein entscheiden. Am Ende der Skala das Kind. Zwischen Mann und Kind die Frau: Nicht so rational und stark wie ein Mann, nicht ganz so hilflos und abhängig wie ein Kind. Ich würde einmal eine Frau werden, und niemand hatte mich gefragt.

Mein Vater flog seit 1960 in der Welt herum, zu Psychiatriekongressen in Kanada und den USA, in alle möglichen US-Forschungszentren und ins Raumfahrtzentrum der NASA nach Houston, Texas. Dort lernte er den Raketeningenieur Wernher von Braun kennen und freundete sich mit ihm an. Ich sammelte Weltraumfotos, Speisekarten aus Flugzeugen, Stadtpläne und Hoimars Reiseberichte. Der Stadtplan von Tokio war der schönste. Ich hockte davor und versuchte die Straßennamen zu enträtseln. Männer kamen wirklich in der Welt herum.

Meine Mutter schrubbte zu Hause in der Küche schmutzige Wäsche auf einem hölzernen Waschbrett in einer Zinkwanne. Sie war glücklich, als sie ihre erste elektrische Wäscheschleuder kaufen konnte, deren Lärm so laut durch die Wohnung jaulte, dass wir uns schreiend verständigten, und deren Schlauch sich so heftig wand und zuckte, als wollte er, mit der Schleuder am Schwanz, durchs Fenster ausbrechen.

Im Gegensatz zu der Mehrheit der Haushalte in den USA hatte nur eine Minderheit deutscher Hausfrauen eine Waschmaschine und einen Staubsauger. *Scheiße*. Das Leben meines Vaters gefiel mir besser als das meiner Mutter, die, vier Kinder am Hals, auf das Land verbannt schien.

Wer nicht glaubt, jemals eigene und gleiche Rechte zu haben, entwickelt ein sklavisches Bewusstsein oder auch nur Ausweichstrategien, mit denen das Individuum sich selbst glauben machen möchte, es trotz allem gut getroffen zu haben.

»Ich glaube, eine Frau kann viel leichter bei einem Mann etwas durchsetzen, wenn sie einen runden Busen hat. Deshalb habe ich mir vorgenommen, mir morgen vier Taschentücher in den Ausschnitt zu stopfen, um wirklich erwachsen auszusehen. In Wirklichkeit bin ich natürlich schon ganz erwachsen, aber das weiß nur ich, und man sieht es mir noch nicht richtig an«, sagte die 14-jährige Seidenhändlerstochter Désirée aus Marseille im März 1794 im gleichnamigen Buch von Annemarie Selinko. 166 Jahre später hatte sich daran nicht viel geändert.

»Ich kriege bald einen Büstenhalter«, flunkerte ich in der Umkleidekabine der Schulsporthalle. »Nächstes Jahr – oder so.«

Das Mädchen staunte, ich hatte mir eine Leichtgläubige ausgesucht.

»1961 oder 1962«, prahlte ich und wusste, dass ich log, ihre Bewunderung tat trotzdem gut.

»Tante« Angela war rothaarig, schlug die langen Beine übereinander, wippte mit dem Fuß, sog an einer Zigarettenspitze und diskutierte mit den Männern.

»Frauen, die auf der Straße rauchen, sind Huren«, sagte Großmutter Heilwig.

Mit dem Fuß wippten nur unanständige Frauen, behauptete das Mädchen-Benimmbuch. Aber wenn ich neue Musik hörte? Die Kulenkampffs gehörten zum alten Hamburger Freundeskreis meines Vaters. Die Historikerin Angela Kulenkampff wartete nicht, bis ihr Mann, der Psychiater Caspar Kulenkampff, oder mein Vater redeten. Das allein war, bei dem wachsenden Selbstbewusstsein meines Vaters, eine Meisterleistung. Angela Kulenkampff hatte eine eigene Meinung, und die sagte sie deutlich. Sicher niemals hätte sie wie Grace Kelly in *High Noon* feige zitternd auf den Ausgang eines Duells gewartet. Nie beim Anblick einer Hitchcock-Leiche die Augen aufgerissen und gekreischt. Nie, wenn ein Mörder zuschlug, nur zugesehen, statt ihm mit der Pfanne eins über die Rübe zu hauen.

Wenn ich mich ruhig verhielt und nicht einmischte, durfte ich, wenn meine Eltern Gäste hatten, eine Zeit lang zuhören. Sie aßen und tranken mit großem Genuss und stritten über Adenauer und zweifelten am Sinn oberirdischer Atomwaffenversuche. Ich liebte die Wortgefechte zwischen meinem Vater und seinen FreundInnen, die so schnell und mit Andeutungen und Frechheiten gespickt waren, dass mir der Kopf schwirrte.

Wie verschieden die Gäste waren. Wie unterschiedlich alle Erwachsenen waren. Warum war der eine so und der andere so geworden?

»Wenn du eines Tages einen Mann aus der gleichen Kiste heiratest, werdet ihr viele Kinder bekommen«, sagte eine konservative Tante. Kiste? Was für eine Kiste? So eine wie die, in der ich meine Kaninchen transportierte?

»Aus den gleichen Kreisen. Das ist besser, sonst versteht ihr euch nicht.«

»Geschlechtsverkehr ist notwendige Hygiene«, sagte der Sohn von Hoimars Freund.

»Die große Liebe hält bis in den Himmel!«, zwitscherte meine Großmutter.

»Ein Mädchen muss heiraten. Sonst ist sie schutzlos«, sagte eine Tante.

»Du kannst studieren, was du willst«, sagte Hoimar.

»Wenn du mal groß bist, hast du Kinder«, sagten alle.

»Du hast noch viel Zeit«, sagte Heilwig.

Was davon war wahr? Wie wollte ich sein, wenn ich groß war, was musste ich dafür tun? Warum hatte ein Erwachsener diese Meinung und ein anderer jene? Warum dachten die Eltern der einen Freundin so ganz anders über die Welt als die der anderen? Ich glaubte zu verstehen, dass es mit dem zu tun hatte, was einer gelernt hatte, wo jemand herkam, was eine tat. Kinder von sehr reichen Leuten dachten über vieles anders als Kinder aus den Familien, die kein Geld für den Schulausflug hatten.

Wenn ich eine bestimmte Art von Mensch werden wollte, sollte ich mir vielleicht meine Lebensumstände sorgfältig auswählen, damit sie mich auf die richtige Art beeinflussten, damit ich nicht so werden würde wie Leute, die ich verabscheute. Ich wollte mitentscheiden, was für ein Mensch ich werden würde.

Besuche von FreundInnen meiner Eltern oder Kollegen meines Vaters, weit gereist und oft von weit her anreisend, hatten Vorteile: Es blieben Fragen für meinen Kopf und feine Reste im Kühlschrank von Leckerbissen, die es sonst nie gab. Jahre später servierte meine Mutter bei solchen Gelegenheiten manchmal rosafarbenen Kaviar auf Toast, der schiere Luxus und »nichts für Kinder, die haben davon noch nichts«. Erwachsene haben keine Ahnung! Die salzigen Kügelchen zerplatzten wie kleine Fische auf der Zunge. Von so etwas war am anderen Morgen nie etwas übrig. Da musste eine in der Nacht, wenn sie längst im Bett sein sollte, wie schlafwandelnd ins Esszimmer stolpern und auf eine angeheiterte Runde treffen, die in kinderfreundlicher Stimmung war oder wenigstens Spaß daran hatte, das Kind zu frotzeln und zum Ausgleich etwas abzugeben. Fast immer stand im Kühlschrank, wenn die Gäste schlafen gegangen waren, eine angebrochene Konservendose Orangensaft aus Amerika. Eines in dieser widersprüchlichen Welt war sicher: Orangensaft schmeckte nach Metall.

Großvater Franz-Krafft starb 1963. Großmutter Heilwig zog von Lemmie nach Bad Kissingen und fand eine Beschäftigung als Hausdame im Sanatorium Fürstenhof, das »Tante« Elisabeth Sautier gehörte. Tante und Großmutter hatten andere Auffassungen über mögliche Gefährdungen und standesgemäßen Umgang als die Eltern. Eine Kette von Verboten verdarb die Ferien: Ins heiß geliebte Terrassenschwimmbad am Ballinghain? Nicht am Nachmittag und schon gar nicht samstags oder sonntags, »da sind zu viele gewöhnliche Leute«, sagte meine Großmutter. Vormittags, vielleicht, aber nur unter Aufsicht. Welcher Erwachsene hat vormittags Zeit? Mit Annuschka in die Eisdiele?

»Was fällt dir ein? Soll ich deiner Mutter sagen, mit wem du dich abgibst?«

Erlaubt war, den Sanatoriumsgästen die Koffer zu schleppen, beim Bettenmachen zu helfen, sich eindeutige Komplimente von adligen »Onkels« machen zu lassen, unter Aufsicht ein Reitturnier in Elfershausen zu besuchen und die Meisterschaften im Turmspringen für eine Stunde, Eintritt teure 35 Pfennige. Verboten war es, dort drei Stunden zu bleiben, sich auf große Entfernung und für eine volle Woche in einen italienischen Turmspringer zu verknallen und zwei Stunden zu spät in Großmutters Wohnung zu schleichen.

Die Ausgangssperre wurde nur für »standesgemäße« Kontakte aufgehoben. Aber auch in dem dem Sanatorium angeschlossenen landwirtschaftlichen Betrieb durfte ich mich frei tummeln, auf gleichsam exterritorialem Gebiet. Noch immer liebte ich Fahrten oben auf den Heuwagen. Die beiden Knechte vorn auf dem Kutscherbock unterhielten sich über eine Frau, die einer von beiden kürzlich »gehabt« hatte.

»Wie war's?«, fragte der Knotige auf dem Bock und rotzte seinen Kautabak zur Seite auf den Feldweg.

Ich kaute Heu und träumte in den Sommerhimmel, irgendwo surrten Insekten. Der Knotige schnalzte, und ich hörte den weichen ledrigen Schlag seiner Peitsche.

Der andere antwortete: »Die war wie alle Frauen. Vom Arsch her hat sie auch gestunken.«

Ich presste mich flach ins Heu, damit sie mich nicht rochen.

Mein Vater schrieb mir »Sage mir, mit wem du umgehst / ich sage dir, wer du bist / weiß ich, womit du dich beschäftigst / weiß ich, was aus dir werden kann. – (Goethe, Wilhelm Meister), 4. März 1962, dein Pappi« ins Poesiealbum und brachte weiße Mäuse von

Boehringer Mannheim mit. Ich mochte mich nicht anfreunden mit den weißfelligen, rotäugigen, quirligen Leibern, die in einer Holzkiste herumwuselten. Wenn ich sie mochte, war ich hinterher noch trauriger.

Mäuse lebten bei uns gefährlich. Nicht wegen der beiden Katzen. Ich hätte meine Katze schon dazu gebracht, mit einer Maus Freundschaft zu schließen. Aber ich wusste, was passieren würde. Ich wollte das Quieken auf der Küchentreppe nicht hören, wenn sie erschlagen und zerhackt wurden, um Elschens Hunger zu stillen. Die Elster, die eigentlich meinem Bruder Christian gehörte, war Hoimars Liebling. Elschen hier und Elschen da. Sie krallte sich beim Sonntagsfrühstück in seine Schulter, und er lachte. Sie klaute, was glänzte, vom Kaffeetisch, und die Gäste waren entzückt. Was für ein freches Tierchen! Ein Ring meiner Mutter im Baum, eine Küchengabel in der Hecke. Ist das Tier nicht raffiniert? Ich beobachtete den Vogel gern, wenn ich mit ihm allein war. Ich hasste ihn, wenn alle anderen da waren. Ihm wurden auf dem Stufenaltar der Küche weiße Mäuse geopfert, und meine Brüder sahen fasziniert zu. Ich kotzte ins Klo.

In der Volksschule hatte ich den Blick aus dem Klassenzimmerfenster auswendig gekannt. Jedes einzelne Blatt. Alle Rituale der Vögel. Die Verfärbungen der Blätter über die Jahreszeiten. Die Wolken waren mein Stoff für abstrakte Bilder und kleine Geschichten. Ich fühlte Fesseln. Sie lösten sich, wenn wir aus der Schule rannten, wenn ich richtige Bücher lesen durfte, wenn endlich jemand meinen Kopf herausforderte, womit auch immer.

Weinheim an der Bergstraße war eine Stadt, fast tausend neue Gesichter am Gymnasium, so viele SchülerInnen wie ganz Oberflockenbach EinwohnerInnen hatte. Es gab uralte SchülerInnen von 18 oder 20 Jahren. Ich war nie lange genug in einer Schulklasse gewesen, um die Spielregeln wirklich zu durchschauen. Ich verstand auch hier diese kleinen Wettkämpfe nicht und nicht dieses Getuschel. Ich mochte sie nicht lernen, diese Rivalitäten und das Getue, die kleinen Machtspiele. Aber ich wollte dazugehören, nicht immer außerhalb stehen, nicht auffallen. Ich beschloss, eine mittelmäßige Schülerin zu werden. SchnelllernerInnen, die Lektion fraß sich schnell tief, hasste jeder. Ich fand eine beste Freundin, aber keine Clique und keine klare Rolle für mich, also spielte ich eine Zeit lang den Clown, dazu brauchte es weder viel Taschengeld noch schöne Kleider, meine Stirn konnte picklig sein wie ein Streuselkuchen, meine Beine und Arme viel zu lang.

Ab mittags war ich meistens allein. Einige Mädchen gingen nach der Schule reiten. Reitstunden waren unbezahlbar. Ich stand am tiefen, unteren Ende der Taschengeld- und Das-hat-mir-mein-Opa-gestern-zugesteckt-Skala und hatte einen täglichen Auftrag zu erfüllen: »Komm nach der Schule gleich nach Hause!« War ich zur Bahn gelaufen, mit der Oberrheinischen Eisenbahngesellschaft, der Überlandstraßenbahn, die Weinheim mit Heidelberg und Mannheim im Dreieck verbindet, von Weinheim nach Lützelsachsen getuckert, bei warmem Wetter am liebsten im Wind auf der offenen Plattform hängend, dann von Lützelsachsen durch den Ort bis nach Hohensachsen und dort den Berg hinauf bis zu unserem Steinbruch gelaufen, war ich müde und lief selten noch einmal den rund sechs Kilometer weiten Weg zurück, um jemanden aus meiner Schule zu treffen. Die Kinder im Dorf gingen inzwischen ihre eigenen Wege.

Manchmal hatte ich nachmittags Schule. Die meisten anderen Kinder konnten zum Essen nach Hause gehen. Meine Mutter gab mir eine Mark fünfzig für ein Mittagessen mit. Ich kaufte mir beim Metzger hinter der Schule eine Bockwurst mit Brötchen und Senf und eine große Cola, zusammen eine Mark und fünf Pfennige ohne Pfand. Oder ein Tütchen grünes oder gelbes Ahoi-Brausepulver für fünf Pfennige am Kiosk. Ich ging damit in eine Gaststätte am Bahnhof. Die Kellnerin stellte mir eine Tagessuppe hin.

»Mit Brötchen, bitte.«

Sie gab mir das gewünschte Glas Leitungswasser und beobachtete kopfschüttelnd, wie ich das Brausepulver hineinschüttete.

»Das Wasser kostet doch nichts, oder?«, fragte ich.

Ich sparte. Nach Cola und Bockwurst steckte ich mir 45 Pfennige Wechselgeld in die eigene Tasche, nach Suppe und Brause 85 Pfennige, die meine Mutter nie wiedersah. Ich war eine Diebin. Aber ich brauchte das Geld dringend, sparte es und trug die heimliche Beute in einen Laden für Mal- und Zeichenutensilien, wo ein Fläschchen Plaka-Farbe zwei Mark fünfzig kostete. Bücher konnte ich mir ausleihen, aber Farbe musste ich kaufen. Wenn mir Nachbarn für kleine Erledigungen – Babysitten, Hundeausführen, Laubharken, Einkaufen – gelegentlich Münzen zusteckten, hing meine Freude davon ab, wie schnell ich zweifuffzig zusammenhatte oder wie oft sich ein Geldgeschenk durch jenen Faktor teilen ließ.

*

Im Sommer 1945 hatte sich an der Hamburger Universität ein Kreis von StudentInnen zusammengefunden, zu dem auch mein Vater gehörte. Einige waren die Kinder von Opfern des NS-Regimes oder sie hatten selbst Repressionen, Haft und Konzentrationslager überlebt. Andere waren selbst nicht verfolgt worden, aber sie wollten es jetzt besser machen. Die meisten kamen wohl eher aus konservativen Familien.

Professor Rudolf Degkwitz hatte zwei Jahre im Zuchthaus gesessen, er war der Todesstrafe entkommen, weil er international bekannt war – er hatte eine Therapie gegen die bis dahin oft tödlichen Masern entwickelt. Degkwitz erhielt von der britischen Militärregierung der Alliierten die Aufsicht über die Hamburger Gesundheitsbehörde. Er stellte Hoimars Kreis, dem auch sein Sohn angehörte, einen Raum zur Verfügung und sagte den jungen Leuten, der ihrer Gruppe vorausgehende Ruf, dass man in diesem Kreis sicher davor sei, Nazis zu begegnen, genüge ihm. Sie diskutierten über »Tyrannenmord« und immer wieder über die Frage, was mensch hätte tun müssen, um die Nazis, die Konzentrationslager und den Krieg zu verhindern.

Das »Tausendjährige Reich« war zusammengebrochen, die Welt, wie sie sie gekannt hatten, schien ganz und gar »verschwunden«, und sie hatten »freie Hand, sie von Grund auf neu zu entwerfen« (Hoimar). Oder etwa nicht? Hoimar: »Eines Tages kam uns die Idee, eine studentische Standesvertretung ins Leben zu rufen. (…) Wir waren von allen demokratischen und republikanischen Traditionen so unbeleckt, dass uns noch nicht einmal deren Terminologie geläufig war. Ich erinnere mich noch an ein hitziges Streitgespräch über die Frage, was sich eigentlich hinter dem geheimnisvollen Begriff ›Gewerkschaft‹ für eine rätselhafte Organisation verberge. Bezeichnend auch, dass wir keine Ahnung davon hatten, dass es in der Weimarer Zeit in Gestalt der ›Allgemeinen Studentenausschüsse‹ (AStA genannt) selbstverständlich längst etwas Derartiges gegeben hatte.« Hoimar und seine FreundInnen nannten ihr Gremium »Zentralausschuss der Hamburger Studenten«, kurz ZA.

In diesem kurzen Sommer, als alte Strukturen scheinbar für immer zerbrochen dalagen und so vieles offen und neu gestaltbar schien, glaubten sie, die autoritären Strukturen der Hamburger Universität demokratisieren zu können. Ihre selbst gebastelte Waffe war ihre neue Studienordnung, die garantieren sollte, dass kein alter Nazi jemals mehr ein Amt an der Hamburger Universität bekommen würde. Mit ihrem Zentralausschuss organisierten sie Konzerte, anfänglich in der alten Eppendorfer Kirche, später, wegen des großen Andranges, in der Musikhalle am Karl-Muck-Platz. Honorare für die bekannten KünstlerInnen gab es nicht, alle Arbeit war Ehrenamt. Im Lauf der Monate kamen rasch 70 000 Mark zusammen, mit denen hungrige StudentInnen unterstützt wurden.

Der idealistische Schwung des bürgerlichen Freundeskreises, dem auch der spätere *Spiegel*-Redakteur und Regierungssprecher unter Willy Brandt, Conny Ahlers, angehörte, nützte anderen, die eine gewisse, aber nicht zu umfassende Neuordnung wollten. Sie brauchten den reformerischen Schwung der jungen Leute für ihre Interessen. Spätestens ab 1946 fiel wieder alles in den vertrauten Trott – alte Nazis kamen wieder in einflussreiche Positionen. Die Hoffnungen der jungen Leute auf eine Entnazifizierung, Demokratisierung und Enthierarchisierung der Hamburger Universität zerplatzten. Aber auch die meisten StudentInnen legten die Stafette endgültig zu Boden, indem sie sich ganz auf ihre bürgerliche Karriere und auf ihr Privatleben konzentrierten.

Alle, die zum inneren Hamburger Kreis des Sommers 1945 gehört hatten, blieben ihr Leben lang FreundInnen. Fast alle FreundInnen meines Vaters stammten aus diesem ersten Nachkriegssommer, als sie gehofft hatten, die Welt oder wenigstens die Hamburger Universität zu verändern. Ihr enttäuschter Rückzug veränderte sie, die Mühsal des privaten Lebens, ihr Ehrgeiz, beruflicher Erfolg, ihre privilegierte soziale Lage machte einige von ihnen unempfänglich, misstrauisch oder zu GegnerInnen der jungen Leute, die rund 20 Jahre später versuchten, die Verhältnisse an den Universitäten und in der Gesellschaft umzuwälzen.

Einige aus Hoimars Hamburger Kreis sympathisierten später mit der APO, andere sahen sie als GegnerInnen, wieder anderen wie Hoimar – war die APO erst einmal fremd. Einige neue Linke der späten sechziger Jahre gingen sehr viel weiter als der Kreis von 1945, unter ihnen Susanne Albrecht: Die Tochter von Hoimars Hamburger Freund, dem Rechtsanwalt Christian Albrecht, schloss sich rund 30 Jahre später der Roten-Armee-Fraktion (RAF) an.

*

Meine Mutter schleppte Kartons auf den Dachboden. Ich lief hinterher. Spielzeug? Geschenke aus Amerika? Aber es waren nur Eintöpfe und andere Konservendosen aus dem Sparmarkt, wo ich gelegentlich Rabatthefte gegen eine Mark fünfzig einlöste. Heilwig stapelte die Dosen in Regale. Sie zögerte, meine Fragen zu beantworten. Dann sagte sie: »Es kann sein, dass es wieder Krieg gibt.«

Krieg? Wenn ich verstand, wovon viele Erwachsene sprachen, lauerte der Dritte Weltkrieg seit dem Zweiten abrufbereit irgendwo in der Welt, und wenn man ihn zu sehr reizte, »brach« er aus wie ein wildes Tier. Jetzt wurde er provoziert. »Weltkrieg« und »Atombombe« waren gleichbedeutend. Mein Vater besaß ein Buch über Hiroschima, ein mächtiger Pilz aus atomarem Staub zerstörte Städte, am Boden Tausende Menschen ohne Haut und ohne Gesichter.

*

Im April 1961 griffen amerikanische Bomber die kubanische Luftwaffe an. In der Playa Girón, der Schweinebucht im Süden der Insel, landeten 1500 von der CIA ausgebildete Exilkubaner. Zwei Jahre zuvor hatte in Kuba eine Revolution gesiegt, ihre Anführer, junge Männer wie Fidel Castro, Camilo Cienfuegos und Ernesto »Che« Guevara, verjagten den von den USA abhängigen Diktator Batista. Mit ihm flüchteten Militärs, Großgrundbesitzer, Konzernchefs, Millionäre, Bordellbesitzer, Mafiosi – alle diejenigen, die Land und Leute ausgeplündert oder von den Plünderungen profitiert hatten.

Kuba galt als der Militärstützpunkt, das Bordell, die Spielhölle, der Strand und die Bar der USA.

Die Mehrheit der Bevölkerung war vor der Revolution arm gewesen, medizinisch unterversorgt, hatte gehungert, und unendlich viele KubanerInnen waren AnalphabetInnen. Die Revolutionäre wollten die nationale Unabhängigkeit Kubas und demokratische Reformen. Als die USA das kleine Land nach seiner erfolgreichen Revolution vernichten wollten, unsichtbare Mauern gegen Kuba errichteten, Handelswege abschnitten, versuchten, der Insel den Hals umzudrehen, indem sie die Lieferung von Lebensmitteln, Werkzeugen, Medikamenten blockierten, und immer wieder versuchten, die Führer der Revolution zu ermorden, half nur noch die Sowjetunion. Kuba nannte 1961 seine Revolution eine »sozialistische«.

Der Angriff wurde abgewehrt, die Aufklärung des Angriffs auf die Schweinebucht enthüllte die Verantwortung der USA für die kriegerische Attacke. Die USA gaben sich nicht geschlagen. Der Kalte Krieg war heiß, und die Vereinigten Staaten von Amerika verkündeten, es sei ihr Recht, mit allen Mitteln den Kommunismus auf Kuba zu verhindern. Sie nannten es den Kampf für die Freiheit.

Zur Kuba-Krise vom Oktober 1962 kam es, als die Sowjetunion sich daranmachte, Mittelstreckenraketen auf Kuba zu stationieren. Präsident Kennedy ließ die Seewege nach Kuba blockieren und drohte mit dem Einsatz von Atomwaffen gegen die UdSSR (Union der Sozialistischen Sowjetrepubliken). Die Sowjetunion gab nach, und Kennedy sicherte zu, Kuba nicht (mehr) zu überfallen und auf die landgestützten US-Raketen in Westeuropa zu verzichten. Der Weltkrieg blieb im Käfig, und wir aßen aus Konservendosen.

30 Jahre später jammerte mir ein so »angesehener« wie angetrunkener US-amerikanischer Journalist nach einem Streitgespräch des Sender Freies Berlin (SFB) über Kuba unter Zeugen vor, wie schön es doch gewesen sei, als er, Sohn eines hohen US-Diplomaten in Kuba, vor der kubanischen Revolution mit der Dienstlimousine des Herrn Papa die jungen Schönheiten in den Bordells von Havanna heimsuchte. Don Jordan darf auch heute in allen TV-Sendern Innen- und Außenpolitisches kommentieren, Kriege rechtfertigen und die Verelendung der Ärmsten durch Sozialabbau verlangen.

Im Oktober 1962 propagierte *Der Spiegel* die konventionelle Aufrüstung der Bundeswehr und plädierte gegen die von Franz Josef Strauß (CSU) und anderen betriebene atomare Aufrüstung. Die Kuba-Krise lieferte den außenpolitischen Hintergrund für die sogenannte *Spiegel*-Affäre. Rudolf Augstein, Herausgeber, und Conrad »Conny« Ahlers, Redakteur, wurden wegen vermeintlichen Landesverrats verhaftet und die Verlagsräume von der Polizei durchsucht. Die juristischen Auseinandersetzungen zogen sich fast drei Jahre hin. Die Affäre reichte bis in meine Familie, gehörte Conny doch zum alten Hamburger Freundeskreis meines Vaters. Am Horizont der Republik drohte Franz Josef Strauß.

*

Als die Zeit der geerbten Kleider zur Neige ging, fuhr meine Mutter uns gelegentlich in eine Kleiderfabrik im Odenwald, die ihre Ware direkt und billig verkaufte. Sie chauffierte nun den uralten Käfer mit dem zweigeteilten Rückfenster und mein Vater einen Ford Taunus, den er nach wie vor auf dem Firmenparkplatz des Chemiekonzerns Boehringer Mannheim abstellte. Haut und Haare rochen nach Mannheim, wenn wir neue Kleidung bekamen, denn ein- bis zweimal im Jahr fuhren wir in die große Stadt, deren öliger Ruß sich auf uns legte. Auf dem Weg zu C&A und den Engelhorn-Kaufhäusern in Mannheim kamen wir an Hochhäusern in Mannheim-Vogelstang vorbei.

»Die Kinderzimmer sind winzig und haben so dünne Wände, dass die Kinder nicht toben dürfen«, sagte meine Mutter. Bald danach, in Mannheim-Sandhofen, deutete sie in die Luft: »Da arbeitet Pappi.« Was uns bei Brenninkmeyer gefiel, war oft zu teuer, und sie war geschickt darin, uns die Dinge nahezulegen, die sie bezahlen konnte.

Einmal sperrten Schupos plötzlich vor uns die Straße. Meine Mutter streckte schnell ihren rechten Arm vor meinen Oberkörper, wie sie es immer machte, damit ich nicht nach vorn schleuderte. Sicherheitsgurte kannten wir noch nicht. Vor uns zogen Hunderte Menschen mit Transparenten und Fahnen über die Straße. Ich hatte noch nie so viele Menschen auf einmal gesehen, außer wenn die

ArbeiterInnen in Weinheim nach ihrer Schicht aus der Freudenbergschen Fabrik kamen. Ich las: »Keine Atomraketen!« – »Ostermarsch für Abrüstung!« – »Solidarisch gegen Atomwaffen!« Wie sollte ich das finden?

»Die demonstrieren gegen Krieg«, sagte meine Mutter.

»Das ist gut, oder?«

»Ja, das ist gut«, sagte meine Mutter und fuhr weiter.

Ich sah den Leuten mit den Transparenten hinterher, ahnte nicht, dass solche unter ihnen, die sich erfolgreich als politische Dichter oder Kabarettisten engagierten, als Landesverräter angeklagt wurden, dass es längst wieder, Jahre vor dem »Radikalenerlass«, Berufsverbote gab. Dass schon wieder Bücher verboten wurden.

Irgendwer erzählte mir, dass auch Erich Kästner, der Bücher wie *Emil und die Detektive*, *Pünktchen und Anton* und *Das fliegende Klassenzimmer* geschrieben hatte, auf Kundgebungen gegen Atomwaffen sprach. Das nahm mich noch mehr für die DemonstrantInnen ein. Wenn ich nur erst einmal groß war! Matt von der staubbeladenen Luft in der großen rußigen Stadt, schlief ich auf der Rückfahrt meistens völlig erschöpft ein. Abends in der Badewanne färbte die Mannheimer Luft das Badewasser dunkel.

Als die Beatles »Yeah, Yeah, Yeah« sangen, tauschte ich die Plaka-Fläschchen- gegen die Singleplattenwährung. Mein persönlicher Wechselkurs stieg von zwei Mark fünfzig auf vier Mark fünfzig. So viel kostete eine 45er.

So suchte ich mit 13 Jahren die ersten Jobs. Ich log, was mein Alter anging, wusch alte Leute im Altersheim, spielte Hilfshilfsschwester in der Kinderstation des Weinheimer Krankenhauses, trennte rostige von blanken Schrauben in einer Autozubehörfabrik im Weinheimer Industriegebiet. Meine erste Langspielplatte kostete 21 Mark.

Die Stunden in der Schule dehnten sich endlos, wieder wurden die Blätter der Bäume vor dem Fenster allzu vertraut. Wann begann das eigentliche Leben? Wann hörte der verfluchte sinnlose Zwang auf? Wann ließen sie mich frei, damit ich endlich machen konnte, was ich wollte? Kein Kind war dankbarer als ich, wenn es in der

Zwischenzeit auf LehrerInnen oder andere Erwachsene traf, die seinen Verstand und seine Fantasie herausforderten.

Margarethe Krieger war unsere neue Zeichenlehrerin am Weinheimer Werner-Heisenberg-Gymnasium, viel kleiner als ich, die inzwischen ein Meter achtundsiebzig große Dreizehnjährige, die auf langen Beinen herumstakste und oft im wörtlichen wie übertragenen Sinn aneckte. Wohlmeinende weibliche Verwandte rieten mir, später, wenn ich mal einen Freund haben sollte, nur flache Schuhe anzuziehen, um ihn nicht zu kränken.

»Kein Mann mag das, wenn eine Frau ihn überragt.«

»Na, wie ist die Luft da oben?« Haha.

»Du bist ja schon wieder gewachsen!« Soll ich schrumpfen?

»Hey, Giraffe!«

Sind wir im Zoo? Dann zahl Eintritt, du Arsch! Wenn ich ausgewachsen sein würde, würde ich mir ein Stück Knochen aus jedem Bein heraussägen lassen.

Wer im Sportunterricht die Orgelpfeife anführte – »Stellt euch der Größe nach auf!« –, musste oft neue Übungen vormachen. Ich prellte meine Oberschenkel am Kasten, kriegte am Bock die Beine nicht auseinander, und die Hüftknochen schimmerten schon beim Anblick des Barrens blaugrün. Nur im Wasser lösten sich alle Verklemmtheiten auf, da schwamm ich davon, eroberte alle möglichen Schwimmabzeichen und wurde Mitglied in der DLRG.

Die Kriegerin wollte ein »Theaterplakat«. Das war noch nicht alles: »Entwerft die Hülle für eine Schallplatte!« Wir sahen uns an. Bisher mussten wir Stillleben malen, Bäume und Haustiere. Eine Hülle für eine 45er-Single hatte etwas mit unserem Leben außerhalb der Schule zu tun, mit unseren persönlichen Interessen, die in der Schule sonst nie zählten. So etwas hatte in der Schule nichts verloren. Lernen in der Schule war Pflicht und Plan und Entfremdung. Eine Schallplattenhülle? Das konnte die neue Lehrerin nicht ernst meinen! Oder doch? Sie wollte uns nicht zu Werbefuzzis machen, im Gegenteil: »Ein Schüler erlebt zum Beispiel ungeheuer viel an Werbung. Nun versuche ich seine Eindrücke so zu reinigen, dass er sie verarbeiten kann. Dadurch kam ich etwa auf die Idee, Schallplattenhüllen, Bucheinbände oder Plakate machen zu lassen«, sagte sie der Schulzeitung *Schiffsschraube*.

Margarethe Krieger war Mitte zwanzig, trug abenteuerlich steile und spitze Stöckelschuhe, kurze Röcke und schwarze, kurze, hochtoupierte Haare. Sie ging nicht, sie stach durch den Raum. Sie vernichtete alles Biedere mit ihrem schwarzäugigen Blick. Wir malten auf ihre Anregung hin Theaterszenen. Sie sah knapp auf mein braves Blatt, zückte die Augenbraue, verwarf mein Werk mit raschen leichten Pinselstrichen, und plötzlich tanzte da eine Frau. Ich sah den tiefen Graben zwischen meinem braven Gepinsel und ihrem Können. Ich gewann nie den Eindruck, dass sie wollte, dass wir sie kopieren. Sie nahm uns Hemmungen und half uns herauszufinden, was in uns steckte. Ihr erklärtes Ziel war, unsere Individualität zu fördern.

Margarethe Krieger hatte Brecht gezeichnet und seine Werke illustriert. Museen und Archive sammelten ihre Holz- und Linolschnitte. Bald würde die Grafikerin internationale Preise bekommen. Unsere Schulzeitung *Schiffsschraube* druckte ihren Holzschnitt *Oradour 1944*. In Oradour-sur-Glane hatte die SS am 10. Juni 1944 die männlichen Einwohner erschossen und die etwa fünfhundert Frauen und Kinder in die Kirche gesperrt und diese angezündet.

Wie war es möglich, mit so wenigen Strichen so viel Qual auszudrücken?

War es so, wie ein Lehrerkollege über Margarethe Krieger urteilte: »Man vermutet hinter ihrer Arbeit die eines Mannes, weil sie so viel Kraft ausströmt.«

Krieger antwortete: »Ich bin stolz darauf, dass ich angeblich arbeite wie ein Mann, denn ich glaube, dass eine Frau sehr leicht in die Gefahr kommt, sich in kleinste Einzelheiten zu verlieren. Ich bin auch der Ansicht, ein Mann hat eine größere schöpferische Linie als eine Frau. Wir werden in der Kunstgeschichte sehr wenige Frauen finden, die schöpferisch Großes geleistet haben.«

Mitte der Sechziger war das Bewusstsein darüber, auf welch subtile Weise generationenalte, komplexe Sozialisationsschäden »große schöpferische Linien« bei Mädchen und Frauen ausbremsen, noch nicht sehr entwickelt. Aber auch Frauen, die wie Margarethe Krieger damals chauvinistische Teilansichten vertraten, konnten emanzipatorische Vorbilder sein, weil sie sich in der Praxis oft anders verhielten.

»Das ist keine Pfeife«, sagte René Magritte und malte eine Pfeife.

»Die Dinge sind nicht das, was sie zu sein scheinen«, behauptete der belgische Maler und zeigte eine Leinwand vor einem Fenster. Das Gemälde schien exakt den Ausschnitt der Landschaft abzubilden, den es verdeckte. Aber war das wirklich der Fall? Und wenn nicht? Dann konnte sich hinter der Leinwand alles verbergen, was nur die entdeckte, die nichts als gegeben hinnahm.

Auf demselben Dachboden, auf dem meine Mutter unsere Weihnachtsgeschenke vor uns versteckte (vergeblich), in dem in einer Ecke der Karton mit Spielsachen meines ertrunkenen Bruders lag und wo die Konserven aus der Zeit lagerten, als der Dritte Weltkrieg nicht ausbrach, erklärte Heilwig mir, wie ein Mädchen eine Monatsbinde an einem lachsfarbenen Bauchgürtel befestigte. »Das kriegst du jetzt jeden Monat.« Was sollte das nun wieder heißen? Am liebsten fragte ich sie beim Wäscheaufhängen im Speicher aus. Sie konnte mir nicht weglaufen. Meine Geschwister störten nicht. »Jetzt bist du ein großes Mädchen.« Das war ein zweischneidiges Lob. Kaum freute sich eine, hing eine Pflicht mehr auf ihrer Schulter. »Großes Mädchen« konnte bedeuten, dass ich noch öfter auf meine Geschwister Acht geben und noch mehr im Haushalt helfen musste. War Anerkennung auf Dauer nicht für Interessanteres zu erhalten?

Meine Mutter machte ein ernstes Gesicht und wollte mit mir reden. Andere Kinder konnten mit ihren Eltern über nichts oder über wenig reden. Den Stuss von Bienen und Blüten würde ich nicht zu hören kriegen. In unserer Familie herrschte nichts als Wissenschaftlichkeit und Vernunft. Ich war neugierig, wie sie es aufziehen und welche Worte sie verwenden würde. Auf den diversen Bauernhöfen meiner Kindheit, in der Schule und auf der Straße hatte ich Tiere gebären sehen und – allerdings die merkwürdigsten – Geschichten über blutende Frauen, Geschlechtsverkehr und Kinderkriegen gehört.

Heilwig wusste nicht, dass sie zu spät kam. Sie war gefasst und konzentriert. Sie erklärte mir Eierstöcke, Gebärmutter, Monatszyklen, Hormone, Spermien, Schwangerschaft und Verhütung. Das war nett von ihr. Ich bedankte mich durch Aufmerksamkeit und ein paar Nachfragen und vergaß das meiste sofort wieder. Brachte mich dieser langweilige naturwissenschaftliche Kram dem süßen schwarzhaarigen Jungen aus der Unterprima auch nur einen Schritt näher? Die einzig wichtige Frage war doch: Wie konnte ich schnell älter werden und hübscher, so dass er mich endlich bemerkte?

Ich wurde pummelig, pickelig und pubertär und kam allmählich ins »Mach-uns-keine-Schande-Alter«. Aber die Drohung kam von anderswo, nicht von meiner Familie. Als meine Eltern beschlossen hatten, dass ich in ein nur für Mädchen gefährliches Alter kam, signalisierten sie mir – meine Mutter überbrachte mir wie immer im vertraulichen Gespräch die Meinung beider Eltern – etwas verklemmt, dass sie mir »helfen« würden. So oder so. »So« hieß, sie würden ein »uneheliches Kind« aufziehen, und »so« hieß, sie würden eine Abtreibung organisieren. Meine Meinung würde den Ausschlag geben. Am besten wäre natürlich, wenn »so etwas« gar nicht erst passierte. Sie sprachen mitfühlend über Mädchen, die nur wegen einer Schwangerschaft zu früh heiraten mussten und nicht mehr studieren konnten. Ich wusste, dass das manchmal Mädchen aus kleinbürgerlichen, aus Arbeiter- und Bauernfamilien passierte. In »unseren« Kreisen war es kein unausweichliches Schicksal, da gab es Lösungen. Ich musste keine Angst haben. Das Leben war mit einer unerwünschten Schwangerschaft nicht zu Ende.

»Rock and Roll stößt rechtschaffene Leute ab und kann bei Jugendlichen ernsthafte Schäden anrichten«, tönte die reaktionäre Fraktion der USA noch viele Jahre später, eine Allianz von Kirchen, FBI und Figuren aus den herrschenden Eliten wie Tipper Gore, die Gattin des späteren Fast-Präsidenten Al Gore. FBI-Chef J. Edgar Hoover zeterte: »Sie brechen alle Regeln und kommen damit durch.«

Hätten wir den Spruch Mitte der Sechziger gekannt, hätten wir vielleicht geantwortet: »Na, hoffentlich!« Denn die Dinge konnten nicht, bleiben wie sie waren. Verbote, Recht und Ordnung überall.

Und die, die uns drangsalierten, autoritäre LehrerInnen, mürrische Straßenbahnschaffner, tratschende NachbarInnen, strafende Polizisten, die deutsche Obrigkeit im Allgemeinen, von Sekundärtugenden besessen, vor den Kopf zu stoßen, was gab es Feineres?

Hoimar liebte Charlie Parker, Louis Armstrong und Johann Sebastian Bach; Heilwig Glenn Miller, George Gershwin, französische Chansons und den »King of Swing« Benny Goodman. Es lagen Schallplatten herum. Chris Howland sang »Das hab ich in Paris gelernt«, Juliette Gréco war bleich, schön, schwarz und existenzialistisch. Edith Piaf bereute nichts. Ich konnte kein Gedicht aufsagen, aber Georg Kreislers »Frühlingslied Nr. 1« auswendig zu lernen war leicht: »Schau, die Sonne ist warm, und die Lüfte sind lau, / gehen wir Taubenvergiften im Park! / (...) / Der Hansl geht gern mit der Mali, / denn die Mali die zahlt's Zyankali. / Die Herzen sind schwach, und die Liebe ist stark / beim Taubenvergiften im Park«.

Es gab zu Hause glücklicherweise keine Volksmusik, keine Operetten, keine Märsche. Klassische Musik war im Haus meiner Eltern freiwillig im Angebot. Mein Vater schmolz bei den *Brandenburgischen Konzerten* dahin. War ich allein zu Hause, bediente ich heimlich den Plattenspieler der Eltern und spielte Hoimars Jazzplatten und den uralten Blues, wild und schmutzig, Platten, die er nicht mehr so oft hörte und die mich froh machten.

Klassische Musik wollte mich zähmen. Aber ich wollte gerade nicht beruhigt werden. Ich war schafsbrav, das ahnte ich, und hatte vor zu vielem Angst, das wusste ich. Klassische Musik machte mich wütend. So viel kristallklare Reinheit, zu viel Gott, so durchgeistigt schwebte diese Musik hoch über mir, hochnäsig wie die gotische Elisabethkirche in Marburg, deren Grundriss ich nach einem Ausflug abzeichnete, um herauszufinden, wie das steinerne Monster gebaut war und warum ich ihre Herrschsüchtigkeit hasste.

»Klassische Musik regt mich an und entspannt mich«, sagte mein Vater, enttäuscht, dass ich ihm nicht folgte. Ich zappelte mit den Beinen, wenn ich diese Musik hörte, nicht als wollte ich tanzen, sondern so, als wollte mich jemand an den Knöcheln fesseln und zugleich meine Handgelenke festhalten.

Elvis Presleys »Hound Dog«, Little Richards »Tutti frutti«, Carl Perkins' »Blue Suede Shoes« und Bill Haley and His Comets' »Shake, Rattle and Roll« war die Musik der älteren Jugendlichen. Es gefiel mir, wenn die älteren Schwestern und Brüder meiner MitschülerInnen sich in irgendeinem Schuppen rasend schnell durch die Luft wirbelten. Die Musik der älteren Jugendlichen – »Halbstarke«, deren knatternde Motorräder und deren überforderte Kofferradios die Erwachsenen zur Weißglut trieben – wurde zu Oldies. Ich war sympathisierend auf Distanz geblieben, notgedrungen – »ihr seid zu klein, haut ab!«, – bis endlich meine Musik nahte.

Melodien, Rhythmen, Arrangements und Worte änderten sich und schlichen in einer vertraut klingenden, aber noch unübersetzbaren Sprache in meinen Kopf. Der Tanz dieser Rhythmen und Worte, der eigenartige, ungehörte sinnlich-wilde Sound der neuen Stimmen löste Sehnsucht nach etwas Unbekanntem aus. Ich klebte nachts meine Ohren an das geerbte Radio, hörte AFN *(American Forces Network)*, Hessischen Rundfunk und Südwestfunk und schrieb meine ersten englischen Sätze auf, indem ich die Texte übersetzte.

Die Zircons sangen »Unchained Melody«, Sam Cooke »Bring It on Home to Me«. The Ronettes, heute wären sie möglicherweise eine »afroamerikanische Girlgroup«, verlangten »Be my Baby«: »The night we met / I needed you so / so if I get a chance / I'll never let you go«. Keinem Erwachsenen, sofern einer nicht nur das Gesicht verzog, sondern tatsächlich fragte, hätten wir erklären können, was uns an diesem simplen Text und diesem bluesigen Motown-Rhythmus anmachte.

Beeinflusst von Stimmen und Rhythmen aus Detroit, Chicago und Mississippi und dem Sound von Liedern, die durchtränkt waren vom Blues, empfing ich die Beatles und bald auch die Rolling Stones mit offenen Ohren. Das war meine Musik. Wie sollte ich das erklären? Und wozu? Diese Musik grub unordentliche Gefühle in uns aus. Wir lernten auch, dass es ein »wir« gab – andere junge Leute, denen dieselbe Musik ebenso viel bedeutete wie mir, die ähnliche Träume, Alpträume und eine ähnliche, oft ungerichtete Wut hatten. Wenn wir einander kennenlernten, hieß es »Magst du diese Beatband? Den

Sänger?«. Wenn ja, dann verfügten wir über ein gemeinsames Wörterbuch, einen Code.

Songs trafen Gefühle, scheinbar ohne direkt auf sie zu zielen. Vermeintliche Tanzlieder wie »Dancing in the Street« von Martha and The Vandellas waren zur Zeit der US-amerikanischen Bürgerrechtsbewegung Demonstrationsaufrufe. In politisch tristeren Abbruchzeiten berühren vermeintlich politischere Lieder im Vergleich oft nichts.

»Living is easy with eyes closed / Misunderstanding all you see / It's getting hard to be someone / But it all works out / It doesn't matter much to me / (...) / No one I think is in my tree / I mean it must be high or low / (...) / Let me take you down / 'cos I'm going to Strawberry Fields / Nothing is real (...)« Ich musste lange warten, bis »Strawberry Fields Forever« 1967 ausdrückte, was mich in den Jahren davor beschäftigte.

Was für manche Jungs vielleicht James Dean in *Jenseits von Eden* und *... denn sie wissen nicht, was sie tun* war, fand ich in Musik wie dieser. Meine Beatmusik modernisierte und übersetzte Empfindungen, die ich bis dahin nur beim Wortekritzeln und beim Betrachten der Gemälde von Hieronymus Bosch oder Salvador Dalí hatte. Ich schwärmte nicht für James Dean. Er gefiel mir zwar, aber in seinen Filmen ärgerten mich die Mädchen. Sie waren nie so schön traurig wie er, ihre Widersprüche blieben verborgen, sie waren keine mutigen einsamen Rebellinnen, sondern passiv, hatten rasch schrille Stimmen und Angst, waren unterwürfig, Mädchen waren Dekoration, Trost und Beute. Dafür verachtete ich sie.

»No one I think is in my tree«, sang John Lennon. Auch ich hockte allein in meinem Baum und schien einen anderen Blick auf die Welt zu haben als alle anderen. Ich fühlte mich einsam und erstickte in der dumpfen Sicherheit des Landlebens. Langeweile war eine tödliche Krankheit, und lange war keine Heilung in Sicht.

Manchmal luden mich meine Freundinnen Carola und Diana ein in das große Haus ihres (Stief-)Vaters Curt Engelhorn, Chef meines Vaters bei Boehringer Mannheim, der in Oberflockenbach die moderne Villa von Caterina Valente gekauft hatte. Carola brachte mich an den Swimmingpool zu ihren Halbbrüdern und deren Cliquen und FreundInnen, die aussahen wie Fotomodelle, und ich stolperte über meine Beine und ersoff in Minderwertigkeitskomplexen, außer wenn ich, von einem sicheren Platz aus, die Menschen und Verhältnisse aufmerksamer betrachtete.

Ich war 13 und malte, wenn ich nicht las, gewann Preise bei örtlichen und nationalen Malwettbewerben. Natürlich würde ich Malerin werden, wenn ich groß war, was denn sonst? Bei einem Wettbewerb stufte die Jury mich in die Alterstufe der 15- bis 18-Jährigen ein. Ich gewann den ersten Preis – eine Reise nach Berlin –, aber sie legten mich rein: Weil ich angeblich zu jung war, gab es keine Reise, sondern nur 30 Mark – gleich zwölf Fläschchen Plaka-Farben. Von meiner Familie hatte keiner Zeit. Ich musste allein auf eine Bühne, dem Bürgermeister meine verschwitzte Hand geben und schnell wieder weglaufen.

»I mean, it must be high or low«, sagte John Lennon in »Strawberry Fields Forever« und erklärte später, was er damit gemeint hatte: »Ich bin verrückt oder ein Genie.« Noch immer wartete ich auf das richtige Leben. Sollte ich Malerin werden und in einem Dachatelier in Paris frei leben, aufstehen, wann ich wollte, verrückte Bilder malen, Musik hören, ganz laut, mich mal in den oder jenen verlieben? Wenn ich meine Musik hörte, fantasierte ich von Strawberry Fields, die sich als Flugbahnen in eine Welt anboten, auf die ich so neugierig war. Strawberry Field war, wie Lennon später erklärte, nur ein Spielplatz seiner Kindheit, ein Waisenhaus mit einem großen Garten in Liverpools Stadtteil Woolton, wo er als Kind lebte.

Wodurch löste diese Musik solche Empfindungen aus? Durch Worte? Diese eigenartige chaotische Musik, wo nichts zusammenzupassen schien, das Tempo nicht und nicht die Instrumente? Die Gitarre nicht zum Cello, das Mellotron nicht zum Schlagzeug, die Geschwindigkeit nicht zu sich selbst?

»Auch aus einem hässlichen Entlein wird mal ein schöner Schwan«, log meine Großmutter, als ich älter wurde, und trainierte meine Manieren. Etikette im Alltag, bei Bällen, bei Hof. Handkuss bei jeder erwachsenen »Standesgenossin«. Einfacher Knicks. Hofknicks. Haltung.

»Mach kein Hohlkreuz! Kopf hoch! Geh gerade!« Sie legte mir ein handkofferschweres Lexikon auf den Kopf, das ich beim Hin- und Hergehen durchs Zimmer nicht zu verlieren hatte.

Beat- und Rockmusik ließen die steinernen Strukturen knirschen. Stärkten uns im Widerspruch gegen die gesellschaftlichen Verhältnisse. Symbole des deutschen Wohlstandsbürgertums bröckelten. Wie hingebungsvoll manche Leute aus der elterlichen Generation ihre Autos polierten! Und wie sie sich spreizten, wenn sie sich auf Festen begegneten. Manches, was den Eltern wichtig war, erschien uns lächerlich: Es war völlig unwichtig, was die Nachbarn dachten. Wir entwickelten eine Allergie gegen Sprüche wie: »Das tut man nicht«, »Darüber spricht man nicht«, »Das ist eben so.« Von außen sahen wir harmlos aus, aber innen, werte Eltern, brodelten wir wie ein Vulkan und waren gefährlicher als Brechts Seeräuber-Jenny.

Später, als uns das Ideal der freien Liebe mitriss und die Hoffnung, die bestehenden Verhältnisse radikal umwälzen zu können, waren viele von uns für ihr altes Leben nicht mehr zu haben. Erst einmal fielen jetzt, Mitte der sechziger Jahre, die ersten Autoritätsinstanzen: NachbarInnen, Pfarrer und LehrerInnen. Ich besuchte meine Großeltern nicht mehr, sie hatten mir im besten Fall nichts mehr zu sagen. Ich wollte mir keine Sicht über die Welt mehr anhören, die ich nicht mehr glaubte und der ich doch noch nicht, weil mir die Argumente fehlten, hart genug hätte widersprechen können. Die Auseinandersetzungen mit meinen Eltern waren anstrengend genug.

»Du musst lernen, dich anzupassen«, sagte meine Mutter.

»Wenn ich groß bin, lass ich mich von niemandem rumkommandieren.«

»Du bist doch noch ein Kind.«

»Wenn ich groß bin, sagt mir keiner mehr, was ich tun soll.«

»Wenn du groß bist, musst du auf andere Menschen Rücksicht nehmen.«

Da war was dran. »Dann suche ich mir die Leute eben aus, mit denen ich zu tun habe.«

»Mit deinem Dickkopf kriegst du nie einen Mann.«

Ich grübelte. War das schlimm?

Niemand verbot mir, die Ausbildung auszusuchen, die ich wollte. Ich musste nicht einmal wissen, welchen Beruf ich eines Tages haben wollte. Ich sollte lernen können. Das ging anderen Mädchen anders. Einige hörten: »Dein Bruder studiert, für dich ist kein Geld da«, »Du heiratest sowieso, das lohnt sich nicht«, »Du bist dumm«, »Willst du ein Blaustrumpf werden?« Ich war berauscht von der Verheißung, keinen Forscher mehr heiraten zu müssen, dass ich, wenn ich nur wollte, selbst Forscherin werden konnte!

Natürlich würde ich eines Tages heiraten, aber immerhin sagten meine Eltern: »Du kannst studieren, was du willst.« Und außerdem gab es noch andere unkonventionelle Vorbilder in meiner Umgebung. Meine rothaarige und temperamentvolle Großtante Helmtrudis heiratete erst im Rentenalter. Zuvor hatte sie interessante Liebesaffären, die sie im vertrauten Familienkreis keineswegs geheim hielt. Sie trennte sich bald wieder von ihrem Gatten, weil sie seine Haushälterin spielen sollte. Was fiel dem Mann ein? Als alte Dame lebte sie – wie viele alte unverheiratete adlige Frauen – in einem Stift. Ihr Vater hatte ihr vorsorglich das Wohnrecht gekauft, als ihm klar wurde, dass sie in jungen Jahren nicht die traditionelle Laufbahn einer Ehefrau wählen würde. Das feine Damenstift hielt sie nicht davon ab, sich einen jungen algerischen Liebhaber zu nehmen, mit dem sie in hohem Alter sogar noch in Algier dessen Großfamilie besuchte, einen Aufenthalt, den sie »höchst interessant« fand. Ihr Weg war nicht meine Perspektive, aber ich begriff, dass es verschiedene Lebensformen für Frauen gibt.

Vielleicht lag ein Teil der Freiheit meiner Berufswahl auch darin begründet, dass es bei Mädchen doch ein kleines bisschen gleichgültig war, was sie studierten, denn eines Tages wäre da vielleicht doch ein Ehegatte. Aber ich musste zuerst Abitur machen, und das dauerte noch ewig, mindestens vier Jahre.

An einem Novembermorgen 1963 stapfte ich schlecht gelaunt mit der verhassten Blockflöte in den Musikunterricht. Die Musiklehrerin sollte meine Musikalität testen, wenn die Antwort positiv war, durfte ich endlich Klavierspielen lernen. Meine Freundin Evi flüsterte: »Kennedy ist tot!« Die Musiklehrerin betrat den Raum und sagte: »Der amerikanische Präsident ist in Dallas erschossen worden.«

Raunen und Schluchzen waberten durch den Raum. Ich neigte bei Beerdigungen zu albernem Kichern. Aber jetzt waren wir alle traurig, denn Kennedy war anders gewesen, jünger, attraktiver und sympathischer als Konrad Adenauer oder Ludwig Erhard. Seine zwei kleinen Kinder durften unter seinem Schreibtisch im Weißen Haus herumkrabbeln. Etwas Ähnliches konnte ich mir bei Adenauer nicht vorstellen. Das hatte mir mehr imponiert als der Spruch »Ich bin ein Berliner«, den die Erwachsenen ständig zitierten. Ich spielte Klavier.

Von der allmählichen Karriere meines Vaters profitierte ich gewaltig: Mein Taschengeld wurde von zwei Mark fünfzig auf fünf Mark im Monat erhöht. Meine Sammlung mit Stadtplänen und Speisekarten aus aller Welt wuchs. Hoimar entwickelte die Firmenzeitschrift *n + m* (Naturwissenschaft und Medizin), in der nicht, wie bisher üblich, plump für die Produkte des Pharmakonzerns Boehringer Mannheim geworben wurde. Seine neuartige Idee schlug ein, zum Nutzen der Firma, wie diese schnell begriff, und zu seinem eigenen Vorteil: International bekannte Wissenschaftler sollten allgemein verständlich über alle möglichen naturwissenschaftlichen Themen schreiben, und dies sollte den Ruhm der Firma mehren. Was es tat. Das Blatt erschien von 1964 bis 1969 alle zwei Monate in seiner Verantwortung.

Hoimar wurde durch seine erfolgreiche Einmischung in die PR-Angelegenheiten seiner Firma seinen inzwischen ungeliebten Job als Leiter des Forschungslabors los. Er konnte, befreit von einigen Zwängen, lesen und lernen, was immer ihn interessierte – natürlich nur im Rahmen des für Boehringer Mannheim Verwertbaren.

Alle möglichen Naturwissenschaftler und Forscher, unter ihnen der kalifornische Gehirnforscher Robert Livingston, besuchten uns. Ich hörte den Gesprächen gern zu. Einmal zerlegte mir Hoimar das Modell eines menschlichen Gehirns. An diesem Tag wollte ich unbedingt nichts als Hirnforscherin werden.

Hoimar korrespondierte weiter mit Wernher von Braun, es vertieften sich seine Kontakte zur NASA. Weltraumbilder, fotografiert aus Raumschiffen, hingen an meiner Wand. Ich vernarrte mich in die Astronomie und las die Science-Fiction-Bücher, die Hoimar ebenso von seinen Reisen mitbrachte wie kleine Meteoritensplitter und Satellitenfotos von der Erde und von fremden Sternen. Später stand neben dem Esszimmertisch ein kinderhohes Modell einer DNS-Spirale. Die frühen Verheißungen der Gentechnik zogen bei uns ein. Bilder und Skulpturen wurden immer moderner, aber zwei Kunstwerke auf dem Fußboden des Wohnzimmers erkannten nur WissenschaftlerInnen als das, was sie waren: Riesenmodelle von weißen und roten Blutkörperchen.

Von Wernher von Brauns NS-Vergangenheit war so wenig die Rede wie von der Herkunft der Genetik aus den rassenhygienischen Forschungszentren der Nazis. Mir schwirrte der Kopf von Graugans-Geschichten, als sich Hoimar mit Konrad Lorenz anfreundete und ein Anhänger der Verhaltensforschung wurde.

*

Unsere späteren ersten schweren Auseinandersetzungen knüpften hier an: Ist der Mensch ganz und gar determiniert von seinen Genen, ist er ein Sklave seiner Biologie? Oder ist der Mensch ein soziales Wesen, das sich unter günstigen gesellschaftlichen Bedingungen frei entwickeln kann? Natürlich gibt es biologische Voraussetzungen – Größe, Geschlecht, Dispositionen für Krankheiten, ein besseres oder ein schlechteres Gehör usw. –, auch dass Menschen lebensnotwendig Luft brauchen und Wasser und Nahrung. Wir stritten sogar um Prozente: Selbst wenn der Anteil an möglicher freier, durch eine humane Gesellschaft beförderbarer Entwicklung des Menschen nur 20 Prozent betrüge, fragte ich, wäre es nicht notwendig, sich erst mal nur um diese 20-Prozent-Möglichkeiten zu kümmern, um Kinder in die Lage zu versetzen, alle ihre Potenziale zu entfalten? Und wäre allein dafür nicht schon eine Revolution nötig, und wenn ja, auf welcher Seite stünde er dann?

*

Hoimars humanistische Bildung, all das Altgriechisch und Latein, nutzte ihm nun nichts mehr. Er trainierte Englisch, indem er Krimis und Science-Fiction auf Englisch las und die Texte der englischsprachigen Wissenschaftler für *n + m* übersetzte. Es war, wie er sagte, ein dreifaches Training: in der englischen Sprache, im jeweiligen Fachgebiet – die ideale Schulung für seine Fernsehsendungen – und im Zwang, sich für seine LeserInnen verständlich auszudrücken, also intensiv mit den Autoren zu korrespondieren und gelegentlich Texte völlig umzuschreiben, meist zur Freude der Autoren, wie er glaubwürdig versicherte.

Ich wurde eine Zeit lang eine Art intellektueller Punchingball. Er sagte: »Ich will dir mal was erzählen. Mal sehn, ob du das verstehst.« Von Einsteins Relativitätstheorie, kindgerecht erklärt, ließ ich mich begeistern. Er erzählte mir, was er drucken lassen wollte, und probierte aus, wie viel ein Teenager begriff.

Sein Selbstbewusstsein wuchs, und meines sollte gefälligst Schritt halten. Seine Radiosendungen brachten ihm mehr und mehr Einladungen zu Kongressen. Einmal hielt er einen Vortrag in Baden-Baden, und meine Mutter wollte ihn abholen. Sie nahm ein paar Kinder mit. So eine Stadt hatte ich noch nie gesehen. Ein Altereicheleutemuseum. Da hing mächtiges Gold um Finger, Handgelenke und Hälse. Die behängten Menschen schauten blasiert und fuhren teure Autos. Wir mussten warten. Ich versank in den Teppichen eines Hotelfoyers und setzte mich schüchtern auf einen Sessel in die äußerste Ecke. Der Kronleuchter, wäre er heruntergefallen, hätte einen Lastwagen unter sich begraben.

Plötzlich stieß jemand die Eingangstür mit Schwung auf. Ein großer Mann mit nach hinten gekämmten schwarzen Haaren und hoher Stirn eilte mit weiten Schritten quer durchs Foyer, lachte uns an und rief fröhlich im breitesten Berlinerisch über zusammenzuckende fein frisierte Grauköpfe hinweg: »Na, ihr kleenen Pupsärsche, da seid ihr ja endlich!«

Mein Vater! Ich versank in geknüpftem Orient. Nicht genug, er streckte auch noch die Arme nach mir aus: »Willste mich vielleicht mal begrüßen?«

Irgendwohin musste ich ja fliehen, ich rannte und vergrub mein Gesicht in seinem Magen. Er beugte sich herunter, und ich stotterte herum, dass alle Leute uns anstarren würden, dass es mir peinlich sei, wie er sich verhielt. Sein Gesicht versteinerte. Vor der Tür und im Auto erhielt ich eine zornige Lektion, die lange nachklang: Ich hatte mich nicht zu schämen. Vor niemandem. Besonders nicht für jemanden, der mich liebt, und schon gar nicht für ihn. Kapiert? Wer sich von der Meinung anderer Leute abhängig macht, ist dumm.

»Dann hast du immer Angst. Dein Leben lang«, sagte er.

Widersprüchliche Signale, wie so oft. Schämen hatte ich gelernt, auch von ihm. Für Lügen sollte sich eine schämen. Für Kleine-Geschwister-Ärgern auch. All die ReligionslehrerInnen und Pfarrer, Bibelinterpretationen, manche Verwandtensprüche, viele Bücher. Viel war von Schuld die Rede und von notwendiger, reinigender Scham für zu viel Fantasie und verbotene Gefühle. Vor einiger Zeit war noch eine andere Sache dazugekommen, über die ich nicht mehr mit ihm sprach.

»Zieh dir mal was an. Du bist zehn, da kannst nicht mehr nackt in der Wohnung herumlaufen«, hatte mein Vater mir eines Abends im Vorbeigehen beiläufig an den Kopf geworfen. Ich erschrak. Heilwig milderte die Aussage. Dennoch: Was war falsch an mir?

Es wurde eisern gespart. Die Familie sollte in ein paar Jahren ein eigenes Haus bekommen. Wenn eine groß ist, steht sie im Schulchor glücklicherweise ganz hinten. Dann fällt es nicht so auf, wenn das dunkelrote Kleid aus Perlon mit weißen Pünktchen, geerbt von der neun Jahre älteren Tante, nicht passt und die feinen Pumps eine Nummer zu groß sind und quer laufende Tragefalten haben, weil sie von der Mutter geborgt sind, die noch längere Füße hat als die Tochter.

1964 fanden meine Eltern das billige Grundstück am ansteigenden Rand des Dorfes Oberflockenbach im Odenwald, ein paar Kilometer entfernt von Hohensachsen. Meine Mutter entwarf den kleinen L-förmigen Bungalow und nahm sich einen Architekten, der ihre Pläne umsetzte. Ich würde mein erstes eigenes Zimmer bekommen. Ich fuhr gern mit zur Baustelle und beobachtete, wie Heilwig in Anorak und Gummistiefeln im Schlamm umher stapfte und Hand anlegte. Sie war hier und in ihrem Garten viel glücklicher, als wenn sie sich für irgendwelche Festlichkeiten bei Boehringer auftakeln musste und als »Gattin« des Leiters des Forschungslabors langweiligsten Ritualen ausgesetzt war.

Ich hatte noch nie ein Haus wachsen sehen. Wie so ein Keller gebaut wurde, wie Leitungen gelegt wurden, wie ein Treppenhaus konstruiert und das Dach gezimmert wurde, wie viel ein Balken trug, wie sich das auf Plänen widerspiegelte und wie Ideen in Gesprächen zu Änderungen wurden, die in Gestalt von Linien, Zeichnungen und Symbolen zurück auf die Pläne und über diese ins Haus zurückflossen. Welche winzigen Kleinigkeiten beeinflussten, ob mir das Badezimmer später gefiel oder nicht! Es war viel interessanter als die Innereien irgendwelcher Motoren.

Wir unternahmen eine große Reise. Nicht mehr nach Lemmie, Marburg oder zum Frankfurter Flughafen, meinen Vater abholen oder hinbringen, nein, ins Ausland, nach Österreich sollte die erste Familienurlaubsreise gehen, genauer gesagt, nach Gaschurn in Vorarlberg. Die beiden Kleinen blieben zu Hause, nur die beiden großen Kinder durften mit. Ich fand die Berge ganz nett, sobald ich oben war und hinuntersehen konnte. Sofern ich unten war, mochte ich sie nicht. Sie versperrten mir die Sicht. Ich hatte in Würzburg über die Stadt und den Fluss sehen können, in Hohensachsen weit in die Rheinebene.

Ich wusste nicht, wie so eine richtige Urlaubsreise ins Ausland zu sein hatte. Aber musste es zwei Tage lang aus allen Wolken regnen? Nasse Wiesen rochen gut. Die Pension aus dunklem Holz mit tief gezogenem Dach war fremd und interessant, wir versanken in Federbetten. Ich schwamm nicht gern in dem schwarzen Waldsee. Sobald ich den Boden berührte, glitschten meine Füße in unsichtbarem öligen feinkörnigen Schmodder. Zwei Wochen sollten wir hier bleiben. Es würde schon gehen. Immerhin, die Eltern hatten viel Zeit, denn mein Vater arbeitete nicht, und es fehlten zwei Geschwister. Es hörte nicht auf zu regnen.

Am dritten Morgen holten uns die Eltern zu sich ins Bett: »Wollen wir ans Meer fahren?«

Das Dorf in den Bergen musste ich also nicht mehr mögen. Das Auto schnaufte nach Süden über einen ungesicherten Pass, unter dem der Abgrund und ein grässlicher Tod auf uns alle lauerten. Ich kotzte in vielen Kurven.

»Schau zum Horizont«, riet mein Vater, »so weit du kannst, fixier ganz hinten einen Punkt, irgendwas, und hör auf zu lesen!«

Wenn ich wieder ins Auto stieg, hielt er mir eines seiner großen gebügelten Taschentücher hin und sagte: »Atme tief durch.«

Unten sah ich bald die bunten Dächer der Häuser in den Bergdörfern, nicht ein Ziegel glich dem anderen. Manchmal durfte ich vorn sitzen, bis meiner Mutter übel war. Dann wechselten wir die Plätze bis zum umgekehrten Fall. Irgendwann lagen die Alpen hinter uns, es wurde wärmer, die Straßen gerader. Ungewohnte Blumen, Zedern und Palmen. So sah also Italien aus. Die Luft roch mild und schmeckte weich. Unten im flachen Land, auf den langen von Zedern gesäumten Landstraßen, riefen wir den Namen der häufigsten Tankstelle: »Aah, gib Gas!«

Über Udine, von da nicht nach Triest, sondern über Aquilea auf einen Damm, noch nicht das offene Meer, aber rechts und links flaches, weites sonnenglitzerndes Wasser. Ich hatte das Meer noch nie gesehen, nur den Main und ein paar andere Flüsse. Noch nie Ost- oder Nordsee. Das Wasser schickte einen salzigen, fischigen Windstoß ins offene Fenster. Wir erreichten am Ende des Damms Grado an der italienischen Adria. Dort würde ich, was zu meinem Glück, am Meer zu sein, noch hinzukam, endlich meine Bande finden, zwei Dutzend Kinder und Jugendliche. Wir ärgerten Liebespaare – bis die Ältesten von uns im Lauf der Jahre selbst welche wurden –, wir klauten, brachen ins Freiluftkino ein, rannten der Polizei davon, schwammen nachts unter Mond und Sternen im rabenschwarzen Meer und zerschnitten uns die Beine an Muschelbänken.

Aus den Häusern hing Wäsche, auf den Straßen spazierten viel mehr Menschen herum als in Deutschland. Hatte ich zuvor schon jemals ein Straßencafé gesehen? Tische und Stühle standen einfach so am Straßenrand herum oder unter Bäumen, ohne Zäune, Mauern oder Hecken. Die Häuser hatten andere Mauern, nicht glatt, nicht grau, manche sogar in bunten Farben. Hatte ich schon einmal ein rotes Haus gesehen? Das Licht war warm, sie hatten hier ihre eigene Sonne. Die Autoräder knirschten über den Kiesweg in die Einfahrt der Ville Bianchi. Eines der heruntergekommenen Häuser hieß Villa Stella, und dahinein trugen wir unser Gepäck. Dann zeigten unsere Eltern uns das offene Meer.

Meistens war ich enttäuscht gewesen von schönen Flecken in der Natur, von denen die Erwachsenen mir zuvor viel erzählt hatten. Welches Kind geht schon gern sonntags mit den Eltern spazieren, wenn eine nicht aussuchen kann, wohin es geht, und die kleine Reise für die Erwachsenen nach einer Arbeitswoche erholsam ist, aber für ein Kind, das auf dem langweiligen Land leben muss, bloß »gesund«!

Ja klar, kaum kreuzten wir einen Wildbach, konnte ich lernen, wie der Kreislauf des Wassers funktioniert, woher das Wasser kam, wohin es lief, wie es über den Meeren verdunstete und was die Folge war, wenn »die Industrie« viele Tonnen Giftstoffe in die Flüsse kippte. Gefielen mir die großen Schaumflocken auf dem Neckar? Leider ein Zeichen dafür, dass der Fluss mit Umweltgiften aus Reinigungsmitteln und industrieller Produktion überlastet war. Warum rauschte kostbares Trinkwasser ins Klo, wenn dafür Regenwasser genügte? Doch, das war schon interessant. Aber gab es etwas Langweiligeres, als den Eltern in den Wald hinterherzulaufen, bergauf und bergab und Hast-du-den-Fuchs-gesehen? Und Schau-mal-das-ist-der-soundso-Vogel! Wo doch zu Hause auf dem Bett ein Buch lag, vor dessen spannendem Ende mir letzte Nacht die Augen viel zu früh zugefallen waren.

Aber dieses Mal, in Grado, war ich nicht enttäuscht. Ich konnte bis zum Horizont schauen. Wellen. Unendliche Bewegung. Weißer Sand. Bunte Sonnenschirme. Licht, das sich auf dem Wasser widerspiegelte. Nie wieder Alpen.

*

Ein anderes Meer lag im Norden. Wir reisten einige Jahre später einmal nach Kampen. Da gab es sogenannte feine Leute mit den zu ihnen passenden unfreundlichen Lokalen, die zwar mich als weibliches »Frischfleisch« einlassen wollten, meinen langhaarigen Bruder aber nicht. Ich sah es den Leuten nicht immer an, ob sie zu den »Feinen« zählten, denn in den Dünen und zwischen den Buhnen liefen sie nackt herum. Wir wanderten barfuß und in Sommerkleidung durch die Dünen.

Einmal begegnete uns dort ein nackter Mann und küsste meiner schönen, bekleideten, schwarzäugigen Tante Anneliese die Hand.

Sie sagte mir seinen Namen: Hermann Josef Abs. Der Mann war mir gleichgültig. Ich sah dem unbekleideten Fremden nicht an, dass er im NS-Faschismus die Verantwortung für die Außenpolitik der Deutschen Bank getragen hatte, dass ihm »persönlich und direkt Mitschuld an den in Tschechien begangenen Brutalitäten anzurechnen« war und an der Arisierung der Deutschen Bank.

*

Der englische Historiker Harold James schrieb: »Unter seiner Leitung kam es zur engen Zusammenarbeit der BUB (Böhmische Union-Bank) mit Gestapo und SS.« Abs sei »mit vielen verzweigten Ketten in das System der Verfolgung und Vernichtung eingebunden« gewesen und unter anderem mitverantwortlich für den Tod der jüdischen BUB-Direktoren. (*Frankfurter Allgemeine* v. 17.2.2001)

Hermann Josef Abs war nicht nur Träger von Ritterorden, Bundesverdienstkreuz (das große, mit Stern und Schulterband), Ehrendoktorwürden, Ehrenbürgerschaft (von Frankfurt am Main), Inhaber einer Vielzahl von Vorstands- und Aufsichtsratsposten, allen voran bei der Deutschen Bank. Der »Aufsichtsrat von Auschwitz« war im NS-Faschismus Aufsichtsrat der IG Farbenindustrie. Die IG Farben, mit der ich mich in den achtziger Jahren intensiv befassen sollte, bediente sich seit 1941 Tausender KZ-Gefangener und war maßgeblich an der Entscheidung für die Einrichtung des KZ Auschwitz beteiligt. 1942 richtete der Konzern dort ein eigenes KZ ein, wo er bis 1944 mindestens 30 000 Menschen ermordete. Die Waffen waren: Zwangsarbeit, Hunger, Folter, Schüsse. Die durchschnittliche Lebenserwartung der ZwangsarbeiterInnen unter der »Aufsicht« von Hermann Josef Abs betrug drei bis vier Monate.

Abs starb 1994. Erst vier Jahre später enthüllte eine von der Deutschen Bank aufgrund öffentlichen Drucks einberufene Historikerkommission, dass Abs »die Schlüsselfigur bei den Geschäften der Deutschen Bank während des Dritten Reichs« gewesen sei. Zu den Aufgaben hatte auch »bald die Arisierung jüdischen Vermögens« gehört. Das Geld brauchten die Nazis für den »totalen Krieg«. KritikerInnen wussten das seit Jahrzehnten. Es hatte nur fast niemand hören wollen. VertreterInnen aller bürgerlichen Parteien, auch der

Grünen, umschleimten den einflussreichen Abs, den »führenden Bankier der Welt« (David Rockefeller), bis zu seinem Tod.

Der »OMGUS-Report« hatte nach dem Krieg empfohlen, die Deutsche Bank zu liquidieren und Leute wie Abs als Kriegsverbrecher vor Gericht zu stellen. Aber Abs wurde beim Wiederaufbau des deutschen Kapitals gebraucht, und er half auch prompt – zum Beispiel 1953 beim Abschluss des Schuldenabkommens in London –, die materiellen Forderungen der überlebenden KZ-Häftlinge und ZwangsarbeiterInnen auf den Sankt-Nimmerleins-Tag zu verschieben. (*Süddeutsche Zeitung* v. 1.8.1998; *Konkret* 10/1998)

Es gab eine Reihe von NS-Prozessen in den fünfziger Jahren. Sie befassten sich mit Euthanasie-Verbrechen, solchen im Krieg und in den Konzentrationslagern. Aber keiner erregte eine solche Aufmerksamkeit wie der Eichmann-Prozess von 1961 in Jerusalem und der Auschwitz-Prozess, der 1963 in Frankfurt am Main begann. Eigentlich sollten viele NS-Verbrechen, selbst Totschlag und Beihilfe zum Mord, verjähren. Dass einzelne Juristen, unter ihnen Staatsanwälte, sich gestärkt fühlten, weiter zu ermitteln, hatte mit dem internationalen Druck zu tun, den die DDR mit ihren Veröffentlichungen über die sogenannten westdeutschen Blutrichter über das Ausland auf die BRD ausübte. Die westdeutsche Justiz war, wie das Medizinsystem, die chemische und die Schwerindustrie und viele andere gesellschaftliche Bereiche, nach dem Krieg nicht von FaschistInnen und ihren UnterstützerInnen befreit worden. Im Gegenteil. Sie saßen in maßgeblichen Positionen.

Ein israelisches Geheimdienstkommando entführte 1960 den ehemaligen SS-Obersturmbannführer Adolf Eichmann, einen der Hauptorganisatoren des industriellen Massenmordes an den JüdInnen, aus Argentinien. Der Prozess in Jerusalem wurde zur größten und materialreichsten Auseinandersetzung seit den Nürnberger Prozessen. Auch die Professorin Hannah Arendt war als Prozessbeobachterin aus den USA gekommen. Die 57-jährige jüdische Philosophin war 1933 aus Deutschland geflohen. Arendt schrieb für den *New Yorker* fünf Essays, die 1963 als Buch unter dem Titel *Eichmann in Jerusalem. Ein Bericht von der Banalität des Bösen* erschienen.

Bundeskanzler Konrad Adenauer hatte Bedenken. Es könne geschehen, dass das Eichmann-Verfahren »die ganzen Abscheulichkeiten des Hitler-Regimes wieder aufwühlen« werde. Dabei hätte der Bundesrepublik Deutschland etwas Besseres gar nicht passieren können. Die internationale Diskussion wurde heftiger und beförderte selbst im Land der TäterInnen die Aufmerksamkeit für den 1963 in Frankfurt am Main beginnenden Auschwitz-Prozess: 22 Männer von SS-Wachmannschaften in Konzentrationslagern waren angeklagt, 359 Zeugen aus 19 Nationen berichteten von Qual, Folter und Mord.

So groß das verschuldete Leid, so gering die Strafen mehr als 20 Jahre nach den Verbrechen: dreimal Freispruch, einmal Jugendstrafe von 10 Jahren, Zuchthausstrafen zwischen 3 Monaten und 14 Jahren, sechsmal lebenslänglich.

Als Beate Klarsfeld am 7. November 1968, fünf Jahre später, während eines CDU-Parteitages in Berlin Bundeskanzler Kurt Georg Kiesinger ohrfeigte, wurde sie noch am selben Tag zu einem Jahr Gefängnis ohne Bewährung verurteilt. Kiesingers NS-Vergangenheit war kein Geheimnis, aber Klarsfeld wollte ein Ende der Verdrängung: »Wenn man die Nazis aus dem öffentlichen Leben entfernen will, muss man mit dem einflussreichsten Mann im Staat anfangen. Wenn Kiesinger zurücktritt, werden wir nie wieder einen Nazi als Kanzler haben. Es wird der Beginn einer Entnazifizierung sein.« Aber Kiesinger trat nicht zurück und blieb, wie die meisten alten Nazis, lebenslang von Strafverfolgung unbelästigt. Er war mitverantwortlich für die Auslandspropaganda des »Dritten Reichs« gewesen.

»Im Hintergrund immer die beiden Undiskutablen, die beiden Untragbaren und Unerträglichen: Lübke und Kiesinger«, schrieb Heinrich Böll 1968 in einem Text gegen die Notstandsgesetze. Heinrich Lübke, Bundespräsident von 1959 bis 1969, beschrieb sich gern als NS-Verfolgter. Informationen aus der DDR enthüllten, dass der Bundespräsident im NS-Faschismus Baupläne für Konzentrationslager entworfen und unterzeichnet hatte.

Ulrike Meinhof kommentierte: »Die etablierte Öffentlichkeit, der es vor zwei Jahren noch ganz egal war, ob Lübke ein großer oder ein kleiner Nazi war, weil sie selbst aus Leuten besteht, die kein Interesse daran haben können, dass man sie fragt, ob sie große oder kleine

Nazis waren, diese etablierte Öffentlichkeit hat gemerkt, dass sie der entstehenden Gegenöffentlichkeit etwas bieten muss, wenn sie nicht von ihr verdrängt werden will, dass sie wenigstens den Gestus von Opposition annehmen muss, wenn sie überhaupt noch von denen, die angefangen haben politisch zu denken und zu arbeiten, beachtet werden will.« (*Konkret* 4/1968)

Ohne den Eichmann- und den Auschwitz-Prozess wäre die Verjährungsfrist für NS-Verbrechen kaum verlängert worden. Zwei Redner standen sich in dieser Frage am 10. März 1965 im Bundestag gegenüber: Rainer Barzel, der Vorsitzende der CDU/CSU-Fraktion, und Adolf Arndt, der rechtspolitische Sprecher der SPD. Die KPD war durch Verbot seit neun Jahren ausgeschaltet. Barzel äußerte sich in einer Weise, die zum stereotypen Repertoire der NS-Verharmloser gehörte. Er sagte Sätze, wie wir Kinder sie seit Jahren überall hörten, in der Schule, von Nachbarn, Verwandten und viele auch in der Familie. Barzel behauptete dreist:

Hitler trage »große Schuld vor dem deutschen Volk«, er habe den Patriotismus der Deutschen missbraucht, die Deutschen seien nicht kollektiv schuldig geworden. Arndt stellte sich gegen ihn, sprach von krimineller, geistiger und moralischer Schuld der Deutschen und bemerkte: »Das Wesentliche wurde gewusst.«

*

Es gab Geheimnisse. Dinge, die Eltern einem Kind nicht verrieten. Es gab Geheimnisse zwischen Eltern und Kindern, die Dritte um keinen Preis wissen durften. Einmal hatte ich mich von Journalisten auf dem Schulweg abfangen und über meinen bekannter werdenden Vater ausfragen lassen. Nie mehr ein Wort zu Journalisten! Probleme mit den Eltern? Nicht mit anderen darüber sprechen. Meist mit mir selbst austragen.

Es gab leichtere Rätsel, deren Lösungen wir Kinder errieten: Wo sind die Weihnachtsgeschenke versteckt? Worüber reden die Eltern abends im Wohnzimmer miteinander? Leicht zu lösen, einfach das Ohr an die Tür halten. Es gab unlösbare Geheimnisse wie das um meinen toten Bruder. Ungenaue Informationen wie die über einige Verwandte in Wehrmachtsuniform. Was hatten sie im Krieg gemacht? Großmutter kam zu Besuch. Sie hatte den ganzen Tag Zeit für neugierige Fragen. Der Mann in Uniform? Ein reizender Mann, ein echter Herr mit hervorragender Erziehung. Ach ja, wieder so einer. Hauptsache, der Nazi hat feine Manieren.

Hoimar wurde 41 Jahre alt und wurde Professor. Meine Eltern luden ihre besten FreundInnen zu einem Riesenbüfett ein: Spargel, Roastbeef, Schinken, Eier, Lachs, Kaviar, Krabbensalat, Hühnchensalat, Süßspeisen, Sekt, Cocktails. Verzehrbare Symbole eines materiell besseren Lebens.

Meine Mutter holte mich vom Freibad in Viernheim ab. Ich erzählte ein bisschen von der Schule.

»Nein«, sagte sie nach einer Weile und zündete den Motor, »ich bin der Meinung, dass wir die Oder-Neiße-Linie anerkennen müssen.«

Eine derbe Zote aus dem Mund meiner Mutter hätte mich nicht heftiger schockieren können. Wie konnte sie einfach so »auf deutsches Land« verzichten? Und dazu noch auf ihr eigenes? In der Schule, von LehrerInnen, von Eltern meiner MitschülerInnen hörte ich oft anderes. Einige meiner Lehrer waren zum Beispiel deutlich anderer Ansicht über den gewünschten Verlauf der polnischen Westgrenze. Kein Verzicht auf früheres, angeblich deutsches Gebiet. Schlesien und Pommern sollten nicht polnisch bleiben, sondern »deutsch wie Königsberg«, das russische Kaliningrad, werden. Sie sprachen es nicht aus, aber nach einer »Wiedervereinigung« würde Deutschland selbstverständlich in den Grenzen von 1937 wiederhergestellt werden. Eine solche Zurückdrängung hatten die Russen verdient. Hatten sie nicht Hunderttausende Deutsche grausam vertrieben?

»Und die Ostzone?«, fragte ich.

»Die sollten wir anerkennen«, sagte meine Mutter. Der Motor des alten VW-Käfers spotzte, als wir auf die Landstraße nach Weinheim einbogen.

»Dann kannst du nie mehr nach Hause zurück.« Hatte sie denn kein Heimweh mehr?

Sie seufzte. »Wir haben den Krieg angefangen. Es sind so viele Menschen gestorben. Wir haben es nicht anders verdient.« War sie nicht großzügig? Ich würde das in der Schule lieber nicht erzählen.

Mein Vater und ich hatten gestritten. Ich saß auf dem Küchentisch, hampelte mit den Beinen und ließ meinen Ärger abklingen. Er kam in die Küche und holte sich etwas zu trinken.

»Ich kenne dich besser als du dich selbst«, sagte er und sah mich ernst an. »Ich meine es gut. Du solltest berücksichtigen, was ich dir gesagt habe, sonst wirst du es später mit bestimmten Menschen schwer haben.«

Ja klar, meine Argumente waren brauchbar gewesen, deshalb versuchte er es jetzt mit diesen Methoden, er war ja Psychiater und hatte Machtmittel. Und war ein Alleswisser! Scheiße. Manche Kinder hatten ganz normale mittelkluge Eltern. Manche Kinder hatten dumme und reaktionäre Eltern, denen sie auf jede Weise schon in der sechsten Klasse über den Kopf wuchsen. Manchmal beneidete ich sie. Manche Eltern prügelten ihre Kinder. Da hatte ich es wirklich viel besser. Alle anderen Kinder, so schien es mir, konnten viel früher tun und lassen, was sie wollten, ihre Eltern verstanden es sowieso nicht. Sie waren frei vom Zwang, alles zu begründen, was sie taten. Wenn ich ihm weniger erzählen würde, was ich dachte, dann durchschaute er mich vielleicht nicht mehr und verlor Macht über mich. Vielleicht war ich dann mehr Ich.

Gleichaltrigen wollte ich näher kommen. Ich wollte dazugehören, aber nicht zu jeder Gang. Ich wollte etwas Besonderes sein, aber nur für einige, die auch für mich Besondere waren. Ich wollte gleich sein, niemandem überlegen und von niemandem unterjocht. Wäre ich dann gleich, könnte ich endlich anders sein, so viel ich mir erhoffte. Es war nicht leicht mit dem Gleichsein. Waren Leute, die eine überhaupt nicht leiden konnte, mir gleich? Das größere Problem war ein anderes: Wie gleich war ich anderen?

Es gab Kinder im Dorf, manche waren Tonangeber, die sagten höhnisch: »Du hast gut reden, ihr seid ja reich.«

Reich, das hatte ich gelernt, war sehr ungleich, der Vorwurf also unendlich boshaft. »Wir sind nicht reich!«, antwortete ich empört.

»Doch, ihr seid adlig!«, sagte das Kind und sah triumphierend drein.

»Was hat das miteinander zu tun?«

»Ihr seid jetzt vielleicht nicht reich, aber grundsätzlich schon.«

»Ihr seid viel reicher! Ihr habt ein großes Haus und ein großes Auto und einen großen Fernseher und noch viel mehr.«

»Ha, ha, ha – ihr seid Lumpenadel!«

»Wir haben nicht viel Geld.«

»Dein Vater hat 'nen Doktortitel, und du gehst aufs Gymnasium und ihr habt viele Bücher – und ihr seid beschissen adlig.« Das Kind drückte seine Nase mit der Fingerspitze nach oben und verzerrte sein Gesicht zu einer höhnischen Grimasse: »Du hast ja nicht mal ein Fahrrad.«

1965, mit 13 Jahren, hoffte ich, bald frei zu sein, groß und befugt zu machen, was ich wollte. Leben, wo ich wollte und mit wem. Niemand mehr, der mich herumkommandierte, keine Eltern, keine LehrerInnen. Vor allem kein Dorf wie Oberflockenbach im Odenwald, wo wir jetzt wohnten, tausend EinwohnerInnen, zwei Kirchen, eine Tankstelle, eine Bank, ein Bäcker, ein paar Gaststätten, Bauernhöfe, Leute, die in der Region zur Arbeit gingen, ein paar Bungalows und kleine Villen an den Hängen von Männern, die in Heidelberg oder Mannheim arbeiteten und ihre Frauen und Kinder hierher ausgelagert hatten.

Meine Schule in Weinheim war nun noch weiter fort als von Hohensachsen. Eine kilometerlange, kurvige, einsame Waldstraße bis zum Bahnhof Großsachsen an der Bergstraße, zu dem mich meine Mutter jeden Morgen kutschierte, und wo ich in die OEG stieg, die Oberrheinische Eisenbahngesellschaft, und nach Weinheim fuhr, bis ich im Jahr 1965 wieder einmal die Schule wechseln sollte. Mit dem Fahrrad brauchte ich für eine direkte Strecke zur Schule eineinhalb Stunden durch anfänglich einsamen, mittelgebirgigen Wald. Nachdem sich Belästigungen durch Auto fahrende Jungmänner aus dem Dorf wiederholten, gab ich auf.

»Hat Ihre Tochter viel Fantasie?«, fragte der Dorfpolizist meine Mutter. Die vier Männer kamen aus angesehenen Familien und mussten sich vielleicht ein bisschen »austoben«, wie »junge Männer nun mal so sind«.

Das Leben der meisten Jugendlichen, die im Dorf blieben, die bei ihren Eltern auf dem Hof oder – wenn sie Jungs waren – im elterlichen Handwerksbetrieb arbeiteten und zur Berufsschule gingen, hatte andere Rhythmen und starre Regeln. Ich befürchtete, dass mir die dörflichen Verhältnisse für alle Zeiten die Luft abdrehten, wenn ich mich auf sie einließ.

Ich suchte lange nach richtigen FreundInnen. Hie und da gab es freundliche Erwachsene. Im evangelischen Jugendarbeitskreis gab mensch sich sehr fromm, hinter der Fassade tobte nicht der erhoffte freche Freiheitsdrang, sondern tumbe Konkurrenz.

Zur Konfirmation 1965 schenkte mir der wohlhabende Bauunternehmer ein durchsichtiges pastellfarbenes Baby Doll aus Perlon. Wenn ich ihm danach auf der Straße begegnete, wechselte ich die Straßenseite. Der Pfarrer prüfte uns am Konfirmationstag in der Kirche vor der versammelten Gemeinde und allen Gästen. Er stellte einem Jungen eine Frage, der wusste die Antwort nicht. Daraufhin wandte er sich an mich: »Du weißt das sicher, du gehst ja aufs Gymnasium.« Damit hatte ich im Dorf endgültig verschissen.

Unendliche Jahre Wartezeit. Nach nichts sehnte ich mich mehr, als endlich mein eigenes Leben zu führen. Ich war abhängig von Leuten, die mich mit dem Auto irgendwo hinfuhren und abholten. Welche Clique nahm schon gern eine 15-Jährige nach Heidelberg oder Mannheim mit, wenn die samstagabends um 21 Uhr, also mitten im Vergnügen, zurück im 20 Kilometer entfernten Kaff sein musste und die Eltern auch noch verlangten, dass sich die jungen Männer zuvor vorstellten?

*

Stattdessen wurden eine Zeit lang Leute wie Heinrich Bölls Murke meine Freunde. Radioredakteur Murke konnte Menschen, die von heute auf morgen ihre Grundüberzeugung wechselten, genauso wenig leiden wie ich. Hätten diese Leute gesagt: Ich habe gestern diese und jene Fakten übersehen, und deren Kenntnis musste meine Meinung heute ändern, na dann – vielleicht. Stattdessen verführte eine

Geldprämie manche MitschülerInnen zur Anpassung an die Meinung von Paten oder Großeltern, eine bessere Betragennote zum Männchenmachen vor dem Klassenlehrer oder die Zugehörigkeit zur richtigen Clique zum Verrat an sozial Schwächeren.

Murkes Widersacher, der furchtbar bedeutende Autor Bur-Malottke, hatte noch gestern in seinen Radiovorträgen »Gott« übermäßig häufig zitiert, weil er vorgestern einen anderen »Führer« verehrt hatte. Jetzt verlangte er von Murke, dass er »Gott« aus den Tonbändern mit Bur-Malottkes Vorträgen herausschnitt und durch »jenes höhere Wesen, das wir verehren«, ersetzte. Bur-Malottke fand sich zu bedeutend, um die Vorträge neu zu sprechen, was Murke und dem Studiotechniker viel Arbeit erspart hätte. Also sprach Bur-Malottke »jenes höhere Wesen, das wir verehren«, 35-mal auf Band; Murke zwang Bur-Malottke zu mehr als zehn Nominativen, fünf Akkusativen, fünf Dativen, fünf Genitiven und einem Vokativ und eröffnete ihm, dass der Austausch von »Gott« in »jenes höhere Wesen, das wir verehren«, im Saldo eine Kürzung seiner Vorträge um eine Minute erforderte. Bur-Malottke schwitzte.

Der Studiotechniker und Murke hatten sich beim Herausschneiden von »Gott« wortlos verbündet. Sie ließen Bur-Malottke weichere Genitive und gelassenere Akkusative sprechen und spielten ihm seine Änderungen wieder und wieder vor. Wutschnaubend keuchte der bedeutende Autor am Ende ins Mikrofon: »O du höheres Wesen, das wir verehren!« »Unbrauchbar, Herr Professor«, mahnte Murke höflich.

Später sortierte der Techniker jeden Kasus in eine Schachtel und ersetzte, gemäß Murkes Angaben über die Reihenfolge, »Gott«. Der vor Hass triefende Vokativ blieb drin. Nachdem der Intendant einer Hörerbriefschreiberin (»Hitler hatte, im Gegensatz zu Ihrem Sender, ›ein Herz für Hunde‹!«) nachgab (»Wir müssen auf die Stimme des Volkes hören!«), nötigte ihn Bur-Malottke, der Säuberung von 120 Stunden Malottke-Bändern im Archiv des Senders zuzustimmen, Äußerungen, zu denen er sich in jugendlichem Überschwang früher einmal habe hinreißen lassen.

Murke sollte es machen (es blieb ihm am Ende erspart), und der Redaktionsleiter wollte ihn trösten: »Als ich in Ihrem Alter war, hatte ich einmal eine vierstündige Hitler-Rede um drei Minuten zu schneiden, und ich musste mir die Rede dreimal anhören, ehe ich würdig war, vorzuschlagen, welche drei Minuten herausgeschnitten werden sollten. Als ich anfing, das Band zum ersten Mal zu hören, war ich noch ein Nazi, aber als ich die Rede zum dritten Mal durchhatte, war ich kein Nazi mehr; es war eine harte, eine schreckliche, aber sehr wirksame Kur.«

Murke wurde mein Freund, weil er erwiderte: »Sie vergessen, dass ich von Bur-Malottke schon geheilt war, bevor ich seine Bänder hören musste.« Denn was ist, wenn der Nazi gut reden kann?

Erst spät verriet Böll der Leserin seiner Satire aus dem Jahr 1955 (»Doktor Murkes gesammeltes Schweigen«), dass Murke Schweigen sammelte. Herausgesäuberte Bänderschnipsel mit Pausen, Seufzern, Atemzügen und absolutem Schweigen. Murke klebte sie aneinander und genoss sie zu Hause nach einem Tag voller Gerede. Einmal setzte Murke eine Frau wie ein bekleidetes Aktmodell in seine Wohnung und zeichnete ihr Schweigen auf Band auf, bis sie schimpfte: »Es ist unmenschlich, was du verlangst. Es gibt Männer, die unsittliche Sachen von einem Mädchen verlangen, aber ich meine fast, was du von mir verlangst, wäre noch unsittlicher …«

Wenn der Maler William Turner den Himmel über London in Licht auflöste, dann war die scheinbar glühendste Stelle leinwandweiß. Da war Nichts. Ich schaltete mein Radio an. Wie hörte sich Schweigen an? Färbte der letzte oder erste Ton von Musik oder Sprache vor oder nach einer Pause das Nichts? Gleichsam quer und heimlich von der Seite? Unhörbar, aber doch so, dass sich auch ein absolutes Schweigen von einem anderen unterschied? Wenn eine Pause in einem Hörspiel mir eine Gänsehaut den Rücken hinunterlaufen ließ, welche Farbe hatte die Stille? Bewirkte ein Nichts an Ton, ein Nichts an Farbe also das intensivste Gefühl?

Im April 1966, mit 14 Jahren, wurde ich auf die Elisabeth-von-Thadden-Schule geschickt, ein privates, staatlich anerkanntes evangelisches Mädchengymnasium mit Internat in Heidelberg-Wieblingen.

*

Die Gründerin der Schule, Elisabeth von Thadden (1890–1944), war eine konservative, deutschnationale Christin gewesen, die sich am reformpädagogischen Konzept der Hermann-Lietz-Landerziehungsheime orientierte. 1939 verlegte sie die 1927 in Heidelberg-Wieblingen gegründete Schule wegen des Krieges nach Tutzing am Starnberger See. Die NS-Kulturbehörden warfen ihr vor, dass sie Schulfeierstunden mit alttestamentarischen Psalmen eröffne und jegliches Gedenken an den Führer vermissen lasse und dass weder LehrerInnen noch Schülerinnen mit »Heil Hitler« grüßten. Die Gestapo vernahm sie, und die NS-Behörden entzogen ihr die Schulleitung, da sie »keine ausreichende Gewähr (...) für eine nationalsozialistisch ausgerichtete Erziehung der Jugend« bot. Thadden stand dem konservativ-christlichen Widerstand gegen Hitler nah. An einem ihrer Diskussionskreise im September 1943 nahm ein Gestapo-Spitzel teil, der Berliner Arzt Dr. Paul Reckzeh. Thadden wurde gewarnt und zog sich als DRK-Helferin nach Frankreich zurück. Am 12. Januar 1944 verhaftete die Gestapo sie in Meaux. Sie kam ins KZ Ravensbrück. Der Volksgerichtshof unter dem Vorsitz von Roland Freisler verurteilte sie wegen »Wehrkraftzersetzung« und »Feindbegünstigung« zum Tod. Sie wurde am 8. September 1944 hingerichtet.

Der Gestapo-Spitzel Reckzeh kam nach dem Krieg in Untersuchungshaft, floh in die DDR und lebte komfortabel als Betriebsarzt in Zeuthen. Im Auftrag von Rudolf von Thadden, eines Neffen von Elisabeth, reichte die Rechtsanwältin Alice Haidinger aus Karlsruhe 1990 eine Klage beim Kammergericht Berlin gegen Reckzeh wegen Beihilfe zum Mord ein. Nach drei Jahren lehnte das Oberlandesgericht Berlin die Eröffnung des Verfahrens wegen Verjährung ab, die Richter merkten an, dass der Prozess vor dem Volksgerichtshof außerdem formal korrekt geführt worden sei.

Alice Haidingers Spitzname in meiner Familie ist »Pums«. Auch sie gehörte zu Hoimars Hamburger Freundeskreis von 1945. Sie war die Tochter des von den Nazis aus »rassischen Gründen« amtsenthobenen Hamburger Oberlandesgerichtsrats Gerhard Rée. Zum Hamburger Kreis gehörte auch Irmgard Zarden, die ein Jahr im KZ Ravensbrück gefangen gewesen war. Zardens Vater, Jude und Staatssekretär im preußischen Finanzministerium der Weimarer Republik, war von einem Gestapo-Spitzel denunziert worden und beging in der Untersuchungshaft Selbstmord. Der Spitzel hieß Reckzeh.

*

Die Elisabeth-von-Thadden-Schule war meine fünfte Schule nach den Einrichtungen in Würzburg, Hamburg, Hohensachsen und Weinheim. In Heidelberg sollte ich 1969 Abitur machen. Nun hatte ich einen mehr als 20 Kilometer weiten Schulweg. Meine Mutter wollte eine anspruchsvollere Ausbildung und einen besseren gesellschaftlichen Umgang für mich. Was immer das war. Dafür weckte sie mich von nun an jeden Morgen um 5.45 Uhr. Mich lockte die große Stadt. Ich malte mir aus, dass es mir mit dieser oder jener Ausrede gelegentlich gelingen könnte, bei einer Freundin zu übernachten. Das verhieß größere abendliche Abenteuer als im kleinen Weinheim. Kunst war ein Hauptfach, darauf freute ich mich. Schließlich wollte ich Malerin werden. Das große Latinum drohte auch hier.

Eine Schule mit 600 Mädchen ohne einen einzigen Jungen war wie eine Kunstwelt. Wie sich das für eine elitäre, private evangelische Mädchenschule mit Reformanspruch gehörte, gab es ein Schloss – das Internat –, eine Kapelle, Verwaltungs- und Schulgebäude, einen Park und drum herum eine Mauer. An vorderster Stelle stand die intellektuelle, naturwissenschaftliche und künstlerische Ausbildung. Es gab auch Unterwerfung und Rebellion, romantische Schwärmereien und illegale Flugblätter, verpflichtenden Kirchgang und aufgeklärten Philosophieunterricht. Wir durften, außer in sehr kalten Wintern, keine Hosen tragen, das galt als nicht damenhaft. Ich fühlte mich in guter Gesellschaft: Auch die Sängerin Cher flog aus dem Hotel *Atlantik* in Hamburg, weil sie Hosen trug. Wir besorgten uns, sooft es ging, Atteste, dass wir unter chronischen Harnwegsinfektionen litten. Jungs und Männer, die ihre Freundinnen oder Schwestern von der Schule abholen wollten, warteten, zu Fuß oder mit dem Auto, vor dem Schultor und wurden von der Schulleitung taxiert.

Im Biologieunterricht schnitten wir Kuhaugen mit einer Nagelschere auf. Dazu pieksten wir die Spitze in die feuchte Kugel und durchbohrten das knirschende, feste Gewebe.

»Frauen haben ein leichteres, kleineres Gehirn als Männer«, sagte die Biologielehrerin Elfriede Profft.

Ich zuckte. Blut tropfte auf das tote Auge der Kuh. »Frauen haben eine geringere Verstandesleistung als Männer«, fuhr sie fort.

Wieder einmal saß ich da ohne Waffen. Die nötigen Worte im Kopf eingesperrt und den Schlüssel verloren. Mein Gehirn durchforschte die Ansichten meines Vaters. War er derselben Auffassung? Keine Anhaltspunkte. Erst am Wochenende konnte ich ihn fragen, wen sonst. Ich schlief schlecht. Wenn er Frau Profft recht geben würde? Ich würde mich ertränken.

»Dummes Zeug! Sag deiner Lehrerin, dass sie euch nicht so einen Blödsinn beibringen soll«, sagte mein Vater ärgerlich. *Mehr, schenk mir mehr Argumente! Ich will noch einmal wissen, langsam bitte, Wort für Wort, wie so ein Hirn funktioniert, wie sich Intelligenz ausdrückt. Erkläre es mir so, dass ich sie niedermachen kann.* Ich war zornig und rachelüstern. Sie hatte uns angegriffen, aus dem Nichts und ohne Grund. Ich konzentrierte mich, denn das interessierte mich wirklich.

»Nein«, fuhr er fort, »die Intelligenz eines Menschen hängt nicht von der Größe seines Gehirns ab« – da war ein Klumpen Blei in meinem Magen gewesen, der plumpste davon –, »sondern von der Oberflächenstruktur, von Windungen und Furchen.« Es existierte kein Unterschied zwischen der Intelligenz von Männern und der von Frauen. Ich wartete auf den nächsten Biologieunterricht und stand auf, ich sagte es holprig und ungeschickt und blieb stehen, bis ich fertig war. Frau Profft äußerte nie wieder ein abfälliges Wort über unseren Intellekt.

Ungehindert durfte uns besagte Lehrerin allerdings weiterhin den reinsten Biologismus einpauken. Bei der Mendelschen Erblehre war zwar nicht von reinrassigen, sondern von reinerbigen Eltern die Rede. Aber reines Erbe unterstellte, dass es auch unreines gab. Wir hatten zwar Pflanzen und Tiere zu zeichnen, aber dass es nicht nur um Fauna und Flora ging, begriffen wir schnell. Wir notierten, dass bei »Rassenmischungen« dominante Eigenschaften die weniger dominanten verdrängten. Dass krause, schwarze Haare glatte, blonde verdrängten, dass dunkle Haut erblich stärker durchschlug als helle.

Hatte Mais etwa schwarzes, krauses Haar? Vor dieser Lehrerin saßen weibliche Wesen, die eines Tages für die Reproduktion verantwortlich sein würden.

Frau Profft stellte zwar nie wieder die Hirnqualität weiblicher Menschen infrage, aber dass »Begabung« – was immer das sein sollte – vererblich war und Menschen nur zu einem geringen Teil die Möglichkeit hatten, »Erbdefekte« durch günstige soziale Bedingungen auszugleichen, war ihr inhumanes Dogma. Hier hätte meine Beschwerde zu Hause der Lehrerin nur genützt. Hoimar hätte ihr zugestimmt, wenn sie vortrug: Die geringe Bedeutung der sozialen Umweltbeeinflussung belege die Zwillingsforschung.

Im Biologieunterricht floss nur mäßig entnazifizierter Dreck in unsere Köpfe. Frau Profft wählte einige Beispiele offen aus der Forschung der nazistischen Kaiser-Wilhelm-Gesellschaft aus der Zeit zwischen 1933 und 1945. Sie zeigte keine Distanz und äußerte keine Kritik an Eugenik, Euthanasie und an den Menschenexperimenten der Nazi-WissenschaftlerInnen.

Eines ihrer Vorbilder war ausgerechnet ein gewisser Professor Otmar Freiherr von Verschuer. Der gehörte, so lernte ich später, im NS-Faschismus zu den führenden Humangenetikern, die am Kaiser-Wilhelm-Institut für Anthropologie, menschliche Erblehre und Eugenik das Vernichtungskonzept »unerwünschtes Leben« vorantrieben. Nach 1945 gehörte er schnell wieder zu den einflussreichsten Humangenetikern und konnte als Direktor des Instituts für Humangenetik in Münster seine »Rassenbiologie« modernisieren.

Im Deutschunterricht gab es säckeweise Kleist, dazu Lessing, Rilke, Schiller, immer wieder Goethe. Franz Kafkas *Prozeß* und Albert Camus' *Fremden* begegneten wir nur in der freiwilligen Literatur AG. Im Unterricht kam Bertolt Brecht kaum vor, Anna Seghers nie. Wir interpretierten Werke von E. T. A. Hoffmann, Annette von Droste-Hülshoff und Theodor Storm statt von Max Frisch oder Jean-Paul Sartre, und nie etwas von Arno Schmidt, Christa Wolf oder Hermann Kant. Ich weigerte mich, Schillers »Glocke« auswendig zu lernen. »Under my thumb« auswendig zu können war leicht. Ich war zu den Rolling Stones geflüchtet, seit nun sogar mein Vater mir von den Beatles vorschwärmte. Es war ja sehr angenehm, dass Hoimar mich in manch einen James-Bond-Film schleppte, aber Musik war ein sehr persönlicher Treibstoff für Rebellion, da konnte eine doch nicht den Musikgeschmack mit ihrem Vater teilen.

Deutschnationales moderte zwischen unseren Schulbänken. Wir erfuhren im Deutschunterricht, dass Lessing das französische Theater geschmäht habe, denn – ich schrieb in mein Deutschheft, was Frau Wiehl uns über Lessings Anschauungen vortrug – das französische Theater sei »plump« und der »deutschen Denkungsart völlig fremd«, die Kultur der Franzosen ohnehin »primitiv«. Das englische Theater hingegen – »melancholisch und groß« – sei der deutschen Mentalität vertrauter, die ernst war und reich an tiefschürfenden Gedanken – »gedankenvoll und tatenarm«, wie Hölderlin spottete.

Theodor Fontanes *Effi Briest* machte mich zornig. Ich wollte nichts lesen von Frauen, die abhängig waren, die unter gesellschaftlichen Normen und unter Männern litten und an ihnen starben, die sich nicht befreiten aus gefängnisartigen Ehen und emotionalen Abhängigkeiten und endlich ihr eigenes Leben lebten. Selbst schuld, dachte ich, die dummen Weiber, und Ach und Weh und so ist das Leben eben und man kann doch nichts daran ändern und muss sich fügen, vor allem, wenn eine eine Frau ist, und kann nicht allein hinaus in die Welt, sondern bleibt auf einen sehr kleinen Ausschnitt der Welt beschränkt, die doch so groß und weit ist, und dafür, dass eine artig ist und sanft die Augen aufschlägt und nicht brüllt, sondern wispert, wird sie auf Händen getragen, ist eine Prinzessin, sofern sie ansehnlich ist, und wird so begehrt oder verehrt, je nachdem. Das war es nicht wert.

Fontanes Absicht, die tödlichen Auswirkungen des tyrannischen »Gesellschafts-Etwas« zu zeigen, durchschaute ich zwar, sie änderte aber nichts daran, dass ich Effi Briests Schicksal beim Lesen nicht ertrug.

Wenigstens Ibsens Nora verließ ihren Mann und das Puppenheim. War überhaupt wahr, was wir über Frauengestalten in der Literatur lernten? Vielleicht wurde Gretchen nicht nur verführt, vielleicht wollte sie mit Faust vögeln? Meine Deutschnote wurde schlechter.

Literatur war deutsch und konservativ. Wir wurden in Goethe-

Texten ertränkt. In antiken Schicksalen. In italienischer Klassik und germanischen Nibelungenliedern. Vor allem aber in deutscher Romantik. Alles triefte vor Gefühl, Ehre, Schuld, Unterwerfung und Gott – ungestört von allzu viel Kritik, Materialismus oder sozialem Realismus.

Wir lasen Schopenhauer, Nietzsche und Heidegger. Nicht Hegel, nie Marx, nicht Luxemburg. Kein Ernest Hemingway, kein Upton Sinclair, niemals John Steinbeck, dessen Bücher zu Hause im Regal meiner Eltern standen und der mir die Welt der »kleinen Leute« in Kalifornien aufschloss und meine evangelisch-verklemmte Moral mit saftiger Unmoral und Ironie konfrontierte, der zusammen mit Bertolt Brecht half, mein Denken von ausgelatschten Pfaden wegzulocken. Selten – fast nur im Englischunterricht – geriet ein ausländischer Dichter auf unsere Schultische.

Das politischste Thema einer Deutscharbeit war der Aufsatz zum Thema: »Erläutern Sie die Argumente ›Pro und Contra der Einführung der Fünf-Tage-Woche in der Schule‹.« Wir hatten von Montag bis Samstag Schule. Es gab nur eine Antwort: Am Ende jedes Schultages, der für mich von 5.45 Uhr bis mindestens nachmittags um 15 Uhr dauerte, bis ich wieder in Oberflockenbach war – danach Schularbeiten, im Haushalt helfen, Lesen –, war ich hundemüde und am Ende jeder Sechs-Tage-Woche reif für den Winterschlaf.

Die Beziehungen zwischen Männern und Frauen schienen undurchschaubar. Ich mochte meines Vaters Streiche, wenn er meine Mutter hereinlegte und sie lachend hinter ihm herjagte, aus heiterem Zorn eine Milchtüte nach ihm warf, die zerplatzte, so dass der Zwischenboden zum unteren Stockwerk nach fauler Milch stank, obwohl wir alle zusammen den Boden eimerweise durchwässerten.

Es schien strikte komplizierte unsichtbare Spielregeln zu geben für die Beziehungen zwischen Jungs und Mädchen, und für alle Regeln gab es Ratschläge, die ihnen widersprachen, und wirkliches Leben, das weder mit den Regeln noch den Ratschlägen übereinstimmte. Die Regeln zu Hause passten selten zu den Regeln draußen. Aber ein Gesetz schien überall zu gelten: Niemals durften Mädchen offen ihr Interesse zeigen.

»Versuche nie einen Jungen an dich zu binden, das mögen Männer nicht«, riet meine Mutter.

Ich hingegen mochte nicht, wenn Jungs sich an mich klebten. Es waren die, die ich nicht wollte. Mädchen sollten hübsch sein. Nicht übertrieben zurechtgemacht, damit sie nicht als »leicht« galten. Frech schon, aber sie sollten nicht eine jener Grenzen überschreiten, die in keiner Landkarte eingetragen war.

Ich verliebte mich ins Verlieben. Verliebtsein dauerte einen Blick, einen Tag, einen Brief, eine Party und war anschließend oft vergessen. Es war eine neue Quelle der sozialen Anerkennung nach quälender, pickliger Pubertät. Das Gefühl war meistens wichtiger als das Objekt der Neugier. Auslöser konnte ein Blick sein, die Mimik, der Klang einer Stimme, eine Haltung, immer mehr eine Meinung, wenn ich beispielsweise etwas hörte, das ungewöhnlich war, das anders war als das, was wir von morgens bis abends hören sollten. Manchmal begegnete ich Menschen, die völlig anders lebten und andere Lebensformen und -konzepte selbstbewusst gegen meine Gewohnheiten stellten. Kleine Saatkörner rieselten dann in meinen Kopf.

Die erste Stadt, in die ich mich verguckte, hieß Venedig. Meine Mutter schenkte mir den Tagesausflug vom Familienurlaubsort in Grado zum Geburtstag. Eine Stadt im Wasser, gebadet in Licht. Kurz vor dem Urlaub hatte mich ein Malereiprofessor geprüft. Hat das Mädchen genug Talent, um Malerin zu werden?, wollten die Erwachsenen wissen. Ich hatte mir die Kunstakademie in Karlsruhe angesehen. Hier würde ich vielleicht studieren, oder in Hamburg oder in Westberlin. Ja, sie hat. Karlsruhe, ein Gebäude wie ein Gericht. Die Gemälde in der Orangerie, deutsche Maler von 1890 bis heute, machten mich gähnen. Wie wollte ich malen? Wie auf die Leinwand donnern, was in meinem Kopf anders war, nicht höfisch, nicht romantisch, nicht naturalistisch? Freier, aber wie?

»Du musst fleißig üben«, sagte der Malereiprofessor. »Studiere und kopiere Bilder großer Meister, dann lernst du, wie sie es machen.« Niemals hätte er das einem jungen Mann geraten, da war ich sicher. Er also auch. Joviale Scheiße wie diese hatte ich von klein auf gehört: »Frauen sind zu selbständigen intellektuellen Leistungen nicht fähig, sie sind reproduktiv und darin sehr gut.« Beiläufige Signale, Gift für meinen Versuch, glücklich in dieser Welt zu sein.

In einer gewerkschaftlichen Studie von 1954 hieß es: »Das weibliche Denken ist vergleichbar mit einer fotografischen Platte, das männliche ähnelt der Tätigkeit eines Zeichners. Die fotografische Platte ist empfangend, der Zeichner aktiv.« (A. Mayer, *»Geschlechtsspezifische Unterschiede im betrieblichen Verhalten von Mann und Frau«*, 1954) Wenn ich die großen Meister kopierte, reproduzierte ich dann nicht bloß? Aber wieso bestand ein Teil der akademischen Ausbildung auch männlicher Studenten tatsächlich darin, die alten Meister zu reproduzieren?

Ich wollte selbst etwas schaffen, aber was? Wie malte ich Venedig? Zurück in Grado, scheiterte ich an der Entschlüsselung von Canalettos Venedig. Seine Luft war klarer als die anderer Maler, in seinem Himmel sonnte sich das Meer, auf seinen Gebäuden schillerte Licht. Canaletto war mir so haushoch überlegen, ich war ein zu lang geratener Krümel zu seinen Füßen. Zerriss mein Papier. Sein Umgang mit Licht unerreichbar. Er ließ die Luft leuchten, bis die Betrachterin besoffen war.

Anderes hatte ich besser im Griff. Ich fand am Strand von Grado die Kulisse für erste richtige Küsse – Mondschein, Meer, Bootssteg –, dazu einen ungefährlichen Österreicher zum Üben. Er war nicht wild wie »Let's spend the night together«, löste keine romantischen Gefühle aus wie »Ruby Tuesday«, A- und B-Seiten der Stones-Single, die ich mir drei Monate zuvor vom Lohn für kleine Jobs endlich hatte leisten können. Er war so notwendig wie eine Vorsorgeuntersuchung, nur angenehmer. Jetzt wusste ich, wie's ging.

*

Bewegungen brechen nur scheinbar »plötzlich« aus. 1961 warf die SPD-Führung den SDS aus der Partei. Im gleichen Jahr massakrierte die französische Armee algerische Aufständische, in der Seine schwammen Leichen von AlgerierInnen und SympathisantInnen, die französische Polizisten ermordet und in den Fluss geworfen hatten. Vertreter des faschistischen spanischen Franco-Regimes besuchten Deutschland. Ihre bevorzugte Tötungsart war die Garotte, ein Würgeeisen, das den oppositionellen Delinquenten qualvoll langsam den Hals zudrehte. Immer noch kämpfte die deutsche Antiatomwaffenbewegung.

*

1963 hatten ein paar winzig kurze Nachrichten über den Auschwitz-Prozess in Frankfurt am Main die wattierten Wände meiner Kindheit für einen Augenblick durchdrungen, dann war anderes wieder wichtiger. 1964 bombardierte die USA Vietnam Tag und Nacht, Städte und Dörfer. 1966 tobte in der Bundesrepublik Deutschland schon seit acht Jahren der Kampf gegen die Notstandsgesetze; SPD und Gewerkschaftsspitze hatten den Widerstand längst verraten. Willy Brandt verteidigte den Vietnamkrieg. Niemand hatte die US-Führung zu kritisieren. Es lag Gewitter in der Luft – in einer Welt, noch entfernt von meiner –, eine allmählich überbordende Unzufriedenheit mit den politischen Verhältnissen. 1967 fehlte der Revolte nur noch ein Funke. Er kam aus einer Polizeipistole.

*

Der Schah von Persien sollte zum Staatsbesuch nach Deutschland kommen. Persien klang in meinen Ohren wie der Inbegriff des Orients, ein Land, reich, farbenfroh, voller Schätze. In Illustrierten stand kein Wort über die Abhängigkeit des persischen Kaisers vom US-Geheimdienst CIA, über den CIA-fabrizierten Sturz von Mossadegh von 1953 und die anschließende Installierung des Schahs, dafür viel von der Kinderlosigkeit der armen Soraya und der Schönheit der zweiten Frau des Schahs, Farah Diba.

Eine Journalistin schrieb im Mai 1967 einen offenen Brief an Farah Diba, der mir für einen Moment als Flugblatt, vielleicht bei einem der Teach-ins an der Uni Heidelberg, die ich heimlich besuchte, in die Hände geriet. Eine solche Sprache, so klar, so scharf, so unverfroren parteiisch – war nach der Meinung meiner Eltern nicht Ausgewogenheit des Urteils, Rationalität und Vernunft oberstes Ziel? –, hatte ich noch nie gelesen:

»Guten Tag, Frau Pahlawi (…) Sie erzählen da: ›Der Sommer ist im Iran sehr heiß, und wie die meisten Perser reiste auch ich mit meiner Familie an die persische Riviera am Kaspischen Meer.‹ Ist das nicht übertrieben? In Balutschestan und Mehran zum Beispiel leiden ›die meisten Perser‹ – 80 Prozent – an erblicher Syphilis. Und die meisten Perser sind Bauern mit einem Jahreseinkommen von weniger als 100 Dollar. Und den meisten persischen Frauen stirbt jedes zweite Kind vor Hunger, Armut und Krankheit. Und die Kinder, die in 14-tägigem Tagewerk Teppiche knüpfen, fahren auch die im Sommer an die persische Riviera (...)? Die meisten Perser sind nicht nach Süßigkeiten ausgehungert, sondern nach einem Stück Brot. Für die Bauern von Mehdiabad zum Beispiel besteht eine ›persische Mahlzeit‹ aus in Wasser geweichtem Stroh, und nur 150 km von Teheran entfernt haben die Bauern schon Widerstand gegen die Heuschreckenbekämpfung geleistet, weil Heuschrecken ihr Hauptnahrungsmittel sind. (...) persische Bauern sterben mit 30; das ist die durchschnittliche Lebenserwartung (...).«

Ulrike Marie Meinhof schrieb von Hunderttausenden PerserInnen, in Höhlen und überfüllten Lehmhütten lebend; von Kindern, die sich von Unkraut und faulen Fischen ernähren; 85 Prozent der persischen Bevölkerung Analphabeten; 2 Milliarden Dollar Entwicklungshilfe in Luft aufgelöst; die Armee dank der USA fähig und bereit, die iranische Bevölkerung zu bekämpfen; die millionenschweren Heroin- und Opiumgeschäfte des Schahs; die Korruption; der mörderische Geheimdienst SAVAK; 12 000 US-amerikanische Militärberater; der Zugriff der Ölkonzerne, unter ihnen British Petroleum Oil (BP), Standard Oil, Caltex, Royal Dutch Shell; Zensur; Folter; Mord.

Ich gab das Blatt weiter, niemand hatte einen Kopierer.

*

Die außerparlamentarische Opposition verteilte den Text in Tausenden von Exemplaren. Aufklärungsveranstaltungen an vielen Universitäten. Zwangsevakuierung oppositioneller persischer Studenten. Für den Schah gesperrte Autobahnen. Der Berliner Senat, die Springer-Presse, der sozialdemokratische Bürgermeister Heinrich Albertz: Alle hetzten gegen die StudentInnen, die protestieren wollten. Die sozialdemokratische Stadtregierung und Polizeiführung – wir können sicher sein, einige mit Vergnügen – ließen zu, dass der persische Geheim- und Folterdienst mit Holzlatten und Stahlruten wie rasend auf die Demonstranten eindrosch, die deutsche Polizei schloss sich bald an. Prellungen, Platzwunden, Brüche, Tränen und Schreie verschwanden im Schatten eines mörderischen Schusses, der fiel, während der Schah und Heinrich Albertz in der Deutschen Oper *Die Zauberflöte* genossen.

Gegen 20.30 Uhr wurde der 26-jährige Student Benno Ohnesorg, Mitglied der Evangelischen Studentengemeinde, von mehreren Polizisten in einen Hinterhof der Krummen Straße geprügelt und vom Kriminalbeamten Kurras von hinten in den Kopf geschossen. »Notwehr«, behaupteten die Polizisten. »Mord«, sagten die Studenten. Die *Bild*-Zeitung triumphierte, und Albertz billigte »mit Nachdruck (...) das Verhalten der Polizei«.

*

Der Schock des 2. Juni 1967 erfasst die Jugendlichen im ganzen Land. Ich war 15 und hatte den Abschlussball der Tanzschule im Heidelberger Schloss hinter mir, und ich war noch nie auf einer Demonstration mitgelaufen. Berlin lag weit weg, umschlossen von der DDR, auch dort war ich nie gewesen. Ich kannte die Stadt aus Erzählungen von Hoimar, der aus Berlin kam, aus Fotoalben und Zeitschriften, in denen ich die Bilder der »Studentenrevolte« studierte. Die StudentInnen waren älter und lebten anders als wir in unserem Dorf. Dennoch. Auf gewisse Weise hatte die Polizei *einen von uns* erschossen. Es entstand ein Riss zwischen uns und denjenigen Erwachsenen, die sich abfällig über die jungen Leute in Heidelberg und Berlin äußerten. Jugendliche, denen, was in der Welt geschah, gleichgültig blieb, rutschten unmerklich aus meinen Freundeskreisen.

Wir gruppierten uns allmählich um: nach Musikstilen, nach Meinungen und der Art, wie wir die Welt auf eigene Weise zu sehen begannen. Wie stand jemand zum Krieg in Vietnam? Wollte ein Kreis vorerst wenigstens gedanklich nicht mit hinaus aus dem Dorf in die Welt, vergaß eine ihn allmählich. Redeten reicher Leute Kinder nur von den Häusern und Autos, die ihnen eines Tages zustanden, ließ eine sie mit der Zeit hinter sich.

Sharon kam aus einer jüdischen Familie in den USA, ich vermute, sie war die Tochter von deutschen EmigrantInnen aus Nazi-Deutschland. Sie war die erste junge Jüdin, die ich kennenlernte. Auf dem Schulhof verteilte die Oberprimanerin Flugblätter und kriegte Ärger. Auch weil sie Hosen trug. Nicht bloß Hosen, knallenge Hosen, dazu wilde, tief sitzende Gürtel, Schlabberhemden, Stirnband und Stiefel bis an die Knie. Sharon war selbstbewusst, ein bisschen Cher, ein bisschen Janis Joplin, die damals noch keiner von uns kannte. Sharon war mit StudentInnen befreundet, und ihr Freund hatte lange schwarze Locken, »schlampige« Klamotten, ein »Gammler«. Ich war abgestoßen und angezogen. Sie war faszinierend sonderbar.

Ich fuhr mit 50 Mark Taschengeld, einem knallblauen Schlips um den Hals und roter Baskenmütze auf dem Kopf im August 1967 in meinen *summer of love*. Eine Fehleinschätzung meiner Mutter verhalf mir zum bis dahin schönsten Sommerurlaub. Ich durfte zum ersten Mal allein mit anderen Jugendlichen verreisen. »Palaver in allen Weltsprachen – Schloss im Park am See – Referate – Bewegungsspiele – Exkursionen«, warb der Katalog für das Internationale Studentenzentrum in Hald bei Viborg in Dänemark. Meine Mutter dachte, ihre Tochter besuchte – für 363 Mark eines der billigsten Angebote im Katalog – für drei Wochen eine Art Pfadfindercamp oder evangelische Freizeit mit AufseherInnen. Hätte sie geahnt, dass die anderen TeilnehmerInnen zwischen 20 und 30 Jahre alt waren, dass dänische Bürgermeister, Pfarrer und Behörden Sturm gegen dieses Zentrum freier Liebe und von Drogen liefen, sie wäre noch nachts in ihr Auto gestiegen, hätte das Gaspedal bis nach Jütland durchgetreten und mich diesem Sündenpfuhl entrissen. Nach dem ersten Abend beschloss ich, dass ich meinen Eltern nach der Rückkehr eine zensierte Geschichte erzählen würde.

San Francisco und Monterey lagen in Dänemark. Ich geriet für drei Wochen in einen völlig vorschriftenfreien Zustand, ohne Regeln jedenfalls, wie ich sie kannte. Ich brauchte drei Tage, bis ich begriff, dass wirklich niemand irgendeine Art von Aufsicht über mich hatte. Ich ertappte mich dabei, wie ich auf deutliche Hinweise wartete, was ich zu tun und was zu lassen hatte. Niemand kam. Da war nichts. Kein Kommando. Kein Verbot. Kein schlechtes Gewissen. Nur Möglichkeiten und Selbstverantwortung. Ich war vollkommen auf mich gestellt. Berauschend. Einfach freigelassen. Dorfkäfigtür auf. Vorsichtig rausgeguckt und nichts wie weg! Ich konnte tun, was und wann ich es wollte. Tanzen, angeln, kiffen, diskutieren, lieben, schwimmen, schlafen, Fußballspielen. Die etwa einhundert jungen Erwachsenen kamen aus Polen und Italien, aus Spanien und Dänemark, aus Frankreich, aus Afrika und aus Deutschland.

Als sich herumsprach, dass ich erst 15 war, hatte ich plötzlich doch ältere Brüder und Schwestern, die meinten, auf mich aufpassen zu müssen. Das war aber nicht weiter einengend, denn die neuen großen Geschwister hatten selbst viel Freude am Leben. Eine meiner neuen Schwestern erzählte mir von irgendeinem Paragrafen, der Mädchen unter 16 betraf. Was immer ich ausprobieren oder wissen wollte, für jede Frage gab es jemanden. Ich konnte mich beraten lassen, aber ich entschied selbst. Ich beneidete die Kinder, die auf Schulen wie Summerhill gingen, weil ich nun selbst erfuhr, wie viel Glück und Förderung so viel klug gewährte Freiheit bedeutete.

Ausgerechnet die Italiener brachten mir endlich Fußballspielen bei. Einige Dänen lehrten mich, »Tüten« zu bauen. Von den Polen lernte ich Jazz besser zu verstehen. Von anderen angeln. Der eine ließ mich ans Steuer eines Autos. Die andere tröstete mich, als ich mich für ein paar Stunden in einen Jungen verguckte, der schwul war. Sie erklärte mir, was Homosexualität ist. Zusammen durchtanzten wir die Nächte, verschliefen die Vormittage, durchtobten Land und See an den Nachmittagen. Wir diskutierten über Benno Ohnesorg, über die Studentenrevolte in den USA, über den Vietnamkrieg, über Polen und die DDR, über Kolonialismus in Afrika und den undemokratischen Zustand an den europäischen Universitäten.

Nach meiner Rückkehr war Oberflockenbach geschrumpft, schien sauerstoffarm. Ich wollte nur noch raus. Meine kleine Flucht aus der dörflichen Ödnis bestand in der täglichen Fahrt zur Schule. An den Wochenenden ersoff ich in Langeweile, außer es gelang mir, die Erlaubnis für eine Fete zu bekommen und jemanden zu finden, der mich fuhr. Jeden Morgen schaute ich sehnsüchtig aus der Bahn, wenn sie in Heidelberg über den Neckar fuhr, auf die Wiesen am Ufer, die Altstadt, das Leben um den Bismarckplatz.

Eines Morgens stieg ich aus der Bahn und ging nicht zur Schule. Ich streifte durch die Stadt, bis die Uni aufwachte, las Wandzeitungen und Plakate und schlich mich in ein Teach-in. Ich setzte mich leise in eine hintere Reihe und hoffte, dass mir niemand ansah, dass ich nur eine Schülerin war. Es gefiel mir hier, und von nun an schwänzte ich die Schule gelegentlich.

*

Im Oktober 1967 wurde Che Guevara in Bolivien ermordet. Seine Mörder rissen seinen Kopf an den Haaren hoch. In den USA wuchs der Widerstand gegen den Vietnamkrieg. »Unter den Talaren der Muff von tausend Jahren« stand auf einem Transparent von Hamburger StudentInnen. Mir gefielen die empörten Gesichter der stocksteifen Professoren. Im November 1967 wurde Kriminalobermeister Kurras, der Mörder von Benno Ohnesorg, freigesprochen. Noch tobte der Kampf gegen die Notstandsgesetze, der ein Jahr später unter anderem dadurch verloren ging, dass der staatstragende, mit der SPD verfilzte DGB das Bündnis mit den Studenten verweigerte und nicht zum Generalstreik aufrief.

*

Viele Mädchen aus adligen Familien gingen aufs Internat der Elisabeth-von-Thadden-Schule. Hier sollten, nach dem Wunsch der meisten Eltern, spätere Hausherrinnen, Großgrundbesitzerinnen und Akademikerinnen bildungsbürgerlichen Schliff erhalten und Beziehungen aufbauen, die ihnen nützlich sein konnten. Wohlhabende, konservative und bürgerliche Heidelberger Eltern schickten ihre Söhne auf das humanistische Kurfürst-Friedrich-Gymnasium, ihre Töchter auf »das Thadden«.

Die inoffizielle Schuluniform bestand aus Lambswool-Twinsets, Schottenröcken, die auf dem Oberschenkel mit einer großen Nadel zusammengehalten wurden, Kniestrümpfen, Halbschuhen, Wappenringen aus glattem Gold mit Krönchen in roten oder grünen Steinen und – zu besonderen Anlässen – Perlenketten. Die Schottenrockfraktion blieb nicht unter sich. Andere Mädchen kamen aus kleinbürgerlichen, sehr wenige aus Arbeiterfamilien. Es gab einen Prozentsatz schulgeldfreier Plätze für Mädchen aus ärmeren Familien. Wir wussten voneinander nicht, wer wie viel zahlte. Spielte die soziale Herkunft im Schulalltag eine so große Rolle, wie manche Eltern erhofften? Ich fürchte ja.

Manch »höhere Tochter« organisierte allerdings hier ihre Flucht aus elterlichen Erwartungen. Diejenigen Mädchen fanden sich, die schon genauer wussten, wie sie einmal nicht leben wollten.

Zusammen fand beispielsweise, wer wider alle Schulordnung Hosen trug oder Rockmusik liebte. Andere liebten klassische Musik und ebensolche Tänze. Die Tochter des reichen Zahnarztes schien wie ein exotisches Wesen, teure Kostüme, feste Heiratsabsichten, bedrohlich unerschütterliche Lebensvorstellungen. Die Tochter des irischen Schlossbesitzers konnte ein intelligenter, witziger Kumpel sein, die ihre Familienverhältnisse ironisch kommentierte und aus der noch alles werden konnte. Der mutige Freak aus kaputter kleinbürgerlicher Familie interessierte mich. Ich sie nicht. Was sollte sie mit einer wie mir: äußerlich so brav adlig, Arztfamilie und dann noch vom Dorf und schwer erreichbar?

Es gab Schulklassen, in denen die weibliche und soziale Konkurrenz tobte und die soziale Stellung in der Klasse nach Kleidung, Herkunft und Attraktivität des Freundes vor dem Schultor bemessen wurde. Es gab aber auch Klassen wie unsere, die durch den reinen Zufall ihrer Zusammensetzung weniger Anpassung verlangten und mehr Individualität erlaubten, in denen Cliquen durchlässiger waren, nicht auf ewig fest, und in denen es Köpfe gab, in denen die Ehe und bürgerliche Konventionen Dogmen waren, die zerbrachen. Eine Klasse, in der auf die aufgetakelten Zicken der Nachbarklasse herabgesehen wurde, eine Klasse, in der es intellektuelle Konkurrenz gab und viel Individualität. Aber was Solidarität bedeutete, hatten wir noch zu lernen.

Der Vater einer Freundin, einer Internatsschülerin, war ein hohes Tier in der Kohleindustrie in Aachen. Sie lud mich in den Ferien ein. Gespräche bei Tisch über das Leben und die Gesellschaft aus Sicht eines so reichen wie reaktionären Metallindustriellen. Golf spielen mit sehr feinen Leuten. Besuch einer Oper. Hausangestellte wie umherhuschende Schatten. Eine überaus konventionelle Ehe. Der Ball einer Studentenverbindung, der der Vater angehörte. Tage zuvor wurde ich von einem Repräsentanten der Verbindung nach Größe und Attraktivität taxiert und dem passenden Tischherrn zugeteilt. Stockkonservative Rituale an jedem Tisch. Eiseskälte in den innerfamiliären Beziehungen. Meine Familie, die mich zwar grundsätzlich nervte und der ich bald ins »richtige« Leben entfliehen wollte, erschien mir im Vergleich dazu wie eine Horde warmherziger Hippies.

Aber auch in diesen Aachener deutschen Kreisen gab es Abweichler. Irgendwer schleppte mich ins Theater, und ich begegnete Brechts *Der gute Mensch von Sezuan*. Auf einer Party tummelte sich zwischen konservativen und reaktionären Studenten ein kleiner frecher Schweizer Student, der sich über die Herren mit den Schmissen lustig machte und mit dem ich den Rest des Abends über Psychoanalyse, Theater und Musils *Mann ohne Eigenschaften* diskutierte.

Im Geschichtsunterricht der Thadden-Schule lernte ich, dass Deutschland durch die dominante Stellung Frankreichs in Europa »von der Erschließung der Welt abgeschnitten« worden war. Das »Gefühl des Zukurzgekommenseins« habe zu dem Versuch geführt, unter Wilhelm II. und Hitler »auch einen Platz an der Sonne zu erringen«. Wer konnte dagegen etwas einzuwenden haben? Die »saturierte Welt« habe aber dagegen Widerstand geleistet. Nicht von der deutschen Schuld am Ersten Weltkrieg, vom grauenhaften deutschen Giftgaskrieg in Ypern 1915 zum Beispiel, erfuhr ich, sondern vom berechtigten »passiven Widerstand« gegen die fremden »Besatzungstruppen«.

Wie passiv waren »Sabotagemaßnahmen wie die Versenkung von Schiffen, das Blockieren von Kanälen und das Sprengen von Eisenbahnschienen«? Sie waren gerechtfertigt, erfuhren wir, durch die »Terrormaßnahmen der Besatzung gegenüber dem deutschen Volk«.

Wir hörten viel über die Differenzen zwischen den bürgerlichen Fraktionen im Reichstag und kaum etwas über die Linken, die Gewerkschaften, SozialdemokratInnen und KommunistInnen. Der Versailler Vertrag von 1919, der die Kriegsschuld Deutschlands festschrieb, Reparationsleistungen und Gebietsabtretungen für die Verheerungen verlangte, die Deutschland zu verantworten hatte, »musste die Aufregung des Volkes mit sich bringen«, formulierte unsere Geschichtslehrerin. Die »Dolchstoßlegende« – das »im Felde unbesiegte« Heer sei von der revoltierenden Heimatfront »von hinten erdolcht worden« (Hindenburg) – war zwar »eine Lüge«, aber doch nur eine, die der viel bösartigeren Lüge von der »ganzen Kriegsschuld Deutschlands« entsprungen war. Von ein paar »radikalisierten Arbeitern und Soldaten« war am Rande schließlich auch die Rede und sofort von »November«-Verbrechern und Spartakisten. Wer waren sie, was hatten die gewollt? Wir erfuhren weder, dass es eine gescheiterte Novemberrevolution von 1918/19 gegeben hatte, noch, wer sie getragen und wer sie zerschlagen hatte.

Heilwig machte sich Illusionen über meine Zukunft. Sie meldete mich im Deutschen Adelsverband an. In der Verbandszeitung, dem *Deutschen Adelsblatt*, suchten Adlige heiratswillige StandesgenossInnen, vermieteten Hausbesitzer Wohnungen an Mieter aus hochwohlgeborenem Haus, wurde Personal gesucht, und mit Einladungen zu vielerlei Bällen sorgte mensch beim Nachwuchs für standesgemäßen Umgang und rein adlige Erbfolgen. Ich war gewohnt, in mehreren Welten zugleich zu leben. Die Schulen. Sich gegenseitig ausschließende Freundeskreise. Die Dorfgemeinschaften. Die Familie als Heimstatt aufgeklärter BildungsbürgerInnen, von der trotz allem noch eine intakte Verbindung in die Welt des deutschen Adels reichte.

In allen meinen Welten galten unterschiedliche Regeln, die ich mir oft nur mit Widerwillen merkte. Weder meine Familie noch Freundeskreise waren ganz meine eigene Welt. Ich hatte zwar keine genauen Vorstellungen, wie die aussehen könnte, aber ich würde sie eines Tages finden. Da draußen existierte ein anderes Leben. Ganz sicher. Eine Schöpfkelle Dänemark würde dabei sein. Das Leben konnte nicht bleiben, wie es war. Ich wusste nicht, was ich suchte, aber meine Unzufriedenheit wuchs. Ich verfügte nicht über Worte, die meine Vorstellungen ausdrückten, und gestand meinem Tagebuch verärgert meine Naivität.

Die Adelswelt war nicht die allgemeine Welt. Sie gehörte wie ein Blinddarm zur Familie. In ihr hatten immer besondere Regeln gegolten. Meine verschiedenen Welten standen neben- und gegeneinander, getrennt durch unsichtbare Mauern. Ich hatte damit umgehen lernen müssen, dass das Leben hier so war und anderswo sehr anders. Ich nahm die Umstände vorerst so achtlos hin wie die Briefumschläge meiner Verwandten, die seit meiner Konfirmation auf ihre Briefe »Ihre Hochwohlgeboren Jutta v. Ditfurth« schrieben. Ich sah immer, ob ein Brief von Verwandten kam, die alle adlig waren, oder von bürgerlichen Bekannten, denn Letztere schrieben: »Fräulein«.

Auf einen Uniball ließen mich die Eltern nicht, zu gefährlich, keine schützenden Regeln, dort konnte alles Mögliche passieren. Der Schützenball und der Feuerwehrball im Dorf interessierten mich nicht, da hätte ich den Bauunternehmer treffen können oder einen aus dem evangelischen Arbeitskreis. Dann lieber Adelsbälle, mit den Spielregeln war ich aufgewachsen, Menuett und Walzer, Samba und Twist, Gesprächs- und Balzrituale, Beziehungen knüpfen, Etikette. Adelsbälle? Was immer meine Mutter damit bezweckte, war mir gleichgültig, ich wollte tanzen und wurde mit 15 Jahren Debütantin.

In meiner anderen Welt kaufte ich mir die neue Zeitschrift *Twen*. »Trotz Springer« notierte ich schuldbewusst in mein Tagebuch. Nirgendwo sonst fand ich solche Fotos.

Sechs Tage in der Woche Schule. Zweimal in der Woche abends zusätzliche Französischkurse im Institut Francais. Nachmittags Literatur AG. Ältere Schülerinnen konnten Mentorinnen jüngerer Schülerinnen werden, eine Art Big-Sister-Projekt. Ich war Klassensprecherin und stellvertretende Schulsprecherin. Wir produzierten die Schülerinnenzeitung *Thadderich*.

Den *Thadderich* druckten wir auf einer stinkenden Wachsmatrize, Format DIN A4, rund 20 Seiten, geheftet. Ein braves Blättchen. Noch übte niemand den dringend notwendigen schlechten Einfluss auf uns aus. Wir räsonierten über die Sprache als »Quelle der Missverständnisse« in Saint-Exupérys *Der kleine Prinz*. Diskutierten

Georg Büchners *Leonce und Lena.* Verspotteten LehrerInnen. Interviewten Carl Zuckmayer, der anlässlich seiner Ernennung zum Ehrensenator der Universität Heidelberg einen Vortrag hielt.

Thadderich: »Was meinen Sie zu der Unruhe an den Universitäten?«

Zuckmayer: »Schlimm ist es auf jeden Fall, wenn es ausartet. Wenn Zeitungen, auch Springer-Zeitungen, und Bücher verbrannt werden und Sprechchöre gegen den Faschismus schreien, so sind das faschistische Methoden.«

Thadderich: »Sie sagten in Ihrem Vortrag, dass Sie und Ihre Freunde in den Jahren nach dem Ersten Weltkrieg als reformfreudige Studentengruppe in der Minderzahl waren, im Gegensatz zu heute.«

Zuckmayer: »Die Masse der Studenten waren damals meist Kinder höherer Beamter der Kaiserzeit, sie waren durchaus nicht für Reformen, sondern wollten die ihnen lieb gewordene Ordnung beibehalten.«

Bedeutete das etwa, dass es das »Schicksal« einer höheren Tochter war, immer aufseiten der Regierung zu stehen?

Andere Schülerinnen sammelten *Brigitte*-Kleiderschnitte. Ich montierte mir eine »Zeitung« über Vietnam. Ein DIN-A4-Heft. Auflage: Ein Exemplar. Meine Quelle waren die Zeitungen, die meine Eltern lasen: *Mannheimer Morgen, Die Welt, stern, Der Spiegel* und *Die Zeit.* Fotos. Lachende GIs stehen breitbeinig vor schlammverschmutzten Leichen barfüßiger Nordvietnamesen. Ein nackter Junge kniet mit flehend erhobenen, gefesselten Händen. Über ihm stehen US-Soldaten. Einer richtet ein Messer auf ihn. Das Foto einer Folterung mit der Bildunterschrift: »Ein gefangener Kommunist ist an rückwärts gefesselten Armen aufgehängt. Er starb nach einigen Stunden. Sein Bruder zog es vor, im Verhör über seine Beziehungen zu den Vietkong zu sprechen. Dadurch rettete er sein Leben. Der prowestliche Präsident Ngo Dinh Diem billigt die Folter als Kampfmittel gegen Kommunisten.« Auch Malaysia »wartet auf den Krieg«. Ein Foto zeigt: »Im Dschungel werden tote Soldaten wie dieser indonesische Partisan an Stangen gebunden und so abtransportiert« – wie Vieh. Warum ist ein Mensch weniger wert als ein anderer?

*

1962 hatte die US-Regierung unter Präsident Kennedy 9000 »Militärberater« nach Vietnam geschickt und den offiziell nie erklärten Krieg gegen den Trikontstaat [Länder des Trikont, der unterentwickelt gehaltenen drei Kontinente Afrika, Asien und Zentral- und Lateinamerika; d. Verf.] eröffnet. Nach der Ermordung Kennedys 1963 intensivierte sein Nachfolger Lyndon B. Johnson den Krieg. In den ersten vier Monaten des Jahres 1965 flog die US-Airforce 3600 Bombereinsätze über Vietnam. 56 Prozent des gesamten US-Bundeshaushaltes, 75 Milliarden US-Dollar, flossen in den Krieg.

Bis Ende des Jahres 1965 wurden aus 75 000 US-Soldaten 175 000, 1966 waren es 275 000. Die große Mehrheit der US-Bevölkerung akzeptierte den Krieg in den ersten Jahren. Aber in studentischen und akademischen Kreisen und in der Bürgerrechtsbewegung wuchs die Kriegsgegnerschaft rasch an: Mehr als eine halbe Million junger Männer hatte sich durch Wehrdienstverweigerung oder Desertion gegen den Krieg gestellt. 1964 starben 147 GIs, 1968 schon 14 500, unter ihnen überproportional viele schwarze junge Männer. Am Ende des Krieges waren 58 721 US-Staatsbürger tot und, die toten nordvietnamesischen ZivilistInnen wurden niemals genau gezählt, etwa zwei Millionen tote Menschen.

Der politische Druck der nationalen und internationalen Öffentlichkeit war so groß geworden, dass sich die USA auf Friedensverhandlungen hatten einlassen müssen. Die Tete-Offensive des Vietkongs im Januar 1968, ein erfolgreicher Angriff der nordvietnamesischen Armee und der Guerilla-Verbände auf amerikanische und südvietnamesische Stellungen, hatte das Überlegenheitsgefühl der USA erschüttert. Binnen weniger Wochen beklagte die USA 2 500 Tote. Medienbilder zeigten Massen von Leichen, tote Militärs und tote ZivilistInnen. Über die Fernsehschirme zogen Millionen von Flüchtlingen, halb verhungert, in Lumpen, verletzt.

Im Herbst 1968 sabotierte der republikanische Präsidentschaftskandidat Richard M. Nixon mit seinen Leuten die in Paris stattfindenden Friedensverhandlungen mit Vietnam. Nixon und seine Leute boten den Vertretern der südvietnamesischen Diktatur an, dass die Verhandlungsergebnisse für Südvietnam vorteilhafter sein würden, würde ein Republikaner neuer US-Präsident – er, Richard

Nixon. Damit Nixon die Wahl gewönne, wäre es notwendig, dass der noch amtierende Präsident Johnson bei den Pariser Verhandlungen scheitern würde, denn die demokratische Partei hatte das mögliche Ende des Krieges in Vietnam – wegen der starken Antikriegsopposition – zum Wahlkampfthema machen müssen. Die Intrige war erfolgreich. Die südvietnamesische Militärjunta zog sich am Vorabend der Wahlen aus den Friedensgesprächen zurück. Richard Nixon wurde Präsident.

Nach den Wahlen von 1968 folgte eine Flut von Säuberungen nordvietnamesischer Dörfer, bei der viele Tausend ZivilistInnen durch die US-Army massakriert wurden. Als Tote waren sie endlich vom Einfluss der Vietkong befreit.

Bald waren 541 000 US-Soldaten in jenem kleinen südostasiatischen Land im Einsatz. Eine Mehrheit der US-Bevölkerung lehnte in Meinungsumfragen inzwischen den Krieg ab. Washington erlebte im November 1969 die bis zu diesem Zeitpunkt größte Demonstration gegen den Vietnamkrieg – 250 000 KriegsgegnerInnen. Bis 1971 wurden dreimal so viele Bomben auf Vietnam abgeworfen wie durch die gesamten alliierten Luftstreitkräfte im Zweiten Weltkrieg.

Die Nixon-Regierung verschärfte die Verfolgung der Antikriegsbewegung. Sie ließ, wie geschildert, StudentInnen erschießen. Angela Davis, eine einflussreiche schwarze Linke und Mitglied der Kommunistischen Partei der USA, wurde verhaftet. Ein Revolver, der von einem anderen bei einem Anschlag in einem Gerichtssaal verwendet worden war – ein Richter wurde dabei erschossen –, soll ihr gehört haben, was sie bestritt. John Lennon und Yoko Ono sangen: »Angela, they put you in prison / Angela, they shot down your man / Angela, you're one of the millions of politicial prisoners of the world / (...) / Sister, there's a wind that never dies / Sister, we're breathing together / (...) / Angela, can you hear the earth is turning?«

Davis wäre der Todesstrafe zum Opfer gefallen, hätte ihr nicht eine internationale Protestkampagne das Leben gerettet.

In einem Londoner Club spielte und sang ein junger unbekannter Gitarrist aus den Vereinigten Staaten von Amerika. Jimi Hendrix setzte den Raum in Brand. »Wir sind alle arbeitslos«, sagte Clubgast Pete Townsend zu Eric Clapton. »Nonstop glory für Jimi.«

Jeden Abend ertönte im US-Fernsehen ein militärisches Musiksignal, bevor die Namen der an diesem Tag in Indochina Gefallenen aufgelistet wurden. Hendrix montierte diese Todesmelodie in sein Stück »Star Spangled Banner«, diese unnachahmliche, wütende instrumentelle Zerstörung der US-Hymne, eine wortlose, radikale Attacke gegen den Krieg; in jedem einzelnen Ton unmissverständlich.

Kunst kann Anschauungen ausdrücken und Wirkungen erzeugen, die der Künstler (noch) gar nicht beabsichtigt: Einige Musikkritiker sind der Ansicht, dass Hendrix, als er »Star Spangled Banner« zuerst spielte, nicht unbedingt ein Kriegsgegner war. Er war anfänglich zum Beispiel auch eher ambivalent, was die Unterstützung von Black Power anging. Aber nach der Ermordung von Martin Luther King 1968 politisierte sich Hendrix und unterstützte Benefizveranstaltungen zugunsten der Black Panther.

Wenn er nun »Voodoo Child« spielte, sagte er: »This is a black militant song. Don't you never forget it!« »Voodoo Child« wurde sein Markenzeichen, er spielte es von da an bei jedem Livekonzert und beendete seinen letzten Auftritt auf dem Festival in Fehmarn am 6. September 1970 mit diesem Song.

Seine Sabotage der Friedensverhandlungen in Paris wurde zu einem Katapult für Henry Kissingers weitere Karriere, wie unter anderen der US-amerikanische Journalist und Pulitzer-Preisträger Christopher Hitchens nachgewiesen hat: Kissinger war der Informant innerhalb der Regierung Johnson für den Kreis um Richard Nixon. Johnson ordnete im Oktober 1968 einen Bombenstopp an. Was als Friedensinitiative erscheinen sollte – Johnson wollte wiedergewählt werden –, wurde aber zum außenpolitischen Desaster, als Südvietnam zwei Tage später auf »Anregung« der US-Republikaner die Friedensgespräche boykottierte. Die Demokraten waren blamiert. Nixon gewann die Präsidentschaftswahlen mit ein paar Hunderttausend Stimmen Differenz.

Der Verrat hatte sich für Kissinger gelohnt. Nixon ernannte ihn umgehend zum Nationalen Sicherheitsberater. In dieser Funktion wurde Kissinger Vorsitzender des sogenannten 40 Committee. Dem gehörten unter anderen die Chefs sämtlicher Waffengattungen der US-Army an, außerdem das Verteidigungsministerium, das Außenministerium, das Justizministerium und die CIA. Dieses Commitee kontrollierte alle verdeckten Operationen der US-Regierung. Gleich nach der Wahl von 1968 verschärfte die US-Militärführung den Krieg zu einem »totalen Krieg« gegen den Vietkong. (Christopher Hitchens, *Die Akte Kissinger*, 2001; »Der Fall Kissinger«, WDR 3.9.2001)

*

Ich gab Nachhilfe in Latein für drei Mark die Stunde und erhielt Nachhilfe in Mathe. Binnen eines halben Jahres schrieb ich Zweien statt Fünfen, und Mathematik wurde, nach Kunst, zu meinem Lieblingsfach. Mein Problem war, schon in der Schule in Weinheim, dass ich zu oft Lösungen für arithmetische und geometrische Aufgaben fand, ohne erklären zu können, wie ich sie gefunden hatte. Dann stand ich an der Tafel und konnte die Schritte nicht erklären, und so galt die richtige Lösung nicht, und ich galt als schlechte Schülerin. Mein Nachhilfelehrer war ein kluger junger Lehrer, der mich herausforderte und mir zeigte, wie ich meine Schritte für mathematische Lösungen nachträglich rekonstruieren konnte.

Wir hatten einen »Partykeller«, einen Kellerraum im Bungalow meiner Eltern in Oberflockenbach, an dessen Decke bunt gefärbte Eierkartons klebten, Papierschlangen und Lampions hingen, und es standen Kerzen da, die über leere Chiantiflaschen rannen. Meine Eltern verließen zwar die Party, nachdem sie die Gäste begrüßt hatten, aber nicht das Haus. Manche Gäste schüchterte das ein. Andere fühlten sich bald wie zu Hause: Sie konnten sicher sein, wenn sie betrunken im Garten hinter Heilwigs Rosenbüschen liegen blieben, fand mein Vater sie irgendwann im Morgengrauen, sammelte sie ein und fuhr sie nach Hause.

Der Aufwand für meine FreundInnen, zu uns aufs Land zu kommen, war sehr groß, vor allem, weil die meisten Jugendlichen mit 18 Jahren noch kein Auto besaßen. So fanden die meisten Feten nicht bei uns, sondern in irgendwelchen Heidelberger Kellern statt.

Auch unsere »wildesten Partys« waren, verglichen mit denen im dänischen Sommer 1967, ziemlich harmlos. John Steinbecks Figuren hätten sich gelangweilt. In *Die Straße der Ölsardinen*, rund 20 Jahre zuvor, schrieb er: »Obschon die Wesensergründung von Partys erst in ihren Anfängen steckt, besteht nirgends ein Zweifel darüber, dass die Party ein Individuum ist, und zwar ein recht verschrobenes Individuum. Auch darüber sind die Gelehrten sich einig, dass keine Party planmäßig verläuft, mit Ausnahme natürlich jener traurigen Veranstaltungen berufsmäßiger Einladungsbestien, doch sind dies eigentlich keine Partys, sondern vielmehr Vorgänge, Akte, in keiner Hinsicht spontaner als der Verdauungstrakt und nicht interessanter als dessen Produkt.« Eine Fete musste aus den Fugen geraten und »an Breite und Tiefe« gewinnen, dann erst brachte sie Steinbecks Figuren Spaß.

Der Alltag wurde anstrengender, als meine Eltern im Herbst 1967 von einem Italienurlaub zurückkamen, meine Mutter zusammenbrach und ins Krankenhaus eingeliefert wurde. Sie geriet in die Hände des mächtigen und die medizinische Fakultät beherrschenden Chefarztes der Internistischen Uniklinik Heidelberg, Professor Schettler. Er behandelte sie unverantwortlich falsch, und sie starb beinahe. Sie quälte sich unter Leibschmerzen, lag dünn und bleich in ihrem weißen Bett. Die Klinik lag auf meinem Heimweg von der Schule, und ich besuchte sie täglich und hatte Angst. Mensch unterstellte ihr Hysterie, wie vielen Frauen in ähnlicher Lage. Sie wurde nach Hause geschickt, brach wieder zusammen, wurde wieder ins Krankenhaus eingeliefert. Wäre sie nicht die Frau eines Arztkollegen gewesen, hätte Schettler sie längst aufgegeben. Aber die weißen Krähen dieses Schlages bevorzugten sich untereinander.

Ein junger Assistenzarzt blieb hartnäckig und entdeckte schließlich auf einem der ersten Röntgenbilder ein fast fünf Zentimeter langes Metallstück, das der große Chef von Anfang an übersehen hatte: Es war durch die Speiseröhre und den Magen in den Bauchraum gewandert. Schettler ließ sich nicht mehr blicken, meine Mutter wurde operiert und erholte sich langsam. Ich war froh, dass ich sie wiederhatte, auch weil ich erschöpft war von der Mehrarbeit im

Haushalt. Ich war die vernünftige große Tochter, und Brüder haben »zwei linke Hände im Haushalt«. Meine Mutter hatte in Italien gegrillten Fisch gegessen und mit dem Fisch – »schluck runter, ist nur eine Gräte«, sagte mein Vater – die Borste einer Stahlbürste, mit der der Grill gereinigt wurde, verschluckt.

Schettler kreuzte noch einige Male meinen Weg. 1970 als Gegner all derjenigen, die auch nur eine moderate Demokratisierung des Medizinsystems an der Uni Heidelberg verlangten. Schettler gehörte zur extrem konservativen Mehrheitsfraktion der Professoren im Großen Senat der Uni Heidelberg. Dann als Verteidiger der Auftragsforschung der Heidelberger Universität für den Krieg der US-Army in Indochina. Und 1978, als ich in der Forschungsabteilung der Frankfurter Chemie- und Pharmafirma Merz arbeitete und kleine korrumpierende Weihnachtsgeschenke an solche Ärzte zu verschicken hatte, die sich der Firma in besonderer Weise aufgeschlossen gezeigt hatten. Viele ÄrztInnen sackten unterm Jahr außerdem luxuriöse Reisen »mit Gattin«, dicke Honorare und Nutzungsgebühren für Klinikeinrichtungen ein, die ihren Weg nicht auf das Bankkonto der Klinik fanden. Professor Schettler freute sich zu Weihnachten über eine Magnumflasche Rémy Martin.

Ein junger Mann, mit dem ich kurze Zeit befreundet war, war viel älter, hatte mehr Erfahrungen und andere Interessen als ich. Wir wussten, dass wir nicht lange zusammenbleiben würden. Er hatte ein eigenes Zimmer und eine tolerante, freundliche Mutter.

»Liest du mir vor?«, fragte er und zog ein Buch aus dem Regal. »Ein großartiger Autor.« Er stellte die Musik ein wenig leiser. Ich begann an der Stelle zu lesen, die er mir aufschlug.

»Ein Gespenst geht um in Europa – das Gespenst des Kommunismus. Alle Mächte des alten Europa haben sich zu einer heiligen Hetzjagd gegen dies Gespenst verbündet, der Papst und der Zar, Metternich und Guizot, französische Radikale und deutsche Polizisten.« Eine Eröffnung wie ein Gewitter. Was für eine Sprache!

Wer hatte mir je erklärt, dass Piraterie, Krieg und Ausbeutung Geschwister sind? *»Die Entdeckung Amerikas, die Umschiffung Afrikas schufen der aufkommenden Bourgeoisie ein neues Terrain. Der* *ostindische und chinesische Markt, die Kolonisierung von Amerika, der Austausch mit den Kolonien, die Vermehrung der Tauschmittel und der Waren überhaupt gaben dem Handel, der Schifffahrt, der Industrie einen nie gekannten Aufschwung.«*

Ich liebte die Platte, die im Hintergrund spielte. »Under my thumb / the girl who once pushed me around / is down on me / the difference in the clothes she wears / down to me / the chance has come / she's under my thumb.« *Aftermath*. Diesmal nicht das dumme, altgewohnte Spiel: Mag ich dich, magst du mich nicht, magst du mich nicht, mag ich dich. Ihn schubste ich nicht herum und er mich nicht.

Das *Kommunistische Manifest* von 1848. Bildmächtige Sprache, Metaphern, lichtjahreweit entfernt von deutscher Romantik. *»Die Bourgeoisie hat die persönliche Würde in den Tauschwert aufgelöst und an die Stelle der zahllosen verbrieften und wohlerworbenen Freiheiten die eine gewissenlose Handelsfreiheit gesetzt.«* – »I see a red door and I want it painted black / no colours anymore / I want it to turn black / I see the girls walk by / dressed in their summer clothes / I have to turn my head / until my darkness goes.«

In den Metaphern – des Textes wie der Lyrik – störende, nur halb verstandene, fremde Gedanken. *»Sie hat, mit einem Wort, an die Stelle der mit religiösen und politischen Illusionen verhüllten Ausbeutung die offene, unverschämte, direkte, dürre Ausbeutung gesetzt.«*

»I see inside myself and see my heart is black / (...) / I see a red door and I want it painted black / no colours anymore / I want them to turn black (...)« – *»Alle festen, eingerosteten Verhältnisse mit ihrem Gefolge von altehrwürdigen Vorstellungen und Anschauungen werden aufgelöst, alle neu gebildeten veralten, ehe sie verknöchern können.«* In verknöcherten Beziehungen kannte ich mich aus. In der Schule. Im Dorf. Auf Ditfurthschen Familienverbandstagen, wenn Verwandte, Krönchen auf dem Kopf, monarchische Schärpen um den Rumpf, Orden an der Brust, vom Deutschen Reich vor 1918 schwärmten, als »Deutschland noch groß war« und »wir unseren Kaiser noch« hatten.

Ich würde in der Dumpfheit ertrinken, wenn ich nicht bald fortkam. Karl Marx hatte recht, dass ein *»bedeutender Teil der Bevölke-*

Mai 1952, Lemmie bei Hannover. Mit Mutter Heilwig von Ditfurth.

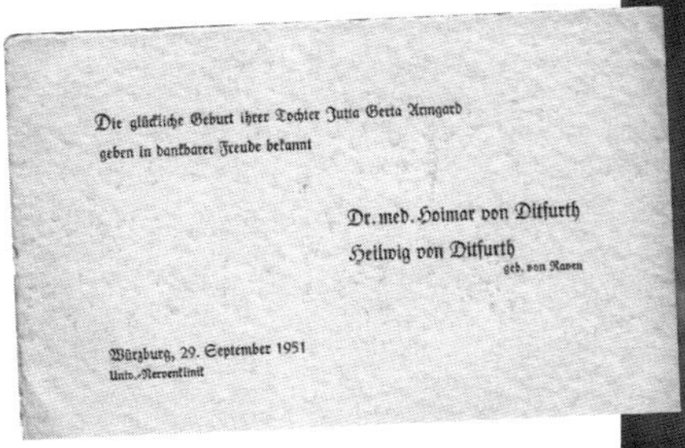

Die glückliche Geburt ihrer Tochter Jutta Gerta Armgard
geben in dankbarer Freude bekannt

Dr. med. Hoimar von Ditfurth
Heilwig von Ditfurth
geb. von Raven

Würzburg, 29. September 1951
Univ.-Nervenklinik

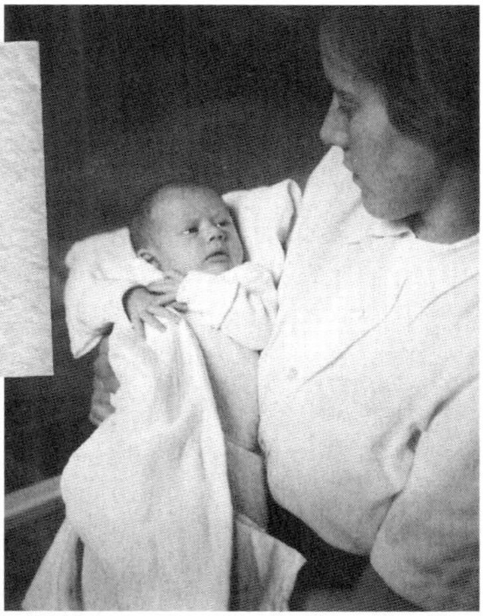

Anfang Oktober 1951, mit Mutter.

Frühjahr 1952, Lemmie. Von links: Großtante Asta von Raven, mein Vater, Tante Armgard von Raven, Großvater Franz-Krafft und Großmutter Heilwig von Raven, unbekannt, Onkel Reimar von Raven.

Mein Bruder Krafft (1950–1952).

März 1953,
Würzburg.

Sommer 1953, Lemmie.
Die Großeltern Heilwig
und Franz-Krafft von
Raven mit einigen der
vielen Enkelkinder.
Vorn rechts als Älteste:
Jutta.

Mai 1953,
Würzburg.

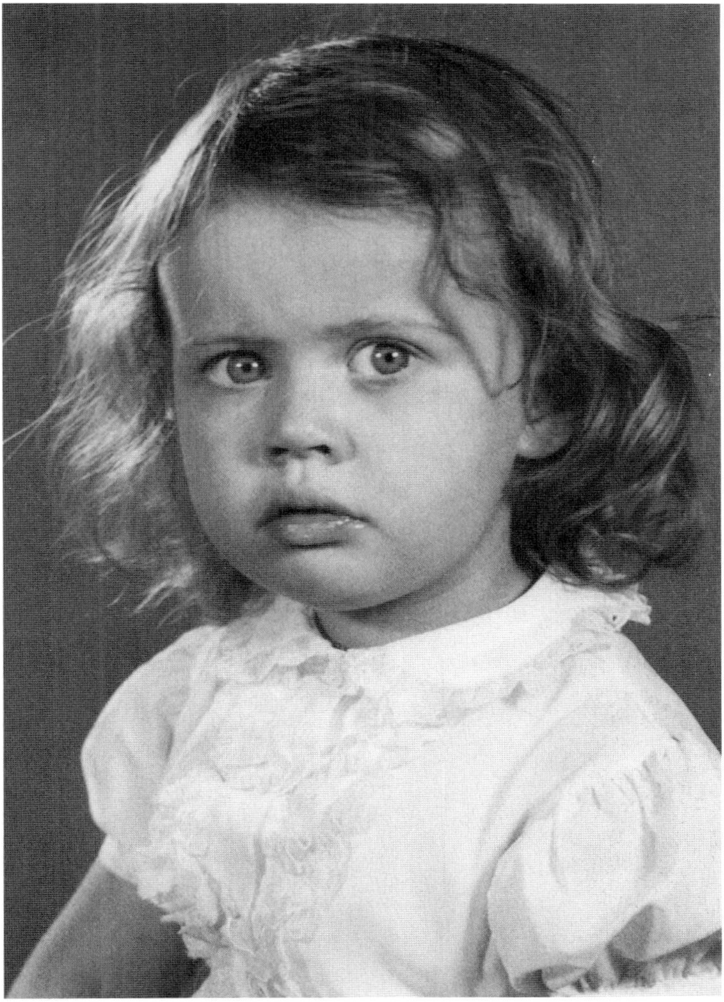

Dezember 1953, Würzburg.

Februar 1954, Würzburg. Mit der Kameratasche meiner Mutter.

Juli 1955, Würzburg. Mein Vater erklärt mir etwas.

1957. In meinen Zeichnungen fehlt mein großer Bruder nicht. Mein kleinster Bruder wurde 1957 geboren.

1957, Schulkind in Würzburg, Steinbachtalschule.

Die ätzenden Jahre der Pubertät. Etwa 1961/62, Hohensachsen/Bergstraße. Im von Verwandten geerbten roten Perlonkleid mit Pünktchen.

Gymnasium Weinheim/Bergstraße, etwa 1962/63.

Etwa 1963/64 in Hohensachsen.

Frühjahr 1965, Konfirmation in Oberflockenbach/Odenwald.
Mit 13 ½ Jahren war ich 1,78 m lang.

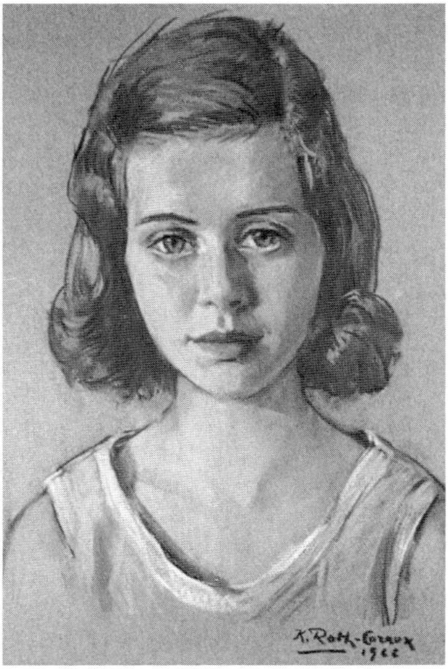

Oberflockenbach,
Sommer 1966.
Maler: Karl Roth-Coraux.

Frühjahr 1969, Schulausflug der Abiturklasse des Elisabeth-von-Thadden-Gymnasiums (Heidelberg) nach West- und Ostberlin. Ganz rechts.

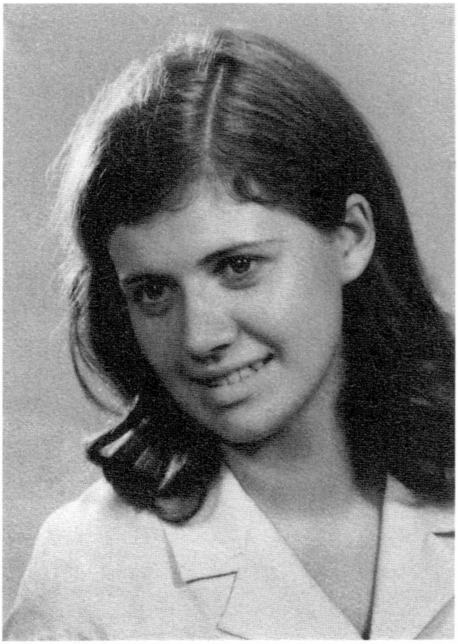

Etwa 1967/68.

Frühjahr 1969, Abiturfeier im Park des Elisabeth-von-Thadden-Gymnasiums, Heidelberg-Wieblingen. Oben, hintere Reihe: 2. von links.

Frühjahr 1970, erstes Semester an der Uni Heidelberg, Politik und Kunstgeschichte.

Hamburg, Sommer 1971.

Mainz, etwa 1971.

Etwa 1971/72, Ahrensburg bei Hamburg. Das vermutlich einzige Foto der ganzen Familie. Von links: Christian, Jutta, Heilwig, Hoimar, York, Donata von Ditfurth.

Sommer 1971, eine Scheune bei Heide.

Etwa August 1971. Eine Küche in Griechenland.

Staufen–Freiburg–Bielefeld, etwa 1974/75, nach der Rückkehr aus Glasgow.

Etwa Sommer 1972, auf den Stufen der Akropolis in Athen.

rung dem Idiotismus des Landlebens entrissen« werden müsse. An erster Stelle bitte mich! War es anderswo besser für die Menschen? *»Die moderne Industrie hat die kleine Werkstube des patriarchalischen Meisters in die große Fabrik des industriellen Kapitalisten verwandelt. Arbeitermassen, in der Fabrik zusammengedrängt, werden soldatisch organisiert. Sie werden als gemeine Industriesoldaten unter die Aufsicht einer vollständigen Hierarchie von Unteroffizieren und Offizieren gestellt.«*

He, Hände von meiner Bluse, jetzt nicht! »Get off my cloud.« Lass mich weiterlesen. *»Sie sind nicht nur Knechte der Bourgeoisklasse, des Bourgeoisstaates, sie sind täglich und stündlich geknechtet von der Maschine, von dem Aufseher, und vor allem von dem einzelnen fabrizierenden Bourgeois selbst. Diese Despotie ist umso kleinlicher, gehässiger, erbitternder, je offener sie den Erwerb als ihren Zweck proklamiert.«*

Die Gesichter der ArbeiterInnen in der Schraubenfabrik, sie konnten nicht nach ein paar Tagen auf und davon laufen wie ich nach den Schulferien. In Weinheim lebten die »Gastarbeiter« der mächtigen Firma Freudenberg in schäbigen überfüllten Quartieren. Ab und an stellte jemand einen Wohnwagen mit Prostituierten vor die elenden Behausungen, und der wurde angeblich von den Firmenchefs geduldet. Die Frauen in der Großküche von John Deere, der Landwirtschaftsmaschinenfabrik in Mannheim, wo ich mit Kartoffelschälen und Putzen Geld verdient hatte, wie ging es denen? Wie lebten die ArbeiterInnen in der Boehringer-Mannheim-Fabrik von Curt Engelhorn, dem Vater meiner Freundinnen Carola und Diana? Diese miesen, niedrigen, engen Pappmaché-Wohnungen in Mannheim-Vogelstang, hausten sie etwa dort?

»Was den Kommunismus auszeichnet, ist nicht die Abschaffung des Eigentums überhaupt, sondern die Abschaffung des bürgerlichen Eigentums.« Musste nicht alles gleich verstehen in diesem Manifest, in das mein Freund mit Bleistift Notizen gemacht hatte. Auch Rocklyrik lebte von Unentzifferbarem. Manches hingegen war leicht zu verstehen. »I'm free / to do what I want / (...) / but I'm free / to get what I want / I'm free to sing my song / so love me, hold me / but I'm free to do what I want.«

»Bedarf es tiefer Einsicht, um zu begreifen, dass mit den Lebensverhältnissen der Menschen, mit ihren gesellschaftlichen Beziehungen, mit ihrem gesellschaftlichen Dasein, auch ihre Vorstellungen, Anschauungen und Begriffe, mit einem Worte auch ihr Bewusstsein sich ändert?« The times they are changing. »Man spricht von Ideen, welche eine ganze Gesellschaft revolutionieren (…)« Wir alle würden frei sein. Wovon, glaubte ich zu wissen. Was war Freiheit? Eine universelle Emanzipation aller. *»An die Stelle der alten bürgerlichen Gesellschaft mit ihren Klassen und Klassengegensätzen tritt eine Assoziation, worin die freie Entwicklung eines jeden die Bedingung für die freie Entwicklung aller ist.«*

Spätestens seit dem Sommer in Dänemark hatte ich diesen Drang fortzugehen, nicht weit, aber fort auf meinen eigenen Füßen. Ich hatte nichts gegen meine Eltern. Ich lernte nur in diesem Dorf nichts mehr. Blieb ich, läge ich eines Tages tot auf dem Boden, nicht warme Haut an duftender Haut wie in diesem Augenblick, und dann würden sie sich über meine Leiche beugen und – vielleicht ein wenig betrübt – urteilen: Todesursache Langeweile. »… und vorenthaltene Möglichkeiten!«, würde ich ihnen aus dem Nichts zurufen. »Scuse me while I kiss the sky« – »Purple Haze«.

»Die Kommunisten verschmähen es, ihre Ansichten und Absichten zu verheimlichen. Sie erklären es offen, dass ihre Zwecke nur erreicht werden können durch den gewaltsamen Umsturz aller bisherigen Gesellschaftsordnung. Mögen die herrschenden Klassen vor einer kommunistischen Revolution zittern. Die Proletarier haben nichts zu verlieren als ihre Ketten. Sie haben eine Welt zu gewinnen.« – »You don't know what's going on / you've been away for far too long / you can't come back and think you are still there / you're out of touch my baby / (…) / baby, baby, you're out of time.« – Ihr werdet schon sehen.

Dezember 1967, das Telefon klingelte. Jemand von der Axel-Springer-Verlagsleitung in Berlin wollte meinen Vater sprechen. Der war sonst wo. Was sollte ich ausrichten? Goldene Kamera. Im Januar 1968. In Berlin. Für seine dreiteilige naturwissenschaftliche Fernsehserie beim WDR »Experimente mit dem Leben« 1967.

»Wir möchten Sie auch einladen. Haben Sie Lust, nach Berlin zu fliegen?« Er verwechselte mich mit meiner Mutter.

»Ihre Mutter kommt natürlich auch. Nein, wir möchten Sie einladen.« Wusste der Mann, dass ich erst 16 war?

Mich. Nach Berlin. Im Flugzeug. Zu Axel Springer. Springer. Ach du Scheiße. Das konnte ich nicht machen, oder doch? Wen fragen? Meine Eltern sicher nicht. Unsere Differenzen wurden größer. Der Mann am Telefon meinte die Einladung bestimmt nicht ernst.

Ich blickte auf die schneebedeckte riesige Stadt unter mir. Ich war noch nie geflogen. Wälder, Gewässer, Häuser, Häuser, Häuser. Der Springer-Verlag quartierte uns in einem Luxushotel namens *Hilton* ein. Am Abend des 11. Januar stand ich auf dem Empfang hoch oben im Springer-Hochhaus herum, gefangen in Schüchternheit, verkleidet in Etikette. Ich tat, was ich immer tat, wenn ich mich fremd und fehl am Platz fand – ich beobachtete Menschen. Die meisten kannte ich nicht, wir hatten noch nicht allzu lange einen Fernsehapparat, und für uns Kinder gab es aus erzieherischen Gründen eng begrenzte Fernsehzeiten. Ich sah mir Axel Springer eine Weile an. Ich fand ihn sonderbar und maskenhaft.

Berlin war nordsibirisch kalt. Hoimar zog einen Tag mit mir los und stellte mit seine Stadt vor, zeigte mir aus großer Entfernung, über die DDR-Grenze hinweg, das Haus, in dem er als Kind gelebt hatte, nicht weit entfernt von der Glienicker Brücke, auf der manchmal Spione ausgetauscht wurden. Der Spaziergang am Wannsee durch klirrende Kälte war lang genug für eine erzählerische Kurzfassung von John Le Carrés *Der Spion, der aus der Kälte kam*. Mehr, als mir »die Mauer« zu zeigen, vergnügte es ihn, mir bei Bolle zu zeigen, wie ein echter Berliner Hackepeter – Schweinemett mit Gurken, Zwiebeln und Ei – isst.

In den nächsten Tagen war ich auf mich allein gestellt. Kein: Sag-uns-wo-du-bist-und-mit-wem-und-sei-um-zehn-zu-Hause. Ich steckte meine Nase aus dem Hotel in den eiskalten, trockenen Wind und zog los. Die Stadt der Revolte gehörte mir. Die Adressen meiner Berliner FreundInnen aus dem dänischen Sommer trug ich in meiner Tasche.

Kaum zurück aus Westberlin wählte ich als Aufsatzthema in der

Thadden-Schule: »Schreiben und deuten Sie eine Erscheinung, die Ihnen kennzeichnend für unsere Zeit zu sein scheint. Axel Springer – Gefahr für die Demokratie durch die Demokratie?« Das Für und Wider einer Sache zu prüfen, sagte Hoimar immer, sei eine erstrebenswerte Art zu denken. Nicht alles leuchtete mir ein, was sie verlangten, aber ich sympathisierte mit den revoltierenden StudentInnen. Aber diesem Springer wollte ich auch nicht Unrecht tun.

So schrieb ich: »Axel Springer erscheint mir als ein Mann, der, ohne es vielleicht zu wollen, zu einer Gefahr für die Demokratie werden kann. Er ist der Besitzer des größten europäischen Zeitungskonzerns. (…) Durch einen hohen Prozentsatz an Zeitungen liegt in der Hand eines Einzelnen zu viel Macht (…) Axel Springer ist es möglich, seine eigene politische Einstellung zum Thema seiner gesamten Presse zu machen (…) Letzte Woche war ich ein paar Tage in Berlin und lernte unter anderem Axel Springer auf einem Empfang kennen (…) Bei dieser Gelegenheit erfuhr ich (…), dass Herr Springer sich vor einiger Zeit um eine ›Audienz‹ in Washington bemüht habe, sich nach der Absage um ein Gespräch mit dem Kreml bemüht hätte und dort ebenfalls abgelehnt worden sei. Die Folge davon war, dass in einem Teil seiner Boulevard-Presse Artikel gegen die amerikanische Politik und gegen kommunistische Politik erschienen. So weit dürfen sich persönliche Gründe und Enttäuschungen nicht auf Tendenzen einer Zeitung auswirken – die Pressefreiheit in Ehren!«

Eine Enteignung sei wohl nicht durchsetzbar, grübelte ich: »Als Ausweg sehe ich eine Einschränkung seiner Macht durch ein Gesetz. Ich denke dabei an eine 20- oder 25-Prozent-Klausel, die es unmöglich machen würde, mehr als eben diesen Prozentsatz in einer Hand zu vereinigen«, so »könnte man eine Monopolstellung und Großmacht verhindern«. Aber Herr Springer hörte nicht auf eine 16-Jährige.

*

Im Springer-Konzern erschienen 1967: *Bild*-Zeitung (4,6 Millionen Auflage); *Bild am Sonntag* (2,7 Millionen); *Die Welt* (275 000); *Welt am Sonntag* (500 000); *Hamburger Abendblatt* (323 000); *BZ*, Berlin

(310 000); *Berliner Morgenpost* (228 000); *Mittag*, Düsseldorf (100 000); *Hör Zu* (4,4 Millionen); *Funk-Uhr* (850 000); *Bravo* (900 000); *Twen* (150 000); *Kicker* (205 000); *Neues Blatt* (1,3 Millionen); *Grünes Blatt* (415 000); *Eltern* (800 000). Bei den Tageszeitungen hatte Springer einen bundesweiten Marktanteil von 39 Prozent – in Berlin 66,5 Prozent, in Hamburg 67,5 Prozent –, die restlichen 61 Prozent teilten sich 489 andere Verlage. Bei den überregionalen Tageszeitungen besaß Springer 81,5 Prozent.

In Westberlin versammelten sich am 17. und 18. Februar 1968 an der Technischen Universität (TU) etwa 5000 Linke aus fast allen europäischen Ländern zum Internationalen Vietnam-Kongress. Der Kongress tagte unter der riesigen Fahne der vietnamesischen Befreiungsfront FNL, darauf stand ein Satz Che Guevaras: »Für den Sieg der vietnamesischen Revolution – Die Pflicht jedes Revolutionärs ist es, die Revolution zu machen!«

Der Berliner Innensenator Neubauer (SPD) hatte gehofft, die den Kongress abschließende Internationale Anti-Vietnamkriegs-Demonstration verbieten und mit Hilfe von 15 000 Polizisten zusammenschlagen zu können. Aber die Veranstalter siegten vor Gericht. Über 12 000 Linke demonstrierten am 18. Februar 1968 durch Westberlin – unter Fahnen von Ho Tschi Minh, Che Guevara und der damals einer breiten westdeutschen Öffentlichkeit weitgehend unbekannten Rosa Luxemburg.

Ich sah, wie viele andere SchülerInnen, Fotos dieses gewaltigen, ein enormes Selbstbewusstsein ausstrahlenden Kongresses und der überaus lebendigen Demonstration, bei der sich die TeilnehmerInnen einhakten und durch Berlins Straßen stürmten: »Ho-Ho-Ho-Tschi-Minh!« Ich war tief beeindruckt.

Drei Tage später kam die Rache. Ein Toter, Benno Ohnesorg, schien noch nicht genug. Es gab keine Zurückhaltung gegenüber denjenigen, die den Konsens des Kalten Krieges durchbrachen und der Auffassung waren, dass alle Menschen das Recht auf eine umfassende Emanzipation hatten. Es sollte keine Hoffnung auf einen »menschlichen Sozialismus« geben. Die *Bild*-Zeitung titelte: »Stoppt den Terror der Jungroten jetzt. Man darf über das, was zurzeit geschieht, nicht einfach zur Tagesordnung übergehen. Und man darf auch nicht *die ganze Drecksarbeit der Polizei und ihren Wasserwerfern überlassen.*« [Hervorhebung d. Verf.]

Der Senat, die Gewerkschaft ÖTV, Prominente und allen voran die Springer-Zeitungen riefen zur Gegenkundgebung am 21. Februar 1968 auf. ArbeiterInnen und Angestellte im Öffentlichen Dienst erhielten für ihre Teilnahme dienstfrei. Auf ihren Plakaten stand: »Volksfeind Nr. 1 Rudi Dutschke«; »Politische Feinde ins KZ«; »Bei Adolf wär' das nicht passiert!«. Während der Kundgebung wurde ein junger Mann mit Dutschke verwechselt und beinahe Opfer eines Lynchmordes: »Schlagt den Dutschke tot!« 40 junge Leute wurden niedergeprügelte Opfer der deutschen Volksgemeinschaft. Die honorigen Kundgebungsredner – unter ihnen Professoren, Politiker und Schauspieler – sahen, ohne einzugreifen, zu.

Rund sechs Wochen später legten Andreas Baader, Gudrun Ensslin, Thorwald Proll und Horst Söhnlein in zwei Kaufhäusern in Frankfurt am Main Feuer. Binnen 48 Stunden wurden sie verhaftet. Der SDS-Vorstand distanzierte sich von der Brandstiftung: »Der SDS ist zutiefst darüber bestürzt, dass es in der Bundesrepublik Deutschland Menschen gibt, die glauben, an den politischen und gesellschaftlichen Zuständen in diesem Land durch unbegründete Terroraktionen ihrer Opposition Ausdruck verleihen zu können.« Niemand war zu Schaden gekommen. Die Kaufhäuser waren menschenleer. Der Sachschaden betrug ca. 600 000 Mark.

In anderen linken Kreisen gab es Sympathien für die Tat. Ein paar Monate zuvor war Kurras, der Mörder von Benno Ohnesorg, freigesprochen worden. Die Wut war groß, sie trug bei vielen die Sympathie für die Kaufhausbrandstifter.

Andreas Baader und Gudrun Ensslin saßen im Gefängnis, als die Welle von Demonstrationen gegen die Notstandsgesetze die Bundesrepublik erschütterten, als die SDS-Frauen bei einem Kongress in Frankfurt am Main den Aufstand gegen ihre chauvinistischen Genossen probten, als Beate Klarsfeld den Altnazi und Bundeskanzler Kiesinger ohrfeigte. Gudrun Ensslin erklärte, sie hätten aus Protest gegen die Gleichgültigkeit der Menschen über den Völkermord in

Vietnam nur Sachen beschädigen wollen. »Wir haben gelernt, dass Reden ohne Handeln Unrecht ist.« Und: »Wir taten es aus Protest gegen die Gleichgültigkeit. Mit der die Menschen dem Völkermord in Vietnam zusehen.« Die Aktion sei aber »ein Fehler und ein Irrtum« gewesen.

Neun Tage nach dem Frankfurter Kaufhausbrand, sieben Tage nach dem Mord an Martin Luther King, am 11. April 1968, ging Rudi Dutschke für seinen kleinen Sohn Hosea Che etwas einkaufen. Ein Mann näherte sich ihm und fragte: »Sind Sie Rudi Dutschke?«

»Ja.«

Der von den Springer-Zeitungen aufgehetzte Hitler-Verehrer Josef Bachmann, ein 24-jähriger Anstreicher aus München, schoss dreimal auf Rudi Dutschke. Bachmann traf sein Opfer in die Wange, in die Schulter und in den Kopf. Rudi schleppte sich noch ein paar Meter und blieb liegen. Er überlebte schwer verletzt, aber starb elf Jahre später, am 24. Dezember 1979, an den Spätfolgen des Anschlags.

Noch am Tag des Anschlags auf Rudi Dutschke stellte der SDS in einem Flugblatt fest, »dass dieses Verbrechen nur die Konsequenz der systematischen Hetze ist, welche Springer-Konzern und Senat in zunehmendem Maße gegen die demokratischen Kräfte in dieser Stadt betrieben haben«. Eine rasch auf 3000 StudentInnen angewachsene Protestversammlung verlangte unter anderem den Rücktritt des Senats und die Enteignung des Springer-Verlages.

Rudi Dutschke hatte auf der 22. ordentlichen Delegiertenkonferenz des SDS im September 1967 in Frankfurt am Main für die Verhinderung der zweiten und der dritten Lesung der Notstandsgesetze im Bundestag, für eine Aufklärungskampagne über die Funktion des Verlagshauses Springer und für die Verhinderung der Auslieferung der *Bild*-Zeitung an einem »Anti-Springer-Tag« und, nicht zuletzt, für eine Kampagne für den Austritt der BRD aus der NATO plädiert. Schon seit dem Frühjahr 1967, und verstärkt nach dem Tod Benno Ohnesorgs, hatten SDSler die Kampagne »Enteignet Springer« vorbereitet.

Ein Teil von Dutschkes Vorschlägen verwirklichten seine GenossInnen jetzt: Eine spontane Demonstration marschierte noch am Tag des Anschlags zum Springer-Hochhaus in der Kochstraße. Es blieb so lange bei Protestrufen, Rangeleien und eingeworfenen Scheiben, bis Peter Urbach, ein Agent Provocateur des Berliner Landesamtes für Verfassungsschutz, in einem Weidenkorb ein Dutzend Molotowcocktails herumreichte und Leute dazu anstiftete, Fahrzeuge umzuwerfen und sie in Brand zu setzen.

Die Fotos der brennenden Springer-Wagen wurden zum Fanal für die neue Studentenbewegung in Frankreich und in der Bundesrepublik.

In den darauffolgenden Ostertagen 1968 kam es in vielen westdeutschen Städten zu Demonstrationen und zu »Straßenschlachten, wie sie Westdeutschland seit der Weimarer Republik nicht mehr gekannt hatte. Auf der Strecke blieben zwei Tote, über vierhundert Schwer- und Leichtverletzte und der Anspruch der Bundesrepublik, ein intakter demokratischer Staat zu sein.« (*Der Spiegel* 17/1968)

Es gab Anti-Springer-Aktionen in Berlin, Hamburg, Frankfurt, München, Essen, Esslingen, Köln und Hannover. In München wurden bei einer Demonstration der Pressefotograf Klaus Frings (32) und der Student Rüdiger Schreck (27) schwer verletzt, beide starben kurz darauf. Die Verantwortung für ihren Tod konnte nie zweifelsfrei geklärt werden. In vielen ausländischen Metropolen gab es Solidaritätsaktionen für die westdeutschen StudentInnen.

Überall folgten bald ungewöhnlich große Demonstrationen zum 1. Mai und in den darauffolgenden Tagen und Wochen gegen die geplanten Notstandsgesetze. Einige Universitäten, zum Beispiel die in Frankfurt am Main, wurden besetzt.

Emnid-Umfragen ergaben, dass »die Minderheit, die auf die Straße geht, die Sympathie der Mehrheit« hat. Rund zwei Drittel aller jungen Leute wären am liebsten dabei gewesen. Ich auch.

*

Bald danach trug ich den ersten Button. Eines Morgens fragte mich ein Mann in der Straßenbahn, was das denn bedeute: *Enteignet Springer?* Ich stotterte irgendetwas. Glücklicherweise gab er sich mit meiner holprigen Antwort zufrieden. Ich hatte nur zwei Möglichkeiten: mir vorher zu überlegen, was ich sagen würde, falls noch einer fragte, oder das Ding abzunehmen. Sollte ich morgen den Button wieder anstecken? Die Hetze gegen Studenten und Andersdenkende. Der tote Ohnesorg. Dutschke schwer krank. Der Hohn der *Bild*-Zeitung, recht sei's den »langhaarigen Affen« und »roten Faschisten« geschehen.

Manchmal will auch ein Angsthase kein Feigling mehr sein. Der Button blieb dran. Wenige fragten mich noch nach seiner Bedeutung. Die anderen schienen nicht fragen zu müssen. Entweder nickten sie freundlich, oder sie verzogen verächtlich die Mundwinkel, manche pöbelten mich an. Ich war einem unsichtbaren Kollektiv beigetreten.

Einen Teil des Sommers 1968, ich war 16, verbrachte ich in Paris bei Freunden meiner Eltern, freundlichen, großzügigen Menschen, die mich die Stadt entdecken ließen. Hie und da erfuhr ich von den Kämpfen an der Universität, die es im Mai gegeben hatte, von Straßenschlachten und von Demonstrationen so groß, wie ich sie mir nicht vorstellen konnte. Im Louvre und im Musée du Jeu de Paume besuchte ich den impressionistischen Teil meiner Kunstpostkarten im Original. Ich lief mir die Schuhsohlen durch und konnte nicht genug bekommen von der Vielfalt dieser Stadt, den vielen Menschen, den Straßencafés – für die mein Taschengeld nie reichte –, dem Leben auf der Straße, so anders als in der BRD, der spontanen Kommunikation mit Wildfremden, dem hemmungslosen öffentlichen Gezänk, dem Kontrast zwischen Armen und Reichen, den verschiedenen Hautfarben und Gesichtern, den Museen und Gebäuden.

Die anschließenden Wochen verbrachte ich mit meinen Eltern und meinem ein Jahr jüngeren Bruder in Zarautz, einem Küstenort im spanischen Baskenland zwischen San Sebastian und Bilbao. Durch die Straßen patrouillierten an manchen Tagen Polizeistreifen auf der Suche nach Angehörigen der Untergrundorganisation ETA. An den Mauern des Dorfes und der nahen Stadt San Sebastian standen Parolen geschrieben, die zum Widerstand gegen den Diktator Franco und gegen die Polizei aufriefen.

Die Guardia Civil hatte, anders als in Berlin, die Bevölkerung offensichtlich nicht hinter sich, wenn sie gegen junge Leute vorging.

Auch alte, einfache oder bieder gekleidete Menschen spuckten vor der Polizei aus. So viel Hass auf den Staat erlebte ich zum ersten Mal. Die Leute brüllten die Polizisten an. Manchmal machten sie sich über die Uniformierten lustig. Es gab eine Übereinstimmung zwischen den EinwohnerInnen gegen den Staat. Ganz und gar undeutsch.

Das Meer brach sich wild vor der Bucht von Zarautz. Auf dem Campingplatz hatten sich Dutzende von jungen Leuten aus verschiedenen europäischen Ländern einquartiert. Die Bucht galt als europäischer Geheimtipp für SurferInnen. Eine Gruppe von Engländern lehrte mich, wie ich auf einem Brett stehen konnte. Sie zeigten mir, wie eine mit dem Brett hinausfuhr, die Dünung des Meeres beobachtete, mit dem Bauch auf dem Brett auf die richtige Welle lauerte, wann ich lospaddeln und aufstehen sollte, wie ich nach unzähligen Stürzen schließlich Balance hielt, die Welle nahm und auf ihr über das Meer glitt.

Surfen war der schönste Sport der Welt. Meine englischen Freunde fischten mich immer wieder raus, wenn ich absoff. Ein Jahr später zogen sie nach Australien, ich durfte nicht mit ihnen mit.

Ich streifte durch Zarautz. Anders als das gewöhnliche Leben in Deutschland – außerhalb der APO – war das Leben hier öffentlich und auseinandersetzungsfreudig, selbst naiven Fremden wie mir gegenüber. Nach wenigen Tagen wusste ich etwas über den spanischen Bürgerkrieg, konnte nicht glauben, dass ein Kumpan von Hitler, General Franco, noch lebte und den Staat regierte. Junge Leute aus Paris mengten ihre Erfahrungen dazu. Ich war wie ausgetrocknete Erde und sog Informationen über den Algerienkrieg auf wie Wasser. Mein Song in diesem Sommer war »Hey Jude«.

Im Rhythmus der An- und Abreisen wechselten die Menschen aus verschiedenen Ländern Westeuropas, von denen ich viel erfuhr, was im öden staatstreuen *Mannheimer Morgen* nie stand.

Eines Morgens löste mein Vater empört sein Ohr vom kleinen Kofferradio: »Die Russen sind in Prag einmarschiert!«

Es war der 21. August 1968. Ich erfuhr vier Monate nach dem Attentat auf Rudi Dutschke, dass es da einen »Prager Frühling« gegeben hatte, den Leute wie mein Vater erst schätzen lernten, als er unter die Panzerketten des Warschauer Pakts geriet.

Franz Josef Degenhardt schrieb: »Denn hört euch diese Typen an, / die Vorsitzenden der Aufsichtsräte, / die Vorstände und Herren der Konzerne / und deren Sachwalter / auf Regierungs- und anderen Bänken. / Sie sind empört, / weil der Aufbau des Sozialismus gehemmt worden ist / zu Prag. / Sie trauern / und sprechen von Scham, / die Stalingradkämpfer, / die Makler und Generale / und deren Sachwalter / in Zeitungs- und anderen Häusern. / Sie trauern, / weil der Sprung voller Wagnis / auf eine andere Stufe des Sozialismus / nicht stattfinden durfte / zu Prag. / Nein, / wir hören genau hin. / Die sagen das ›goldene Prag‹. / Und wenn die Gold sagen, / meinen die Gold, / (…) / Nein, mit diesen Herren / (…) / teilen wir nicht / unsere Wut / über den Sieg der Panzer / zu Prag.«

Nein, so dachte ich noch nicht. Aber es irritierte mich, dass ich von der sozialistischen Tschechoslowakei, von diesem »Prager Frühling« nichts gehört hatte, solange er blühte. Sein Untergang schien wichtiger als seine Existenz. Warum? Mein Vater redete tagelang über nichts anderes, schien tief getroffen. Mein Vater, ein Sozialist? Oder kam die Aufregung daher, dass meine Eltern sich an die Flucht vor der Roten Armee erinnerten? War das nicht die gleiche Rote Armee, die im Verbund der Alliierten Nazi-Deutschland besiegt hatte? Höchst widersprüchlich auch, wenn ich mir in Erinnerung rief, welche Auffassung Hoimar von der DDR hatte.

»Weißt du überhaupt, wie gut es dir geht? Unsere Demokratie ist die bestmögliche.«

Ach, und der Krieg in Algerien und der in Vietnam? Ein Gespenst ging um in Europa. Ein paar Leute gab es wohl auch in Deutschland, denen es nicht so gut ging wie ihm. An dieser Stelle floh meine Mutter, und es wurde laut. Ich verlor, ich wusste viel zu wenig. Meine Zweifel ärgerten ihn. »Wenn du mir nicht glaubst, musst du das begründen können!«

*

Rudi Dutschke hatte im März 1968 die Tschechoslowakei besucht. In seinem letzten Interview vor dem Attentat sagte er: »In den Ländern des sozialistischen Lagers, mit Ausnahme der Volksrepubliken China und Kuba, entstand durch die dogmatische Handhabung der politischen Führung, durch die Entfremdung zwischen Partei und Massen, durch die einseitige Bestimmung von oben und durch die fehlende schöpferische Wechselwirkung zwischen der Partei und den Massen eine autoritär-sozialistische Gesamtstruktur. (...) Es besteht allerdings die Gefahr, dass es bei den demokratischen Kräften in den sozialistischen Ländern zu einer zeitweiligen Verherrlichung bürgerlich-demokratischer Formen kommt (Liberalisierung). Daran sind entscheidend schuld die bisherigen undemokratischen Praktiken der Parteiführung. (...) Es darf innerhalb eines Konzeptes der sozialistischen Demokratie natürlich keine Freiheit für die Konterrevolution geben. Es darf aber auch nicht von den Massen getrennten Bürokraten überlassen bleiben zu bestimmen, was konterrevolutionär ist.«

Gegen den Wunsch der tschechoslowakischen Kommunistischen Partei hatte die KP-Jugend Rudi Dutschke als Redner zu einer Veranstaltung eingeladen. Er sagte dort: »Wir glauben, dass eine internationale Opposition notwendig ist, um gegen alle Formen autoritärer Strukturen zu kämpfen. Ich denke, dass es in der Tschechoslowakei eine große Aufgabe gibt: neue Wege zu finden, um Sozialismus, wirkliche individuelle Freiheit und Demokratie miteinander zu verbinden, nicht im bürgerlichen Sinn, sondern in einem wirklichen sozialrevolutionären Sinn. Wir wollen die bürgerliche Demokratie nicht abschaffen, aber wir wollen sie sehr ernsthaft mit neuem Inhalt füllen.«

*

In spanischen und später deutschen Zeitungen sah ich die Gesichter von jungen Leuten, die unbewaffnet auf Panzer sprangen. Meine Eltern kauften *Die Welt*, und ich schnitt die Fotos von Prag aus und klebte sie in ein Heft.

Meine Eltern diskutierten in Spanien, ob mein Vater das Angebot seiner Firma annehmen sollte, als Direktor in den Vorstand des Konzerns zu gehen. Einen fetten schwarzen Firmenwagen hatten sie ihm auf einen eigenen Firmenparkplatz gestellt, Inbegriff höchster innerbetrieblicher Rangordnung, worüber er gern spottete. Gewährt hatten sie ihm auch die erbetene Bedenkzeit von einem Jahr. Er gestand, geschmeichelt zu sein. Vier Kinder, alle noch für viele Jahre in der Ausbildung, ein hervorragend bezahlter Job und ein ebensolcher Pensionsanspruch. Was sollte er tun? Meine Mutter mochte das steife, konkurrente Milieu, dem sie als Direktorsgattin ausgeliefert sein würde, nicht. Aber sie würde jede Entscheidung mittragen, sagte sie.

Er wollte viel lieber freier Publizist sein, Bücher schreiben und für Funk und Fernsehen arbeiten, Themen aufgreifen, die ihm gefielen, aber war das vier Kindern gegenüber nicht unverantwortlich? Heilwig stupste ihn allmählich zu seiner Entscheidung. »Mach, was dir Spaß macht!« Wir fuhren nach Hause zurück, durch Frankreich, im Auto eines Direktors, der im darauffolgenden Jahr ein ehemaliger sein würde. Wir Kinder waren scheinbar in die Entscheidung einbezogen worden.

»Macht es euch wirklich nichts aus, wenn wir wieder wenig Geld haben?«, hatte Hoimar gefragt. – Er konnte nicht wissen, wie sehr er sich irrte. – Wo war der Unterschied? Für mich hatte sich sowieso wenig geändert.

»Kinder, vielleicht müssen wir uns bald einschränken und haben vielleicht nur noch ein kleines Auto«, sagte mein Vater und pfiff vergnügt, obwohl er seine betriebliche Altersversorgung verlieren würde. Jede französische Stadt durchfuhren wir mit der Hilfe von Richtungsschildern, die extra für ihn aufgestellt zu sein schienen: »*Toutes directions à gauche* – alle Direktoren nach links!«

*

Hoimar war 1968, neben seiner Stelle bei Boehringer Mannheim, außerplanmäßiger Professor für Psychiatrie und Neurologie an der medizinischen Fakultät der Heidelberger Universität geworden. Er lud mich ein, ihn zu einer seiner Psychiatrievorlesungen zu begleiten. Er war angespannt. Vielleicht hatte er den kommenden Vorfall erwartet und wollte mich auf seine Seite ziehen. Die Veranstaltung wurde von StudentInnen gestört, die ihm vorwarfen, ein Nazi gewesen zu sein. Er war tief getroffen und zornig. Am liebsten hätte er den Raum verlassen. Er beherrschte sich und versuchte, sich zu verteidigen. Er war 1921 geboren worden und knapp 18 Jahre alt, als die Deutschen Polen überfielen. Hohngelächter. »Alt genug!«, rief jemand.

Warum diskutierte er nicht mit den StudentInnen? Ein paar ältere Psychiatrieprofessoren saßen in der Veranstaltung. Ich erinnere mich, dass sie den Mund nicht aufmachten. »Wie viele Russen haben Sie getötet?«, rief einer. Ich sah meinen Vater erschrocken an. Als Kind hatte ich wissen wollen: Hast du im Krieg einen Menschen getötet? Er hatte geantwortet: »Ich habe auch geschossen. In einen Wald. Ich habe nicht gesehen, ob ich einen Menschen getroffen habe. Ich hoffe nicht. Die Vorstellung, dass es so sein könnte, verursacht mir Übelkeit.«

Ich erlebte zum ersten Mal, dass Hoimar angegriffen wurde. Jetzt wollte ich es genau wissen. »Was hast du im Krieg gemacht?«, fragte ich ihn anschließend. Er hatte mir zwar immer geantwortet, wenn ich ihn fragte, aber vielleicht hatte ich nicht richtig hingehört.

Hoimar hatte angefangen, Medizin zu studieren, und war 1940, mit 19 Jahren, zu einem Infanterie-Ersatzbataillon nach Potsdam eingezogen worden. »Ich war nicht mutig genug, um zu desertieren«, sagte er. Sechs Wochen, nachdem Nazi-Deutschland die Sowjetunion überfallen hatte, im August 1941, wurde er an eine russische Nebenfront versetzt.

Sechs Monate später schickte man ihn mit einer Gruppe von Medizinstudenten nach Deutschland zurück, wo er zum Sanitäter und Narkotiseur ausgebildet wurde. Von Sommer 1942 bis Dezember 1942 arbeitete er in dieser Funktion an der Front im Norden Russlands, bis er mit einer Hepatitis nach Hause geschickt wurde. Anfang 1943 wurde er einer »Studentenkompanie« zugeteilt und zurück an die Universität geschickt, nach Hamburg. In den eroberten Ostgebieten würde man schließlich nach dem Sieg eine große Anzahl von Ärzten brauchen.

*

Ulrike Meinhof besuchte Gudrun Ensslin im Gefängnis, die beiden Frauen freundeten sich politisch an. Ulrike Meinhof schrieb einen ihrer berühmtesten *Konkret*-Kommentare mit dem Titel »Warenhausbrandstiftung« und darin den legendären Satz: »Das progressive Moment einer Warenhausbrandstiftung liegt nicht in der Vernichtung der Waren, es liegt in der Kriminalität der Tat, im Gesetzesbruch (...)«

Das Urteil gegen Baader und Ensslin vom 31. Oktober 1968 war höher als für die meisten Nazis, sofern diese überhaupt je vor Gericht gezerrt wurden: je drei Jahre Zuchthaus. Am 13. Juni 1969 wurden Gudrun Ensslin und Andreas Baader vorübergehend aus dem Gefängnis entlassen, im Juli sollte ihre Revision über die Urteile entschieden werden.

Der Bundesgerichtshof verwarf die Revision, und Baader und Ensslin flohen nach Paris, wo sie eine Zeit lang in der Wohnung des abwesenden Régis Debray wohnten. Der frühere Mitkämpfer Guevaras saß in einem bolivianischen Gefängnis, aus dem er bald, aufgrund internationaler Proteste – unter anderen setzte sich Bertrand Russell für ihn ein – und dank der guten Beziehungen seiner Familie, 1970 vorzeitig entlassen wurde.

Jahre später wurde Debray Berater des französischen Präsidenten Mitterand. Tariq Ali schrieb 1987 über Debray: »Die betrübliche Tatsache lag darin, dass der Verfasser von *Revolution in der Revolution?* (...) nun zum Gefangenen des französischen Nationalismus geworden war. Als inoffizieller Botschafter bereiste er Länder der Dritten Welt, um französische Mirage-Flugzeuge und Exocet-Atomraketen an Regimes zu verkaufen, deren Staatshaushalt von Militärausgaben grotesk aufgebläht war. Debray verteidigte die französische Politik in Afrika und das Festhalten an der Atombombe.« (*Street-Fighting Years. Autobiografie eines 68ers*, 1998)

Die beiden anderen Kaufhausbrandstifter, Thorwald Proll und Horst Söhnlein, traten ihre Reststrafe an. Baaders und Ensslins Gnadengesuche wurden abgelehnt.

*

In wenigen Monaten, im Mai 1969, würde ich das Abitur machen. Vertraute Freundeskreise lösten sich auf, und ich wusste nicht, wo ich hingehen würde.

»Du bist zu jung, um zu studieren. Die nehmen keine 17-Jährigen«, behauptete meine Mutter. Plötzlich schien die ersehnte Freiheit nach dem Abitur bedroht.

Auf einem der Adelsbälle, die ich ab und an, seit ich 15 war, besuchte, freundete ich mich gelangweilt mit einem jungen Adligen an. Er schien nicht ganz so reaktionär wie die anderen, bis er mich zu seiner Burschenschaft mitnahm und dann auch noch seinen Eltern vorstellte. Ich war bulimisch dünn, die Ellenbogen dicker als die Oberarme, 17 Jahre alt. Die Eltern des jungen Mannes betrachteten mich dennoch wohlwollend, wie eine potenzielle Zuchtstute. Die Kleine kam aus guter Familie. Der Vater war fast schon berühmt. Etwas zu mager war sie, aber die Hüften würden für die Reproduktion schon ausreichen.

Ich betrat die Villa des 150 Jahre alten Corps Saxo-Borussia in Heidelberg. Auch an Festabenden, bei denen Frauen zugelassen waren, ergoss sich der Alkohol in unfassbaren Mengen in die Kehlen der »Füchse« und der »Alten Herren«. Wurde nicht gesoffen, wurden reaktionäre Reden gehalten, geprahlt und nationale Lieder gesungen. Witze gegrölt, nicht so zotige wie sonst, denn es waren ja »Damen« anwesend, wie immer wieder jemand mahnte. Hier schmiedete mann Beziehungen, die Profit brachten und Reputation.

Arrivierte Saxo-Borussen, unter ihnen früher auch einmal ein gewisser Dr. Friedemann Freiherr von Münchhausen, Staatssekretär des nordrhein-westfälischen Justizministeriums, hielten Reden und priesen den besonderen pädagogischen Wert der Corps. Hier wurde an der Größe Deutschlands gearbeitet und an adlige Traditionen erinnert. Nur weil die Weimarer Republik den jungen Adel so orientierungslos gemacht hätte, sagte ein anderer Referent, hätten viele Angehörige der studentischen Jugend auf das neue System des Nationalsozialismus gesetzt.

Mann fühlte sich als Elite, eine »Elite«, die sich das Gehirn zersoff. Das Militär, die Jagd, der Profit. Eine enge Auswahl an Themen. Kein linkes Pack störte. Frauen dienten der Dekoration und der Fortpflanzung. Meinte mann es besser mit ihnen, stellte mann sie auf einen Sockel, ließ sie nicht mehr frei herumlaufen und betete sie an.

Ibsens Nora wollte nicht mehr ihres Bankdirektorgatten »Lerche« sein, nicht seine dekorative Puppe, sondern versuchen, »ein Mensch zu werden«. Nora sagte: »Ich muss mich davon überzeugen, wer recht hat, die Gesellschaft oder ich.«

Ich ekelte mich vor mir selbst. Ich verriet mit meiner Anwesenheit Menschen, die ich kennen und schätzen gelernt hatte. Was hatte ich hier verloren? Diese Leute waren Gegner meiner zaghaft deutlicher werdenden Vorstellungen vom Leben. Linke StudentInnen waren deren Feinde, Vaterlandsverräter, Abschaum, Pöbel allesamt. Ich verließ das Haus, eine der schönsten Villen Heidelbergs, und kam nie wieder.

*

Hätte ich im Winter 1969 schon studiert, zum Beispiel in Frankfurt am Main, hätte ich vielleicht einen Konflikt miterleben können, von dem ich unendlich viel gelernt hätte. Der Konflikt hätte mich an die Auseinandersetzungen mit meinem Vater erinnert und Grundfragen angesprochen, die mich beschäftigten und zu deren Klärung mir Wissen und Übung fehlten. Mindestens aber hätte er mir so viel Mut gemacht, dass mich niemand mehr nach dem Abitur hätte in ein Internat stecken können.

Theodor W. Adorno sah am 31. Januar 1969 von seinem Fenster im Institut für Sozialforschung, dem Hort der Frankfurter Schule, eine Gruppe von StudentInnen eilig auf das Institut zukommen. Das Soziologische Seminar war den StudentInnen verschlossen, und sie suchten – wie so oft und auch diesmal ohne Besetzungsabsichten – einen Raum zum Diskutieren. Professor Ludwig von Friedeburg und Professor Theodor W. Adorno, zwei von drei geschäftsführenden Direktoren, forderten die 76 StudentInnen auf, das Gebäude zu verlassen. Als diese nicht folgten, riefen sie die Polizei, die alle festnahm und abtransportierte. Bis auf einen Studenten wurden alle noch am selben Tag wieder freigelassen: Hans-Jürgen Krahl, 26-jähriger Philosophiedoktorand und Adorno-Schüler, kam für einige Tage in Untersuchungshaft.

Marcuse beantwortete im April 1969 eine Einladung Adornos: »Kurz: ich glaube, dass, wenn ich die Instituts-Einladung annehme, ohne auch mit den Studenten zu sprechen, ich mich mit einer Position identifiziere (oder mit ihr identifiziert werde), die ich politisch nicht teile. Brutal: wenn die Alternative ist: Polizei oder die Studenten der Linken, bin ich mit den Studenten (...) Besetzung von Räumen (außerhalb meiner Wohnung) ohne solche Gewaltdrohung ist für mich noch kein Grund, die Polizei zu rufen. (...) Wir können die Tatsache nicht aus der Welt schaffen, dass die Studenten von uns (...) beeinflusst sind (...) Wir wissen (und sie wissen), dass die Situation keine revolutionäre ist, nicht einmal eine vor-revolutionäre. Aber dieselbe Situation ist so grauenhaft, so erstickend und erniedrigend, dass die Rebellion gegen sie zu einer biologischen physiologischen Reaktion zwingt: man kann es nicht mehr ertragen, man erstickt und muss sich Luft schaffen. Und die frische Luft ist nicht die eines ›linken Faschismus‹ (*contradictio in adjecto*!), es ist die Luft, die wir (wenigstens ich) auch einmal atmen möchten und die sicher nicht die Luft des Establishments ist.«

Adorno reagierte einen Monat später verärgert auf Marcuses Brief. Er verteidigte den Begriff »linker Faschismus« und fuhr fort: »Wir, Du nicht anders als ich, haben seinerzeit eine noch viel schauerlichere Situation, die der Ermordung der Juden, ertragen, ohne dass wir zur Praxis übergegangen wären: einfach deshalb, weil sie uns versperrt war. Ich halte es für eine Sache der Selbstbesinnung, dass man sich über das Moment der Kälte in einem selbst klar ist. Schroff gesagt: dass Du wegen der Dinge in Vietnam oder Biafra einfach nicht mehr leben könntest, ohne bei den studentischen Aktionen mitzumachen, betrachte ich als eine Selbsttäuschung.«

Adorno lehnte es ab, den Strafantrag gegen Krahl zurückzunehmen.

Im Mai 1969 wurde an der Universität Berkeley, Kalifornien, auf Befehl von Gouverneur Ronald Reagan, auf fliehende Studenten geschossen. 2000 Nationalgardisten, auch mit Bajonetten bewaffnet, hatten die Universität überfallen. Ein Student starb. Es kam zu Massenverhaftungen, Hubschrauber- und Gasangriffen auf die Universität. Alle kalifornischen Universitäten traten in Streik. Marcuse, der an der Universität von La Jolla, Kalifornien, lehrte und die Streiks unterstützte, sagte seinen Besuch in Frankfurt am Main ab.

Am 18. Juli stand Krahl vor Gericht. Adorno trat als Zeuge gegen ihn auf. Krahl wurde am 25. Juli wegen einfachen Hausfriedensbruchs zu 300 Mark Geldstrafe verurteilt.

Am 6. August starb Adorno an einem Herzinfarkt. Krahl schrieb in seinem Nachruf: Adorno »teilte die Ambivalenz des politischen Bewusstseins vieler kritischer Intellektueller, die projizieren, die sozialistische Aktion von links setze das Potenzial des faschistischen Terrors von rechts, das sie bekämpft, überhaupt erst frei. Damit aber ist jede Praxis apriori als blind aktionistisch denunziert.« Diese interessenbeladene Unlogik war mir vertraut.

Adornos sozialistische Schüler, fuhr Krahl fort, hätten zu politischen Gegnern ihres Lehrers werden müssen, weil Adorno nach jenem berühmten Wort von Marx die »Waffe der Kritik« nicht durch die »Kritik der Waffen« ergänzt habe. Dies habe ihn »in eine kaum zu durchschauende Komplizenschaft mit den herrschenden Gewalten gedrängt«.

Aber Krahl drohte der »Lederjackenfraktion« im SDS mit Gewalt, wenn sie, wie angekündigt, auf Adornos Beerdigung Eier gegen den hessischen Kulturminister würfen.

»Ich glaube«, sagte Marcuse in einem Interview nach Adornos Tod, »es gibt niemanden, der so wie Adorno der bestehenden Gesellschaft radikal gegenüberstand, der sie so radikal gekannt und erkannt hat.«

In der Nacht zum 15. Februar 1970 kam Hans-Jürgen Krahl bei einem Autounfall ums Leben. (Ralf Wiggershaus, *Die Frankfurter Schule*, 1988; Wolfgang Kraushaar, *Frankfurter Schule und Studentenbewegung*, 1998)

*

Ich hatte LehrerInnen, die Linke waren, KommunistInnen oder SozialistInnen, die als solche nicht offen vor uns auftraten. Jahre nach dem Abitur schrieb mir eine ehemalige Lehrerin, die früher an der Elisabeth-von-Thadden-Schule unterrichtet hatte, dass sie vor dem Zweiten Weltkrieg Mitglied der Kommunistischen Partei gewesen war. Ich nahm ihr das frühere Schweigen übel. Jahre zuvor hätte ich offene Gespräche mit einer wie ihr so dringend gebrauchen können. Ich hätte Säcke voller Fragen gehabt.

Wie entdeckt ein Mädchen alte Linke, wenn sie sich verbergen? In Anna Seghers' *Das siebte Kreuz* (1942) finden sich Gleichgesinnte unter unendlich viel härteren Bedingungen:

»Paul hatte sich rumgedreht, da hatten die ruhigen Augen von Fiedler aufgeglänzt von irgendeinem Triumph in seinem ernsten, verhaltenen Gesicht. (...) Wieso ist der auf mich verfallen, dachte Fiedler. War mir denn überhaupt noch was anzumerken? Ja, Fiedler – Fiedler, du hast so lang und so gut auf dich achtgegeben, dass man dir ja nichts anmerkt, bis auf einmal das nicht mehr da war, was man dir nicht mehr anmerken sollte. Es war erloschen. Somit war wirklich keine Gefahr mehr, dir etwas anzumerken.

Aber es muss doch etwas geblieben sein, sagte er zu sich selbst, trotz aller Vorsicht, ohne deine Absicht. Es ist geblieben, und der Röder hat's gespürt.«

Nein, ich hatte nichts gemerkt. Wie sollte ich subtile Zeichen von etwas entdecken, dessen Existenz ich mehr erhoffte als kannte?

Unser Religionslehrer Siegfried Müller machte Ostpolitik und durchlüftete unsere Köpfe zum Beispiel auf einer Berlinfahrt. Meine Oberprima fuhr im Frühjahr 1969, zwischen dem schriftlichen und dem mündlichen Abitur, nach West- und Ostberlin. Wir wohnten in einer Jugendherberge im Westen und verbrachten die Hälfte der Zeit im Osten der Stadt. Immer um Mitternacht mussten wir die Grenze passiert haben. Müller hatte 1954 am Deutschen Evangelischen Kirchentag in Leipzig teilgenommen und nutzte seine Kontakte für 44 Klassenfahrten nach Berlin und in die DDR, die er bis 1978 organisierte.

Es spricht nachträglich viel dafür, dass dieser Lehrer den Antikommunismus und die Ideologie des Kalten Krieges, in der wir alle von klein auf gebadet worden waren, planvoll zu demontieren versuchte. Zu seinen Freunden in Westberlin gehörte der sozialistische und pazifistische Theologe Martin Niemöller. Müller zeigte uns Ostberlin. Er führte und dort zu einem Pfarrer, der Christ und Sozialist war. Ich hatte das stets für unvereinbar gehalten. Der Pfarrer äußerte harte Kritik an der DDR. Zu unserer Überraschung war das *Aber* dennoch groß: Die DDR brauche zu ihrem Überleben den Schutz einer »Käseglocke« namens Mauer. So einer war mir noch nie über den Weg gelaufen. Ein Pfarrer, der von der sozialistischen Alternative zur BRD überzeugt war. Der sagte, wie sehr er die Bespitzelung durch den Staat verabscheute, aber wie sehr er die sozialen Vorteile der DDR für die einfachen Leute schätzte. Wieso konnte einer gleichzeitig kritisch sein und solidarisch?

Lehrer Müller hatte eines Abends Karten für das Brecht-Theater besorgt. *Die heilige Johanna der Schlachthöfe* hatte ihre Lektion gelernt: »Sorgt doch, dass ihr die Welt verlassend / Nicht nur gut wart, sondern verlasst / Eine gute Welt! / (…) Denn es ist eine Kluft zwischen oben und unten, größer als / Zwischen dem Berg Himalaja und dem Meer / Und was oben vorgeht / Erfährt man unten nicht / Und nicht oben, was unten vorgeht. / Und es sind zwei Sprachen oben und unten (…)«

Was tut sich im Hirn, wenn Zweifel und Unwissen auf Worte prallen, die eine völlig andere Sicht auf die Welt bieten? Auf eine offensichtlich gespaltene Welt und auf viel falschen Trost für die Unterdrückten. Johanna Dark sagt sterbend: »Und auch die, welche ihnen sagen, sie könnten sich erheben im Geiste / Und stecken bleiben im Schlamm, die soll man auch mit den Köpfen auf das / Pflaster schlagen. Sondern / Es hilft nur Gewalt, wo Gewalt herrscht, und / Es helfen nur Menschen, wo Menschen sind.«

Außer einem anderen kurzen Tagesausflug nach Ostberlin war dies meine erste und letzte Reise in die DDR für die nächsten 21 Jahre. Ich wurde eine DKP- und DDR-kritische Linke, und sie ließen mich bis 1990 – im Gegensatz zu anderen Grünen – kein einziges Mal mehr einreisen. In meiner Stasiopferakte fand ich 32 Jahre nach dieser Klassenfahrt bescheuerte, kenntnisfreie Darstellungen und Einschätzungen meiner politischen Positionen, einen Auftrag zur Telefonüberwachung und den Hinweis: Dem »Fahndungsobjekt [d. Verf.] ist bei Rückweisung der Satz ›Ihre Einreise in die DDR ist gegenwärtig nicht erwünscht‹« zu übermitteln. Exakt der Satz, den ich bei jedem gescheiterten Einreiseversuch zu hören bekam.

*

In der Zeit vor dem Abitur 1969 hatte ich plötzlich viel mehr Freiheit als früher. Bekam üppige 50 Mark Taschengeld im Monat. Durfte mir die Entschuldigungen für mein Fehlen in der Schule selbst schreiben. Immer noch fuhr ich jeden Morgen mit der Oberrheinischen Eisenbahngesellschaft von Großsachsen über Leutershausen, Schriesheim und Dossenheim durch Heidelberg nach Wieblingen. Immer öfter auf der Brücke über den Neckar packte ich rasch meine Sachen und sprang hinaus.

Es lag so früh am Morgen oft ein besonderes Licht über dem Fluss, frisch gewaschen, klar und hell. Kaum ein Mensch auf der Straße morgens um 7.15 Uhr. Wenig Menschen liefen herum, und die wenigen gingen zielstrebig. Als Flaneurin war ich allein und sah der Stadt beim Aufwachen zu. Ich mochte das leichte Frösteln, bevor die Sonne wärmte. Unten am Fluss war das Gras noch feucht. Ich setzte mich auf meine Jacke und sah auf den Fluss, die Häuser und das Schloss über der Stadt. Erst ab neun Uhr konnte ich Käse kaufen, ein paar frische Brötchen und, sofern das Taschengeld reichte, auch zwei Scheiben Schinken. Während die Schule längst begonnen hatte, verließ ich die Stadt in die andere Richtung, nahm den Bus nach Schlierbach, lief von der Endhaltestelle den Berg hinauf, öffnete das Tor, ging leise hinter dem Bungalow in den Garten. Er lebte in dem hölzernen Gartenhäuschen. Ich schloss die Tür, legte das Frühstück auf den Tisch und mich auf ihn. Ich mochte seinen Geruch am Morgen. Wir verschwitzten ineinander, dann war er entspannt.

Aus Hannover erreichten uns im Juni 1969 heitere Nachrichten. Dort hatten SchülerInnen, Lehrlinge und StudentInnen gegen geplante Fahrpreiserhöhungen bei den Straßenbahnen demonstriert. Auch wir bestreikten nach einer Fahrpreiserhöhung in Heidelberg Straßenbahnen und Busse und ließen den öffentlichen Nahverkehr zusammenbrechen. An zentralen Haltestellen, wie vor Horten am Bismarckplatz, riefen Streikende die Fahrgäste per Megafon auf, nicht in die Straßenbahn einzusteigen, sondern stattdessen in klapprige Studentenautos. Parole: »Die Straßenbahn fährt kostenlos, oder sie fährt gar nicht!« Eine Frau mit Kinderwagen zum Schwimmbad? Bitte schön. Vier Plätze nach Ziegelhausen? Zwei Plätze nach Handschuhsheim? Jedes vorbeifahrende Auto, dessen Fahrer Neugier oder Sympathie zeigte, wurde angehalten und gefüllt. Tausende stellten schließlich sich und ihre Autos zur Verfügung. Zehntausende Fahrgäste nutzten täglich den Roten Punkt.

Auf unseren Flugblättern stand: »Der Kampf gegen die Tariferhöhung richtet sich gegen die Sozialpolitik im Kapitalismus. Der Kapitalismus hat seine Macht im Betrieb. Wo bleibt der DGB?« Der DGB sprang – rein verbal – auf die Aktion auf. Die SympathisantInnen in Betrieben hatten Druck gemacht. Wirklich soziale Preise, Nulltarif oder Bezahlung der Fahrpreise durch das Kapital, wie wir es forderten, schalt der DGB als »utopistisch«.

Die *Rote Kampfzeitung* des AStA fand reißenden Absatz. »Lasst tausend rote Punkte blühen!« Der Polizei gelang es nicht, uns zu verjagen. Und wieder »wurde der werktägliche Feierabendverkehr von den roten Punkten bewältigt«, schrieb das *Tageblatt*. Nach vier Tagen stellte die Straßenbahn ihren Betrieb ein. Die Aktion stieß auf so viel Sympathie, dass der grottenkonservative Heidelberger Oberbürgermeister Zundel sich gezwungen sah, sich bei der Landesregierung Geld zu verschaffen, um die Fahrpreise wieder senken zu können. Es war meine erste politische Aktion. Ich hatte Verknöcherungen aufbrechen sehen, und das gefiel mir.

Mai 1969. Ich hatte mein Abitur. Und nun?

»Mit 17 darfst du noch nicht studieren, die lassen dich gar nicht«, behauptete meine Mutter noch immer. Vielleicht hatte sie gemerkt, wie oft ich die Schule geschwänzt hatte. Ich überprüfte ihre Aussage nicht. Nach dem Abitur, im Herbst, wollte sie mich in ein Internat stecken. Ein höheres Töchterheim in Garmisch-Partenkirchen. »In so was war ich auch«, sagte sie, aber anderswo, und das sei »sehr, sehr schön« gewesen, und sie habe für ihr ganzes Leben gelernt. Mir fiel nicht ein, dass ich ja anders leben wollte als sie. Komisch, früher hat sie mir erzählt, wie scheußlich es da gewesen war und dass sie kniend die Fußböden mit kaltem Wasser schrubben musste und nur Hausfrauenscheiße lernte. Muss ich verwechselt haben. »Nein«, sagte sie jetzt, »dort habe ich viele Freundinnen kennengelernt.« Welche denn?

»Dort lernst du viel, was du für das Studium brauchst.« Sie sagte nicht: »für die Ehe«, sonst wäre ich nicht auf sie hereingefallen. So hielt sie mich noch eine Weile fort von Rebellion und Sexualität, glaubte sie. Je näher die Entscheidung kam, umso unsicherer wurde ich. Ich wollte nicht in dieses Bayern. Meine FreundInnen waren in Heidelberg. Ich wollte an die Universität und nicht in ein elendes Internat, nicht so kurz vor der Freiheit noch ein Knast. Ich weiß nicht mehr, wie sie es schaffte. Sie hatte mich jahrelang an den Gedanken gewöhnt. Schließlich bestach sie mich: »Dein Freund kann dich hinbringen, ihr kriegt mein Auto, fahrt früher los, ich schenke euch drei Tage Urlaub.« Das zerbrach, kurzsichtig wie ich war, meine Opposition. Ich verpasste den letzten Zeitpunkt, »Nein« zu sagen.

Ich wagte nicht, in Garmisch-Partenkirchen ein Doppelzimmer zu reservieren. Das war bestimmt illegal. Der Kuppeleiparagraf galt noch. Denn hätte mich die Pensionswirtin gefragt, »Sind Sie verheiratet?«, was hätte ich antworten sollen? Wir schlichen über den Flur und zahlten das Doppelte.

Sechs Monate Internatsknast, sechs Monate verschwendete Zeit im »Höheren Töchterheim Dr. Mehltretter« in Garmisch-Partenkirchen. Im Haus ein reaktionäres Frauenbild: Bayerisch kochen lernen / Säuglingspflege / Haushalt / Steno / Schreibmaschine / Etikette / Kulturprogramm / Skifahren. Um das Gebäude eine Mauer, über der Stadt auch noch überaus hohe Berge.

Klausur in Hauswirtschaft.

»Schreiben Sie einen Plan für eine Woche.«

Wozu brauche ich das? So wollte ich doch nicht mehr leben.

Ich hasste Hausarbeit längst.

Prüfung in Säuglingspflege.

»Warum haben Sie ein leeres Blatt abgegeben?«

»Ich will keine Kinder.« Das hatte ich noch nicht entschieden, aber was ging die das an?

»Manche Mädchen werden schneller guter Hoffnung, als sie denken.«

»Dann treibe ich ab.«

Sie japste. Ich konnte unbenotet, aber schwer bewertet den Raum verlassen.

Raus durch die sehr sichtbaren Mauern, durften wir nur für wenige Zwecke: einmal in der Woche von einer Telefonzelle im Ort mit den Eltern telefonieren. Zweimal in der Woche nachmittags für kurze Zeit Besorgungen machen. Skilaufen lernen (das Einzige, was Spaß machte). Ich sah, wie einige andere Mädchen zur Beute für Offiziere bei sonntäglichen Tanztees in irgendwelchen Luxushotels wurden. Das ließ die Internatsleitung sonderbarerweise durchgehen. Viele Mädchen machten in Garmisch aus reinem Trotz sexuelle Erfahrungen mit allen möglichen Idioten: Es gab Offiziere, Skilehrer, Eishockeyspieler und andere Mädchen.

Sonntags zwangsweise in die Kirche. Mehr und mehr wurde mir die Kirche zuwider. Gott gab es nicht. Da stand einer auf der Kanzel, verpasste uns Lektionen, und keine durfte widersprechen. Warum sollte es so einem Pfarrer besser gehen als meinen Eltern, denen ich längst auch nicht mehr alles glaubte, nicht ohne zu widersprechen zuhörte? Diese Architektur, diese überheblichen Gemäuer, diese Proportionen – wie die von Schlössern und Gerichten – sollten einfache Menschen klein machen, so dass sie sich fügten zum Vorteil derjenigen, die über sie herrschten. Ich wollte nicht unten bleiben, waren wir doch gerade dabei, uns zu erheben, um zu sehen, was das Leben zu bieten hatte.

Meine Eltern zahlten Schulgeld, etwa 600 Mark im Monat. Dafür sparte das Töchterheim viel Personal. Als Vorbereitung auf das spätere Hausfrauenleben lernten wir ordentlich putzen. Selbst die Abwasserleitungen und Heizungsrohre im Keller wurden regelmäßig gereinigt. Wären wir Jungs gewesen, hätte uns die Leiterin, eine gewisse Gräfin Schalscha, gewiss Spachtel und Mörtel in die Hände gedrückt, damit wir das Haus instand setzten.

Meine Wut über die geraubte Freiheit, die schon so nah und duftend vor meiner Nase gelegen hatte, stieg. Ich war zu wohlerzogen, zu emotional abhängig von der Anerkennung meiner Eltern, hatte zu wenig Selbstbewusstsein, um wirklich etwas Verwegenes anzustellen. So suchte ich andere Ventile. Streiche. Kleine Verweigerungen. Winzige Sabotageakte. Vorsichtige Subversivität.

Ich beleidigte die Offiziere beim Tanztee. Zweimal haute ich nach München ab – nur tagsüber und nachts zurück, braves Mädchen.

Ich fand einen älteren, väterlichen Freund und gab vor, er sei mein Liebhaber. Noch immer flog ich nicht raus. Viel mehr kränkte die Internatsleitung, dass dieser nette Mensch regelmäßig Joghurt, Obst und Feinkost an der Tür des Internats abgab, für mich und meine Freundinnen, mit dem lauten – und zutreffenden – Hinweis auf die miserable, billige und einseitige Ernährung im Internat: morgens und abends schlapper Tee. Pampiges Mischbrot. Billige Marmelade. Wurst und Käse.

Das Internat war scharf auf die Zahlungen der Eltern, eine Geldquelle, die bei Rauswurf versiegte. Ich flog leider nicht und musste lernen, meine Selbstachtung durch Provokationen zu verteidigen. Das meiste, was Spaß machte, war verboten, Fotos aufhängen nicht. Wozu gab es erotische Fotos aus *Twen*? Noch wütendere Reaktionen erfuhren die Fotos von Studentenunruhen in Westberlin aus *Konkret* und *stern*. Straßenschlachten. Kommunen. Fahnen. Als auch das verboten wurde, hängte ich ein Foto von langhaarigen Studenten auf und behauptete, das seien meine Freunde.

Eine Gruppe von Mädchen sollte nach Salzburg in die Oper. Schließlich hatte die Internatsleitung den Eltern bei deren Anmeldung versprochen, auch etwas für die Kultur ihrer Töchter zu tun. Einmal Oper in sechs Monaten war das gesamte Kulturprogramm. Die Gräfin und eine Lehrerin begleiteten uns als Aufpasserinnen. Sie erstarrten, als ich in der Garderobe meinen langen Wintermantel ablegte. Ich hatte mich kostümiert wie Cher: tiefschwarz ummalte Augen. Jacke aus schwarzem Kunstlackleder. Minirock, kaum breiter als ein Gürtel. Schwarze Netzstrümpfe. Barbusig unter einer transparenten Bluse.

Die Gräfin konnte sehr laut zischen: »Fräulein von Ditfurth sieht aus wie eine Nutte. Sie gehört heute Abend nicht zu uns! Entfernen Sie sich von ihr!« Ein wohliges Gefühl durchströmte mich. Ich setzte mich vergnügt in eine abgelegene Reihe und verschlief Wagners scheußliche *Meistersinger* bis zu irgendwelchen Paukenschlägen.

*

Etwa zur gleichen Zeit, im Januar 1970, bereitete Ulrike Meinhof die Dreharbeiten für ihren ersten Fernsehfilm *Bambule* vor. Im Februar, die Dreharbeiten waren abgeschlossen, standen Andreas Baader und Gudrun Ensslin, aus Italien kommend, plötzlich vor ihrer Wohnungstür. Meinhof war bereit, ihnen zu helfen. Anfang April 1970 wurde Baader bei einer Verkehrskontrolle von der Polizei festgenommen und mit Hilfe von Ulrike Meinhof am 14. Mai 1970 aus der Haft befreit. Ulrike Meinhof ging in den Untergrund.

*

Im März 1970 wurde ich aus dem Internat entlassen. Ich wollte endlich das Leben kennenlernen. Übersiedeln in die wirkliche Welt, von der ich nur Skizzen besaß. Ich würde meine Zweifel füttern, aber vor allem meine Neugier. Aus einer Welt gefüllt mit großbürgerlichen Mythen kommend, brauchte ich weder Erweckungserlebnisse noch Verklärungen. Es erschien mir das größte vorstellbare Abenteuer, mitten in einer Stadt zu leben, allein zwischen FreundInnen, und jeden Tag selbst zu entscheiden, was ich tun wollte. Welche Stadt? Welches Studium? In Heidelberg, wohin es mich wegen der politischen Abenteuer und meiner FreundInnen zog, gab es keine Kunstakademie. Mein Vater lieferte unwissentlich Argumente für meine neue Entscheidung.

»Es besteht die Gefahr«, sagte mein Vater ernst, »dass du nicht von freier Malerei leben kannst und für die Werbung arbeiten musst, das heißt für die Industrie, und du wirst nicht malen können, was du willst.« Mein Vater hatte den Direktorjob bei Boehringer Mannheim hingeschmissen und begonnen, von seiner Schriftstellerei und Fernseh- und Rundfunkaufträgen zu leben. Warum sagte er das jetzt erst? Weil er jetzt erst selbst »die Industrie« verlassen hatte?

»Willst du die Malerei nicht einfach zum Hobby machen und mit einem anderen Beruf Geld verdienen?«

Mit welchem anderen Beruf? Ich hatte keinen zweiten Plan. Es gab zu viele Dinge, die mich interessierten. Wenn ich nicht Malerin werden konnte, dann Mathematikerin oder Ärztin, Historikerin oder Astronomin? Niemals Lehrerin. Ich wollte kein Wissen vermitteln, ich wollte Wissen aufsaugen. Niemals Betriebswirtin oder Juristin werden. Sicher zu viele Burschenschaftler.

Mit dem Umzug ins nahe Heidelberg entfernte ich mich ein paar

Hundert Kilometer von zu Hause, denn meine Eltern zogen mit den drei jüngeren Geschwistern nach Ahrensburg bei Hamburg. Hoimar hatte mit dem ZDF einen freiberuflichen Vertrag für die populärwissenschaftliche Wissenschaftsreihe »Querschnitte« abgeschlossen und schrieb an seinem ersten Buch *Kinder des Weltalls*, das 1970 ein Bestseller werden sollte. Ich fand ein Zimmer in einer Dreizimmer-Wohngemeinschaft in der Römerstraße in Heidelberg.

Niemand legte mich fest. Ich konnte studieren, was ich wollte. Niemand beriet mich. Beruhte meine »Freiheit« auf Gleichgültigkeit? Medizin interessierte mich, aber hätte ich da nicht meinen Vater nachgeahmt, wo ich doch nichts lieber wollte, als mein eigener Mensch werden? Auf Schritt und Tritt wäre ich auf KollegInnen meines Vaters gestoßen und so und »dank« eines biologischen Zufalls in den ungewollten Genuss von Bevorzugungen und Privilegien gekommen. Mein Vater war als Wissenschaftsjournalist inzwischen sehr bekannt, und ich hatte reichlich Erfahrungen gesammelt, wie ÄrztInnen Kinder von KollegInnen bevorzugten. Das war eine Schweinerei. Ich hatte es in den sonderbarsten Situationen – in der Schule, auf Behörden und sonst wo – erlebt, dass ich nur allein aufgrund meines adligen Namens manchmal anders behandelt wurde als andere Kinder, manchmal verächtlich gemacht, meistens aber vorgezogen wurde. Auch das war zum Kotzen.

Ich wollte Privilegien loswerden. Wie machte eine das? Sicher nicht, in dem sie beruflich »in die Fußstapfen« ihres Vaters trat.

Ich geriet, bis ich mir einen ausreichend schlechten Ruf erarbeitet hatte, in den nächsten Jahren immer wieder mal in die Situation, dass ich, nur weil ich »adlig« oder die Tochter meines Vaters war, berufliche Angebote bekam, vor allem für Jobs in Medien und Verlagen, für die ich nicht einmal eine formale Qualifikation besaß. Ich empfand solche Offerten als Beleidigungen – andere nicht, wie mensch heute manch einem Abspann und vielen Impressen ansieht.

Es gab kein: Ich will das oder jenes werden. Zu meiner, milde ausgedrückt, widersprüchlichen Erziehung gehörte das alte humanistische Ideal der zweckfreien Bildung, Wissen war keiner Funktion unterworfen. Ich konnte mir vieles vorstellen. Es herrschte keine Angst vor Arbeitslosigkeit, gesellschaftlich nicht und nicht in meinem Kopf. Ich wollte keine Vorstellungen davon haben müssen, was ich einmal werden würde. Begegnete ich einem, der sein Leben schon geplant hatte, erschien der mir wie ein Halbtoter kurz vor der Grube. Das einzige Kriterium war die Befriedigung meiner Neugier und meines Wissensdurstes. Kein anderer Ehrgeiz zählte.

Ich kompensierte das aufgegebene Malereistudium mit Kunstgeschichte, denn die konnte man in Heidelberg studieren. Politische Wissenschaften nahm ich als zweites Hauptfach dazu. Schließlich war das politikwissenschaftliche Institut an der Uni Heidelberg soeben per Transparent in »Rosa-Luxemburg-Institut« umgetauft worden. Keiner nahm das Transparent ab.

Der SDS hatte sich Ende März 1970, eine Woche vor dem Beginn meines Studiums, aufgelöst. Die Heidelberger SDS-Sektion existierte noch, befand sich aber im freien Verfall und wurde im Herbst 1970 von der baden-württembergischen Landesregierung verboten.

Welcher Organisation sollte ich mich anschließen? Ich besuchte Teach-ins und setzte mich im Hörsaal hinten an den Rand. Welche linke Organisation kam für mich infrage? Manche verstand ich nicht. Sie redeten in Codes und abstrakten Kategorien, die nur für Eingeweihte gedacht schienen. Einiges gefiel mir. Wenn sie von Emanzipation sprachen, von Internationalismus und von Aufhebung der Ausbeutung zum Beispiel. Unter Emanzipation hatte ich verstanden, dass Frauen und Männer traditionelle Verhaltensweisen abzulegen hatten. Dass Frauen die gleichen Fähigkeiten und Rechte hatten wie Männer.

Ein mit Menschen gefüllter Hörsaal. Verqualmt. Vorn am Tisch des Versammlungsleiterkollektivs Mikrofone. Ich erinnere mich nicht mehr an das Thema. Ein Redner nach dem anderen stieg über die am Boden Sitzenden und argumentierte, stritt, widersprach, stimmte zu. Mir gefiel das Temperament der Auseinandersetzung. Anregend. Mir missfiel, wenn aus taktischen Gründen Argumente anderer falsch zitiert wurden. Die Radikalität verunsicherte mich.

Da war einer, der sich mit Hut und Schal wie die schlechte Kopie eines Bohemien inszenierte. Er qualmte fortwährend und nuschelte schwäbisch. 1973 würde Hans-Gerhart »Joscha« Schmierer (»Der Osten ist rot, China ist jung, Joscha Schmierer grüßt Mao tse Tung.«)

Sekretär, also Chef, des neu gegründeten KBW werden, 1978 eine KBW-Delegation zu Pol Pot und den Roten Khmer nach Kambodscha leiten und 1999 als politischer Berater (BAT I) ein Unterkommen beim Kriegsminister Joseph »Joschka« Fischer finden.

Voller Sympathie saß ich dennoch genau da, wo ich hingewollt hatte. Aber ich war unter anderem zu Hause in jahrelangen Diskussionen geschult worden. Hier schwang noch etwas anderes mit: Was gemeint war, entsprach nicht immer dem, was gesagt wurde, es gab versteckte Motive und verborgene Konkurrenzen. Ein Redner vom SDS, später KBW, zerlegte die Auftragsforschung, die an einem Institut für den Krieg der USA in Vietnam betrieben wurde. Mich überzeugten seine Argumente. Dann setzte er sich wieder, und die zierliche SDS-Frau neben ihm kraulte ihm anerkennend den Nacken. Ich beobachtete fassungslos, dass über mehrere Stunden nicht eine einzige Frau das Mikrofon ergriff. Was bedeutete Emanzipation, von der hier fortwährend die Rede war, wenn nicht einmal hier Frauen und Männer gleich waren?

Aus der Heidelberger Sektion des SDS gingen nach dem Verbot durch die Landesregierung im Herbst 1970 die A-Fraktion und das Neue Rote Forum hervor.

Auch in Heidelberg standen sich viele linke Gruppen und Initiativen gegenüber, die sich grob in drei große Strömungen – neben etlichen Unterströmungen – unterscheiden ließen: Die größte und zugleich sicherlich in sich widersprüchlichste Szene waren sogenannte undogmatische oder »neue« Linke, die sich in Fachschaftsräten und -initiativen organisierten und die später teilweise in Basisgruppen und verschiedene antiautoritäre und autonome Formationen übergingen. Zu ihnen zählte sich die A-Fraktion. Zweitens die K-Gruppen, kommunistische StudentInnengruppen, allerlei Komitees und Zirkel, und das Neue Rote Forum (NRF-Fraktion), das den Aufbau einer weiteren kommunistischen Partei – nach KPD/ML (Kommunistische Partei/Marxisten-Leninisten; gegründet 1968) und KPD/AO (Kommunistische Partei/Aufbauorganisation; 1970) – vorbereitete: des Kommunistischen Bundes Westdeutschland (KBW), der sich schließlich 1973 gründete. Drittens die »Revis« (Revisionisten) um Jusos und DKP-Hochschulorganisationen wie den MSB (Marxistischen Studentenbund) Spartakus.

Durch Freunde fand ich losen Anschluss an das Hochschulpolitische Kollektiv (HoPoKo), eine lokale reformistische Gruppe, für das ich im Winter 1970 ins Studentenparlament gewählt wurde, ein Mandat, das ich nicht annehmen würde, weil ich nach zwei Semestern Heidelberg verließ. Die Mitglieder des HoPoKo standen irgendwo zwischen Sozialdemokratie und neuer Linker.

Wir lasen ein bisschen Marx, Frankfurter Schule und von Habermas Wohlwollendes, aber Unrealistisches wie: »Auf lange Sicht könnte deshalb der Studenten- und Schülerprotest diese brüchig werdende Leistungsideologie dauerhaft zerstören und damit die ohnehin fragile, allein durch Entpolitisierung abgedeckte Legitimationsgrundlage den Spätkapitalismus zum Einsturz bringen.« (*Technik und Wissenschaft als »Ideologie«*, 1968) Mit vielen anderen Äußerungen kam er zu nah an das, was mir schon bei meinem Vater missfallen hatte: Die Veränderung der Gesellschaft war angeblich nur im Rahmen der vorgegebenen Strukturen zu haben.

*

Jürgen Habermas hatte zudem der APO vor drei Jahren einen schweren Tritt versetzt. Benno Ohnesorg war am 9. Juni 1967 beerdigt worden. Am 3. Juni, am Tag nach Benno Ohnesorgs Tod, hatte der Berliner Senat alle Demonstrationen bis auf weiteres verboten. Im Anschluss an die Beerdigung fand in Hannover der Kongress »Hochschule und Demokratie« mit 7000 TeilnehmerInnen statt. Dort stritten Hans-Jürgen Krahl und Rudi Dutschke mit Habermas über Provokation und Gewalt, über Widerstandsformen und Aktionskonzepte in Zeiten drohender Notstandsgesetze (deren Verabschiedung bevorstand). Krahl sagte, das »blutige und brutale Dreinschlagen der (…) staatlichen Gewaltmaschinerie« gegen die Studenten sei nur deshalb möglich, weil die Studentenschaft nicht organisiert sei. »Ritualisierte Formen der Provokation« seien notwendig, mit denen eine »materiell manifeste Gewaltlosigkeit demonstrativ auf der Straße in der Öffentlichkeit« dargestellt werden könne.

Dutschke verlangte nach einer Analyse eines sich verändernden

Theorie-Praxis-Verhältnisses, gegen die zu erwartende »harte Welle der Berliner Polizei« in ganz Westdeutschland Aktionszentren und eine Organisierung der politisch bewussten StudentInnen, die über das bisherige SDS-Spektrum hinausgingen. Er wollte, dass die APO mit direkten und provokativen Aktionen – als Beispiel nannte er »Protest-Sitzstreikdemonstrationen« – demonstrierte, dass sie sich nicht unterwarf, sondern wehrte. Habermas warf Dutschke, der bereits gegangen war, daraufhin die »Terminologie« eines »linken Faschismus« vor.

Die politische Rechte nahm Habermas' Diktum begeistert auf. Zehn Monate später, am 11. April 1968, schoss Bachmann Dutschke in den Kopf. Am 13. Mai 1968 schränkte Habermas in einem Brief seine »Hannoveraner Intervention« nur lau ein: Er bleibe bei der Intention, würde aber »das Etikett des linken Faschismus« aus heutiger Sicht vermeiden.

*

Mein monatlicher Wechsel im Sommersemester 1970 betrug 480 Mark. Die Miete für das Zimmer kostete etwa ein Drittel. Der Rest reichte bei sparsamer Lebensführung. Durch das HoPoKo fand ich einen Job als studentische Hilfskraft beim Großen Senat der Universität.

Der Rektor der Heidelberger Universität, Rolf Rendtorff, Theologe und linksliberaler Sozialdemokrat, war Hassobjekt des jeglicher Demokratisierung feindlichen rechten Bundes Freiheit der Wissenschaft. Im Mai 1970 lud der Oberbefehlshaber der NATO-Heeresgruppe Mitte, US-General James Polk, Rendtorff zum traditionellen CENTAG-Sommerball ein. Kurz zuvor war die US-Army von Südvietnam aus in Kambodscha eingefallen. Der Vietnamkrieg sollte noch fünf Jahre dauern.

*

Am 30. April 1970 hatte US-Präsident Nixon – der 1969 die Präsidentschaftswahl gewonnen hatte, weil er versprochen hatte, den Vietnamkrieg zu beenden – mitgeteilt, dass er den Vietnamkrieg ausweiten würde. US-Soldaten würden nun auch in Kambodscha »für die

Freiheit« kämpfen. An Hunderten von Universitäten und Colleges wurde protestiert.

Am 4. Mai 1970 überfiel die Nationalgarde die kleine Universität von Kent im US-Bundesstaat Ohio, als wollte sie ein Exempel statuieren. Die Nationalgardisten waren bis an die Zähne bewaffnet und trugen Gasmasken. Sie marschierten auf den Campus, stoppten am Journalismus-Institut und legten ihre M-1-Gewehre an. 28 Nationalgardisten feuerten 13 Sekunden lang auf eine kleine Demonstration von KriegsgegnerInnen. Sie töteten vier junge »weiße«* MittelschichtsstudentInnen, 18, 19 und 20 Jahre alt: Sandy Scheuers Hals durchschlug eine Kugel. Jeffrey Miller traf eine Kugel mitten ins Gesicht und riss ihm den halben Hinterkopf weg. Bill Schroeder, Sohn jüdischer, deutscher EmigrantInnen, traf eine Kugel in den Rücken und durchdrang seine Lunge. Auch Allison Krause starb. Neun weitere StudentInnen wurden schwer verletzt. Dean Kahlers Wirbelsäule wurde von einem Projektil beschädigt, er ist seitdem querschnittsgelähmt.

Die Nationalgardisten waren nicht bedroht gewesen. Sie schossen nicht in Notwehr, sondern ruhig, gleichzeitig und konzentriert. Fotos, Tonbandaufnahmen und Zeugenaussagen geben Anlass zu der – unbewiesenen – Vermutung, es habe sich bei diesem Massaker um eine abgesprochene Aktion zwischen dem Gouverneur von Ohio, James Rhodes, und Präsident Nixon gehandelt.

Eine Regierungskommission stellte später fest, die Aktion sei »unnötig, ungerechtfertigt und unentschuldbar« gewesen. Selbst das FBI fand die Schießerei »nicht notwendig«. Die Täter wurden nie bestraft.

Am 14. Mai 1970, zehn Tage nach dem Massaker von Kent, tötete die Polizei zwei »schwarze«* StudentInnen auf dem Campus der Jackson State University in Mississippi und verwundete zwölf. Ihre

* Solange Rassismus existiert, gibt es äußerliche, völlig überflüssige Beschreibungen von Hautfarben. »Schwarz« und »weiß« sind hilflose Kategorien, die ich nachfolgend mangels Alternativen verwende, weil es um rassistische Auseinandersetzungen geht. Wirklich nichtrassistisch wäre, die Hautfarbe gar nicht anzugeben oder als beiläufigen Teil der unbefangenen Beschreibung eines Menschen, die das Individuum erfasst und keine »Rasse« konstruiert, die es nicht gibt.

Namen und Geschichten sind so wenig überliefert, wie die der drei 1968 erschossenen schwarzen DemonstrantInnen am South Carolina State College in Orangeburg. Nixon wurde 1972 wiedergewählt.

*

Rendtorff und seine Prorektoren Podlech und Noack lehnten die Einladung zum Tanz ab: »Wir können es weder als Privatpersonen noch als Inhaber unseres Amtes verantworten, einer Einladung der US-Armee auf eine Vergnügungsveranstaltung zu folgen, in einer Zeit, in der der gegen den Willen der Mehrheit des vietnamesischen Volkes geführte Krieg zu einem Indochinakrieg ausgeweitet wird, und während in den Vereinigten Staaten Studenten erschossen werden, die gegen diesen Krieg opponieren, sehen wir uns außerstande, uns bei ›Cocktails, Tanz, Unterhaltung und kaltem Büfett‹ mit denen zu vergnügen, die für diese Gewalt mit die Verantwortung tragen.«

Kultusminister Hahn (CDU) und Ministerpräsident Filbinger (CDU) heulten auf, fielen Rendtorff in den Rücken und entboten dem US-General ewige Bündnistreue. Dass ein etablierter Mensch aus einer politischen Haltung eine Konsequenz zog und sich von den Formzwängen eines Amtes nicht fesseln ließ, war mir neu. Zwei Jahre später nötigte eine konservative Heidelberger Ordinarienmehrheit, in Kollaboration mit Kultusminister Hahn, Rolf Rendtorff zum Rücktritt.

*

Andere konnten sich stets auf CDU-Kultusminister Hahn verlassen. Zum Beispiel der ehemalige Bundesvorsitzende der neonazistischen Jungen Nationaldemokraten und langjähriges NPD-Bundesvorstandsmitglied Günter Deckert. Deckert war verbeamteter Lehrer an einem Mannheimer Gymnasium. Hahn wies Vorwürfe gegen Deckert lange Jahre gern als »unbegründet« zurück und nahm ihn in Schutz.

Die NPD wurde 1964 gegründet. Ihr späterer Vorsitzender hieß Adolf von Thadden. Er war der jüngere Stiefbruder von Elisabeth von Thadden, der Schulgründerin. Zwischen 1966 und 1968 gewann die NPD 61 Mandate in sieben Landesparlamenten, in Baden-Württemberg erreichte sie bei den Landtagswahlen 9,8 Prozent der Stimmen. Soll doch keiner sagen, nur der Osten Deutschlands sei braun.

Weinheim an der Bergstraße war (?) eine rechte Hochburg. Dort konnten sich alljährlich ungestört die Korporierten treffen. Dort bekam NPD-Deckert 1974 bei der Oberbürgermeisterwahl 25,3 Prozent der Stimmen.

Unzerstört blieb stets auch, ich fürchte, das ist noch heute so, das schaurige Nazi-Denkmal auf der Rückseite unserer Weinheimer Schule in einer Grünanlage. Drei martialische Helden mit Gewehr und Trommel, errichtet 1936 zum Gedenken an »die Gefallenen«, waren Deckerts bevorzugte Kulisse bei Kundgebungen.

*

Hassverzerrte Gesichter am Straßenrand. Vielleicht waren das dieselben Menschen, die wir ein Jahr zuvor in unseren Enten und Käfern mit dem Roten Punkt transportiert hatten? Sie schrien »Ab in die Ostzone!« und »Hitler hätte euch vergast!«. Ich betrachtete die Gesichter. So dicht vor mir hatte ich noch nie politische Gegner. Was hatten wir ihnen getan?

An einem heißen Junitag 1970 demonstrierten wir gegen die internationale Konferenz der »Entwicklungshilfeminister« im Europäischen Hof und im Amerikahaus. Wir protestierten vor allem gegen einen Konferenzteilnehmer: Robert McNamara, den ehemaligen Verteidigungsminister der USA, mitverantwortlich für den Vietnamkrieg.

500 Polizisten, die uns durch die Straßen der Altstadt und vor dem Amerikahaus jagten, galten damals als Großaufgebot. Die Wasserwerfer zertrümmerten einer noch nicht die Rippen, verätzten nicht unsere Augen mit heutzutage beigemischtem Gas, sondern erfrischten uns in der Hitze. Ich betrachtete die Gesichter am Straßenrand und fand es sonderbar, dass die Älteren unter ihnen die Außenpolitik der USA verteidigten, die ihnen ihren »Führer« weggenommen hatte. Sie verteidigten den Krieg eines Landes, dessen Armee, neben der Roten Armee, Deutschland von Faschisten hatte befreien müssen, von »Reichsführern«, denen vielleicht dieselben Menschen 25 Jahre

zuvor am selben Straßenrand zugejubelt hatten. Sonderbar auch, dass dieses Publikum für niedrigere Fahrpreise seinen Hass auf uns überwunden hatte, dass ihm aber der Tod von Menschen in Vietnam völlig gleichgültig war.

Die *Rhein-Neckar-Zeitung*, Sprachrohr unserer politischen Gegner, wetterte: »Von nationaler Bewegung ist bei dieser Jugend nichts zu spüren. (...) Da sie keine Hitlerjugend (...) kennen und den Krieg nicht erfahren haben, begeisterten sie sich an den Heldentaten der Guerillas (...) in Übersee.« Unsere Weltanschauung missfiel dem Blatt wie unser Aussehen: Studenten trugen »Papuamähnen«, »lachen können die Revolteure nicht mehr (...), nur noch grinsen«, und die verwahrlosten Studentinnen präsentierten ihre Körper freizügig und »totalitär«. (22.6.1970)

*

Wo schon geringe Normabweichungen beim deutschen Untertan und Spießer so viel Hass produzierten, hatten es Menschen, die die gesellschaftlichen Verhältnisse sehr viel radikaler infrage stellten als viele von uns und die zudem noch als »Verrückte« galten, sehr viel schwerer.

Im Februar 1970 hatte sich in der Psychiatrischen Poliklinik Heidelberg die erste Patientenvollversammlung der Welt versammelt. Assistenzarzt Dr. Wolfgang Huber hatte sich seit langem mit der etablierten Ärzteschaft herumgestritten. Das Sozialistische Patientenkollektiv (SPK) wurde gegründet, nach eigener Aussage die erste Patienten-Selbsthilfeorganisation. Dort organisierten sich Opfer der traditionellen Psychiatrie, traumatisiert von Elektroschocks, Neuroleptika und Entmündigung. Menschen, denen die Gesellschaft vermittelt hatte, dass sie für den kapitalistischen Produktionsprozess wertlos geworden waren, und die sich dennoch weigerten, sich als Ausschuss zu betrachten.

Das SPK verstand sich als politisches Therapiemodell und Krankheit als »Waffe der Erkenntnis und Veränderung« gegen eine unmenschliche Gesellschaft. Die PatientInnen sollten nicht mehr vermeintlich alleswissenden TherapeutInnen ausgeliefert sein, sondern sich als Kollektiv Schritt für Schritt befreien.

Durch die Lehrtätigkeit meines Vaters und durch befreundete MedizinstudentInnen war ich ein wenig mit den Verhältnissen in der Medizinischen Fakultät und in der Psychiatrie vertraut. Professor Carl Schneider, Chef der Psychiatrie nach 1945, war zuvor maßgeblich am mörderischen NS-Euthanasie-Programm beteiligt gewesen. Die NS-Vergangenheit ihrer Klinik und die personelle Kontinuität ihrer Leitung schien der Mehrheit der Psychiatrieprofessoren nichts zu bedeuten. Was sie wirklich aufregte, waren sich selbst organisierende PatientInnen, die ihre ärztliche Autorität infrage stellten.

Wenn Wolfgang Huber im HoPoKo oder in den Sitzungen des Großen Senats auftauchte – um zu stören, sagten seine Feinde, um zu diskutieren, meinten Aufgeschlossenere –, war mir vieles fremd, manches unheimlich, einiges aber auch irritierend schlüssig. Aber das für mich Verblüffendste am SPK war die Reaktion des psychiatrischen Establishments. Ein einziges antipsychiatrisches politisches Projekt schien den ganzen Apparat infrage zu stellen.

Wer sich mit dem SPK einließ, musste mit beruflichen Schikanen rechnen. Ungehorsamen PatientInnen wurden Rezepte verweigert. Räume, die dem SPK vertraglich zugesichert waren, wurden gekündigt. In einigen Medien wurden die SPK-PatientInnen als »gemeingefährliche Irre« bezeichnet, und im *Ärzteblatt*, dem Standesmagazin des Deutschen Ärzteverbandes, das Hoimar bezog, musste ich die Aufforderung lesen, gegen diese Patienten doch endlich mit Kampfpanzern vorzugehen. Schließlich wurde der staatliche Repressionsapparat in Marsch gesetzt.

Mit Hungerstreiks und Besetzungen von Büros setzte das SPK nach der Entlassung von Huber durch, dass es eigene Räume in der Rohrbacherstraße erhielt, die – wie Hubers und eine weitere Stelle – von der Universität, aus einem Rendtorffschen Topf, bezahlt wurden. Zusammen mit drei Dutzend PatientInnen war Huber aus der Poliklinik geworfen worden, rund 500 betreute er nach eigenen Angaben bald darauf. Der Verwaltungsrat beschloss, dass das SPK eine Einrichtung der Universität werden sollte. Wieder schlug Kultusminister Hahn zu und verhinderte mit allen verfügbaren Machtmitteln die Institutionalisierung. Obwohl drei Gutachter, unter ihnen die Professoren Peter Brückner und Horst-Eberhard Richter, sich dafür einsetzten, dass das SPK eine Einrichtung an der Universität blieb, setzten die Gegner der Selbsthilfeorganisation mit vielerlei Kniffen durch, dass das Projekt rausgeworfen wurde.

Es hätte die notwendige innerlinke Auseinandersetzung mit Theorie und Praxis des SPK geben können, wäre dessen Bedrohung nicht so existenziell gewesen. Innerhalb der Linken, des AStA, des SDS, des HoPoKo gab es von Beginn an Verklemmungen, sich mit den »schwierigen« Leuten vom SPK allzu nah zu befassen.

Das SPK wurde illegalisiert, der Druck auf das Kollektiv bis zur Unerträglichkeit verschärft: Schmähungen, Finanzentzug, großmächtige Polizeiüberfälle. Es kam zu Selbstmorden von Angehörigen des SPK. Das Kollektiv zog sich in sich selbst zurück. Klaus Jünschke, SPK- und später RAF-Mitglied, kritisierte 1985 im Rückblick die innere »Brutalisierung und Radikalisierung« des Projekts. Das SPK löste sich im Juli 1971 auf, ein »strategischer Rückzug« (SPK). Einige ehemalige SPKler, unter ihnen Margrit Schiller, Klaus Jünschke, Elisabeth van Dyck, Lutz Taufer, Bernhard Rössner, Hanna Krabbe und Siegfried Hausner, schlossen sich der RAF an.

*

Politik und Musik schienen einander auszuschließen. Mir fehlten die Subversivität und der radikale Impuls von experimenteller Musik und Malerei. Ich unternahm jetzt und in den folgenden Jahren kleine Fluchten. In New York verbrachte ich Tage im Museum of Modern Art, mochte Giacomettis dürre Leute, war hingerissen von abstrakter Malerei, bewunderte Picassos *Guernica*, das, so hatte er entschieden, dort im Exil bleiben sollte, solange Franco in Spanien an der Macht war. Ein anderes Mal trampte ich nach Amsterdam. Die Stadt war angenehm »undeutsch«. Ich schlief im Vondelpark, im Schlafsack (US-Army, gebraucht, 35 Mark) auf Wellpappe. Nachts ritten Polizisten vorbei und wünschten uns jungen Leuten aus aller Welt »gute Nacht«. In London machte 1973 die neue *Rocky Horror Show* Furore. Einen wie Tim Curry hatte ich noch nie auf einer Bühne gesehen. In den Clubs von Soho wuchs aus den alten Wurzeln des Blues immer neue Musik. Ich liebte Blues, Soul und Funk von Muddy Waters, Marvin Gaye oder Curtis Mayfield – und Hardrock und Rockjazz, zum Beispiel von Deep Purple, Doors, Cream oder Colosseum. Rein gar nichts taugte der Discoschrott von Brian Ferry & Roxy Music oder von den Bee Gees. Am meisten mochte ich – ob im *Melkweg* in Amsterdam, im *Remter* in Hamburg oder in Londons *Ronny Scott's Club* – wenn MusikerInnen miteinander experimentierten und improvisierten, wenn Musik entstand, die nur in diesem Augenblick existierte.

*

An einem Februarabend 1971 versammelten sich, auf Einladung des »Bürgerpräsidenten« Gustav Heinemann, 160 Menschen im Spiegelsaal der *Molkenkur* auf dem Schlossberg, der von Heinemann gewünschte Querschnitt durch die Heidelberger Bevölkerung – Arbeitslose und SDSler ersparte mensch ihm: Zeitungsfrau und Professor, Kanalarbeiter und Buchhändlerin, Fährfrau, Kraftfahrer und, unter vielen anderen, eine Studentin: wohlerzogen, ein Hauch links, aber völlig ungefährlich, war ich in Rendtorffs Augen vermutlich genau die Richtige, um die Studentenschaft bei diesem Bürgerabend von Gustav Heinemann zu vertreten. Nach den Altnazis Lübke und Kiesinger war Heinemann, seit 1969 im Amt, der erste deutsche Bundespräsident mit einer bürgerlich-antifaschistischen Vergangenheit in der Bekennenden Kirche, einer innerkirchlichen Protestbewegung im NS-Faschismus gegen die faschistischen Deutschen Christen. Das nahm mich für Heinemann ein.

Einer vom linken Flügel des HoPoKo kritisierte mich für meine Teilnahme: Selbst wenn Heinemann ganz sicher ein Demokrat und Nazi-Gegner sei, meine Teilnahme sei falsch, denn sie stärke den bürgerlichen Staat und das Establishment. Außerdem, fügte er an, hätte ich die Sache mit der Gruppe absprechen müssen. Ich war weder auf die Idee gekommen, eine solche Einladung abzuschlagen, noch mich mit anderen abzusprechen. Mich ärgerte, dass er recht hatte. Mir war angenehm, dass es anderen nicht gleichgültig war, was ich tat, dass etwas von meinem Handeln abhing.

Ich studierte Kunstgeschichte. Der traditionelle Unterricht wurde mir bald zu langweilig, ich versuchte andere LehrerInnen und andere Themen: Die Moderne und die Architekturgeschichte machten mir Vergnügen.

In Politik interessierten mich nichtstalinistische sozialistische Ansätze, und ich wählte die Lehrveranstaltung »Jugoslawische Arbeiterselbstverwaltung« und ein Proseminar »Einführung in die Theorie der Revolution«, verglich dort die theoretischen Ansätze Che Guevaras *(Guerilla – Theorie und Methode)* und Régis Debrays *(Revolution in der Revolution?)*.

Die höhere Tochter schrieb in ihrem ersten Referat: »Während Guevara die Massen aktiviert, um sie ebenso aktiv zu beteiligen, ihnen Verantwortung überträgt, weil es ja eigentlich ihr Kampf ist, schiebt Debray diese Verantwortung verstärkt auf die Guerilla und deren Avantgarde. Die Masse des Volkes wird zwar mobilisiert, aber ihre aktive Beteiligung an der Sache mehr oder minder verhindert. (...) Ist dann das Volk nach erfolgreichem Kampf in der Lage, eine künftige sozialistische Regierung effektiv zu unterstützen?«

Guevara war drei Jahre zuvor ermordet worden. Debray saß in bolivianischer Haft.

Was ich da lernte, schimmerte im Konflikt mit einigen älteren linken SDSlern durch, unseren TutorInnen, Mitgliedern des Neuen Roten Forums (NRF). Sie forderten uns Neulinge noch vor Beginn des Seminars auf, den Professor zu bestreiken. Grundsätzlich waren wir, wurden uns einleuchtende Argumente geliefert, gutwillig. Nur hatten wir den kritisierten »Reaktionär« noch nicht einmal gesehen. Was also waren unsere Gründe? Und dann würden wir doch über einen Streik abstimmen – oder etwa nicht?

»Du hast ein bürgerliches Demokratieverständnis«, warf mir der NRF-Kader an den Kopf. Ich ahnte, dass das kein Kompliment war.

Professor Arndt beklagte das linke und »plebiszitäre Klima« im Seminar. Die Mehrheit der StudentInnen wählte TutorInnen, die dem SDS nahestanden. Um ihren Einfluss künftig auszuschalten, bot Arndt ab da sein Seminar für Revolutionstheorie nur noch privatissime an: Wer teilnahm, bestimmte er.

*

Kannten wir Rockmusikerinnen? Der erste Artikel über Frauen in der Rockmusik, der im *Rolling Stone* erschien, war ein Beitrag über Groupies.

Zu meinem 15. Geburtstag hatte mir Hoimar einen Wunsch erfüllt, den Besuch eines Konzerts von Esther Ofarim. Es war unvorstellbar, je die Beatles auf der Bühne zu sehen oder die Rolling Stones. Rockkonzerte waren 1966 noch weitgehend unbekannt. Die Auswahl an Pop- und Beatmusikerinnen war so winzig, dass ich mich in Stimmen vernarrte, selbst wenn die Musik meinen Geschmack nicht ganz traf: Auf Esther Ofarim folgte Dusty Springfield. Dann Cher, damals eine andere Sängerin als jene, die später Discomüll produzierte. Sonny Bono hatte »Needles and Pins« geschrieben, ein Song, der durch die Searchers berühmt wurde. Sonny und Cher machten, oberflächlich betrachtet, kitschige »Beat- oder Folkmusik für Mädchen«, aber dahinter steckte punktuell avantgardistische Musik. Sonny und Cher, die unterschätzten, legten dennoch Samen für eine Reihe von späteren Folk- und Rockgruppen, wie beispielsweise die Byrds oder REM.

Cher war so interessant wie Emma Peel, die Frau, die nicht klagte und kreischte wie viele Frauen in Filmen. Ihre Waffen waren Intelligenz, Ironie und Karate. Cher war, obgleich jünger als Bono, in dem Duo die dominante Figur, das schwächte die Erfolgschancen der beiden. Keine einzige Frau spielte bis dahin irgendwo auf der Welt in der Rockmusik eine Rolle in der ersten Reihe. Irgendwann kam dann die schöne Leck-mich-am-Arsch-Stimme von Janis Joplin.

*

Janis Joplin floh 1961 nach San Francisco, der Stadt der Beatniks und der Folkmusik. Sie floh aus Port Arthur, Texas, und schnappte nach Luft. Mädchen und junge Frauen aus dem mittleren Westen, die den Blues sangen, die Musik der »Neger«, die Hosen und schlampige Kleidung trugen, dem Schönheitsideal nicht entsprachen, die soffen, herumvögelten (in manchen US-Bundesstaaten galt und gilt bis heute das Verbot von Oralsex), junge Frauen, die sich selbstverständlich und gegen alle Apartheidsregeln mit »Niggern« anfreundeten, die sich weder den strengen religiösen noch den Cheerleader-

Ritualen beugten – ihre Körper waren mit den blauen Flecken der sozialen Ächtung übersät. Eine neue Frauenbewegung war weit und breit noch nicht in Sicht.

Folkmusik besaß eine konservative und reaktionäre Seite: Patriotismus, Nationalismus, handlungsferne Klagen über die Schicksalsschläge des Lebens. Folk aber war auch die Musik der ArbeiterInnenbewegung – spätestens seit Woody Guthrie mit seiner Gitarre als Hobo übers Land getrampt war und in soziale Kämpfe eingegriffen hatte, zum Beispiel in die blutigen Auseinandersetzungen der TagelöhnerInnen und LandarbeiterInnen auf den kalifornischen Obstplantagen.

Folk war auch ein musikalischer, gegenkultureller Ausdruck der aufkommenden neuen sozialen Bewegungen. Auch Joan Baez, die bekannteste politische Folksängerin, längst berühmt, als die unbekannte Janis Joplin nach San Francisco zog, befand: »In Amerika ist nur die Erdnussbutter in Ordnung.« Selbst darüber kann mensch streiten. Baez' prinzipielle Opposition gegen Rassismus, Zerstörung von Bürgerrechten, gegen Militarismus und den Vietnamkrieg brachte sie gelegentlich ins Gefängnis.

Als Joplin 1961 in San Francisco eintraf, war von der Beatnik-Szene der fünfziger Jahre, ihrer Intellektualität, ihrem Sarkasmus und ihrer Poesie, nicht mehr lange etwas übrig. Sam Andrew, ein enger Freund von Joplin und Gitarrist in der Kozmic Blues Band, sagte über den Unterschied zwischen Beatniks und Hippies: »Hippies sind Technicolor, voller Hoffnung und naiv. Sie glauben, dass man die Welt verbessern kann, wenn wir uns alle an den Händen halten und von Liebe und Frieden singen. Beatniks sind tiefschwarz, ohne Hoffnung, sie leben zynisch am Rande der Gesellschaft. Sie wissen, was in der Welt abgeht, und sie kümmern sich einen Dreck darum. ›Bleib auf Drogen, und kümmere dich darum, dass die Bastarde dich nicht fertigmachen.‹«

Scott McKenzies verkitschte Ode »San Francisco« zog um die Welt und trug den Mythos des *summer of love* noch in die letzten Dörfer des kapitalistischen Westens. Frank Zappa verarschte den Hippie-Kult und dessen entpolitisierte Friede-Freude-Eierkuchen-Rituale, er sang: »Hey, du Fuzzi, wohin gehst du mit dieser Blume in der Hand?« (»Flower Punk«) Janis Joplin sah es ähnlich: »Ich kann nicht erkennen, was sie [die Hippies] wirklich besser gemacht haben (…) Es sind Betrüger, die ganze Kultur ist ein Schwindel. Sie regen sich über die Hirnwäsche durch ihre Eltern auf, dabei tun sie genau das Gleiche. Ich habe noch nie einen von ihnen kennengelernt, der etwas anderes toleriert hätte als seine Art zu leben.«

Alice Echols, eine andere Biografin Joplins, schreibt, die Medien hätten den »Mythos in Stein gemeißelt: Hippies und Beatniks waren gegensätzliche Pole. Während die Beatniks ausschließlich Trübsal und Tragik darstellten, waren die Hippies kindlicher Optimismus.« So das Klischee.

Echols: »Die Dinge waren allerdings nie so einfach. Bevor die Medien über Haight-Ashbury [Szeneviertel in San Francisco; d. Verf.] herfielen, lebten Hippies und Beatniks in Koexistenz und hatten viele Gemeinsamkeiten. Bis zum Frühling 1967 gebrauchte sowohl die bürgerliche als auch die Underground-Presse ›Hippie‹ und ›Beatnik‹ als austauschbare Begriffe.«

Die Free-Speech-Bewegung in San Francisco, die sich mit gewaltlosen Methoden für das Ende rassistischer Segregation und für Bürgerrechte einsetzte, verband sich bald mit studentischem Protest gegen den Vietnamkrieg. Der Protest wurde lauter und massenhafter. Die Musik veränderte sich. »British Invasion« wurden die musikalischen Einflüsse genannt, die seit Mitte der sechziger Jahre mit der sehr viel härterer Rockmusik von Gruppen wie den Rolling Stones, Cream, Deep Purple oder Led Zeppelin aus England herüberströmten.

Die Anregungen flossen nicht nur in eine Himmelsrichtung: Seit 1967 mischte ein junger Gitarrist und Sänger aus Seattle (USA), Jimi Hendrix, die Clubs von London auf. Eine Welle von musikalischen Innovationen entstand. San Francisco wurde zur Hauptstadt des Acid Rock oder psychedelischen Rock. Und mittendrin eine junge Sängerin, die sich musikalisch herausgriff, was ihr gefiel, und es auf einmalige Weise mit Rock, mit Soul und mit ihren Blues-Wurzeln verschmolz.

Auf dem Monterey International Pop Festival im Juni 1967, rund 80 Kilometer südlich von San Francisco, wurde Janis Joplin zuerst nur als Sängerin von Big Brother and The Holding Company vorgestellt. Wer kennt heute noch den Namen der Band? Die Stars an diesem Tag waren auch nicht Grateful Dead oder Jefferson Airplane, sondern Jimi Hendrix, The Who, Otis Redding – und eine Sängerin, die bis dahin in den USA nur wenige kannten: Janis Joplin. Es gab bis zu diesem Moment nicht eine einzige Platte von ihr zu kaufen.

Wegen eines Streits zwischen einigen Bands und den Organisatoren des Festivals – es ging um TV-Rechte – wurde der nachmittägliche Auftritt von Joplin nicht aufgezeichnet. Aber ihr Erfolg war so überwältigend, dass sie am Abend noch einmal auftreten durfte. Joplin sang »Down on me«, sie sang es schnell und temperamentvoll. Dann bremste sie ihr Tempo und sang eine beklemmende, hinreißende Version von Big Mama Thorntons »Ball and Chain« und brachte das Publikum damit zur Raserei. Kritiker beschrieben »ihre emotionale und erotische Intensität«, ihre »ungeheure Energie«. Der Kritiker Greil Marcus wunderte sich, wie es ihr je gelang – nachdem sie gesungen hatte – »zurückzukommen«. Bald gehörten auch so vollkommen unterschiedliche Musiker wie Frank Zappa und Benny Goodman zu ihren begeisterten Fans.

Es gibt ein altes Missverständnis, nach dem die Stärke der Sängerin Joplin in ihrer Spontaneität lag. Ihr Biograf Heinz Geuen korrigierte zutreffend: Janis Joplin war keinesfalls die angeblich spontane Sängerin aus der psychedelischen Szene, »die alles, was sie stimmlich und interpretatorisch von sich gibt, im Augenblick der Kreation einfach ›aus dem Bauch‹ holt. Vielmehr kommt sie mit einem klaren Konzept in das Studio und weiß sehr genau, welche Effekte sie an bestimmten Stellen der einzelnen Nummern einsetzen will. Ihr Vorgehen ähnelt dem eines Collage-Verfahrens.« Und: »In ihrer Musik schafft Janis Joplin offensichtlich die ideale Balance zwischen Selbstvergewisserung und Selbstvergessenheit (…) Singen bedeutet für Janis Joplin, ihre Spontaneität intellektuell zu kontrollieren.«

Ihr Musikproduzent Elliot Mazer bestätigte: »Sie war wirklich clever, ungefähr die cleverste Künstlerin, mit der ich je gearbeitet habe.

Sie war stolz auf ihren Gesang, und sie sang den Text, die Aussage, und baute eine Art auf, es zu tun, die sehr bewegend war. Es war diese unglaublich wirkungsvolle Kombination von Intellekt und spontanem Empfinden.«

Janis Joplin selbst sagte es so: »Man kann nicht immer warten, bis man in der richtigen Stimmung ist rauszugehen. Das ist dann schon so ein bisschen Schauspielerei. Ich weiß nicht, ob ich wirklich schauspielern kann, aber ich kann mich selbst spielen.«

Während The Who mit Jimi Hendrix bei Festivalauftritten um die Wette Gitarren zertrümmerten, Verstärker entflammten und ausflippten, war es bei regulären US-Rockkonzerten verboten, sich von den Stühlen zu erheben, auf die Sitze zu steigen, sich der Bühne zu nähern oder gar wild zu tanzen.

Janis Joplin liebte die Provokation und forderte ihr Publikum zu solchen verbotenen Verhaltensweisen heraus. Immer rigider gingen Staat und Polizei gegen sie vor. Auf einem Konzert in New York im Juli 1970 sang sie auf ihre unvergleichliche Weise Gershwins »Summertime« – eines ihrer schönsten Stücke neben »Ball and Chain« –: Eine transparente Einleitung der Gitarristen, die Elemente aus Bachs »Wohltemperiertem Klavier« enthält, geht über in wilde, ausdrucksstarke Gitarrenglissandi – rasches Über-die-Saiten-Hinweggleiten – und dahinein und dagegen strömt Joplins leidenschaftliche Bluesstimme, mal voller Kraft, mal zart, die das Lied zertrümmert, als sei es die Hymne des Jazzrock, um es am Ende auf ihre unnachahmliche Weise wieder zusammenzusetzen.

Während sie sang, begannen plötzlich die zahlreich anwesenden Polizisten in ihre Megafone zu brüllen, um Ruhe im Publikum herzustellen. Joplin flippte aus und stritt sich mit den Polizisten. Sie wurde festgenommen, stundenlang verhört und kam erst am darauffolgenden Tag wieder aus dem Gefängnis frei. Joplin war gedemütigt worden, aber schon so bekannt, dass etliche Medien sich empörten und schließlich herauskam, dass die Polizei sie planvoll provoziert hatte.

Bald darauf, am 5. Oktober 1970, mit 27 Jahren, starb Janis Joplin in Los Angeles, noch bevor ihr Album *Pearl* erschien. Am 18. September war Jimi Hendrix in London gestorben, Jim Morrison von den Doors folgte am 3. Juli 1971 in Paris. (Heinz Geuen, *Hemmungslos das Leben spüren. Janis Joplin*, 2000; Alice Echols, *Janis Joplin. »Piece of My Heart«. Die Biografie*, 2000)

*

1970 gewann der Sozialist Salvador Allende als Kandidat der linken und eines Volksfrontbündnisses die Wahlen in Chile. ITT, Pepsi-Cola, die Chase Manhattan Bank und die CIA intervenierten: Notfalls solle mit Gewalt verhindert werden, dass Allende sein Amt antreten könne. Henry Kissinger, Sicherheitsberater von US-Präsident Richard Nixon, reagierte prompt: Er könne keinen Grund erkennen, warum man einem bestimmten Land erlauben solle, »kommunistisch zu werden, nur weil dessen Bevölkerung so unvernünftig ist«.

Kissinger entwickelte für seinen Chef Nixon eine zweigleisige Taktik: eine offizielle diplomatische Linie sowie eine geheime Strategie der Destabilisierung und der mörderischen Gewalt. Die chilenische Armee war nicht sofort bereit, zugunsten von US-Interessen einzugreifen, ein einflussreicher Teil der Armee respektierte die Wahl und die chilenische Verfassung. Diese Haltung personifizierte sich in der Gestalt von General René Schneider.

Die US-Führung entschied, dass General Schneider zu verschwinden hatte. Direkt verantwortliche Schreibtischtäter: CIA-Direktor Richard Helms und Sicherheitsberater Kissinger. Christopher Hitchens schreibt: »Ein ins Amt berufener, nicht gewählter hoher Beamter der Vereinigten Staaten trifft sich mit anderen, ohne Wissen des Kongresses, um die Entführung eines verfassungstreuen, hochrangigen Militärs in einem demokratischen Land zu planen, mit dem die Vereinigten Staaten sich nicht im Kriegszustand befinden und zu dem sie freundschaftliche diplomatische Beziehungen unterhalten.«

Das US-amerikanische Ziel war ein chilenischer Militärputsch mit US-Hilfe. Denn selbst die chilenischen Christdemokraten wandten sich noch gegen eine US-amerikanische Intervention.

Kissinger und seine Kumpane suchten neue Bündnispartner und fanden sie in den chilenischen Faschisten um General Roberto Viaux. An der Leine des US-Kapitals forderte Kissinger die CIA-Spitze auf – worum sie sich gewiss nicht lange bitten ließ –, die Regierung Allende mit allen Mitteln zu destabilisieren. Den Putschisten wurden Geld und Waffen zur Verfügung gestellt. Am 22. Oktober 1970 ermordete General Viaux' Bande General René Schneider.

Salvador Allende trat dennoch Ende 1970 sein Amt an. In den Augen der herrschenden US-Eliten unternahm er einiges, um ihren Hass anzustacheln: Er verbesserte die Grundversorgung der Ärmsten mit Nahrung und Bildung. Weniger chilenische Kinder starben an den direkten und indirekten Folgen des Hungers. Die Analphabetenquote sank.

Die Regierung Allende behinderte den raubgierigen Griff von US-Konzernen auf die Rohstoffe des Landes. Chile wurde zu einem lateinamerikanischen Modell für die Illusion eines möglichen sanften Übergangs zu einer sozialistischen, demokratischen Gesellschaft.

Allende lud Fidel Castro zum Besuch, den kubanischen Staatspräsidenten und Anführer der bislang einzigen erfolgreichen lateinamerikanischen Revolution von 1959. Rund drei Jahrzehnte später kam durch gesetzlich erzwungene Offenlegung von CIA-Akten heraus, dass bei diesem Besuch Castros in Santiago de Chile die CIA versucht hatte, Castro zu ermorden.

*

Hamburg, Sommer 1971. In einem Betrieb am Hamburger Hafen hatte ich Kartons auf einem Fließband zu packen, mit Paketschnur zu verschließen und die Lieferung durch Unterschrift freizugeben. Die Fließbänder zwangen die Arbeiterinnen zu einem raschen Tempo.

Die Arbeitsintensität war so hoch, dass wir während der Arbeit kaum miteinander sprachen. Dafür wurde in den sekundengenau bemessenen Pausen ohne Schnörkel und Smalltalk Klartext geredet. Kaputte Ehen. Erpresserische Anmache von Vorgesetzten. Vergewaltigungen. Gescheiterte Liebesbeziehungen. Ungewollte Kinder. Schulden. Glück bedeutete für manche nur, dass ein Wochenende ohne Katastrophen vorbeigegangen war. Manche meiner Probleme schienen mir banal.

Die Studentin mit den sonderbaren Manieren war zuerst ein Fremdkörper. Nach ein paar Tagen half mir eine Kollegin bei einem besonders schweren Paket, als sei ich plötzlich eine von ihnen. Wem hätte ich erzählen können, dass mich das glücklich machte?

Die Arbeit durchdrang meinen ganzen Alltag und ließ sich abends nur mühsam abschütteln. Es waren diese Nächte, in denen ich mich im *Madhouse* oder im *Grünspan* austobte, in der *Zwiebel* den Blues genoss und dann, weit nach Mitternacht, zu Fuß durch Hamburg lief, in der Isestraße fremde Häuser betrat, die meisten Haustüren waren da noch unverschlossen, die Treppenhäuser bewunderte und mit schönen alten wackligen Fahrstühlen rauf und runter fuhr, bis ich genug hatte und weiter in die Sierichstraße 140 ging, wo ich zur Untermiete wohnte. Diese Hobbys hätten meine Kolleginnen am Hafen wohl nicht verstanden.

Ich lebte einige Monate in Winterhude in einer Zweck-Wohngemeinschaft mit der Vermieterin, einer bezaubernden alten Dame, deren Perücke oft leicht verrutschte, einem Major im Ruhestand, der frühmorgens per Mietvertrag das Badezimmer eine volle Stunde für sich allein hatte, und einer Balletttänzerin mittleren Alters. Es war meine stressfreieste WG. Niemand mischte sich in die Angelegenheiten des anderen. Nächtlicher Besuch war gern gesehen. Es ist doch schön, sagte meine Vermieterin, wenn eine junge Frau das Leben genießt!

Das Studienfach Kunstgeschichte blieb unkritisch, ahistorisch und langweilte mich, es gab Ausnahmen wie »Venezianische Architektur«. Ich stürzte mich auf die neue, interdisziplinäre »Soziologie der Kunst« und lernte die kunsttheoretischen Denkmodelle des französischen Strukturalismus, las Pierre Bourdieus *Zur Soziologie der symbolischen Formen* (1970), Georg Lukács' *Ästhetik* (1963). Ich mochte Theatersoziologie, und in Stadtsoziologie fand ich 1971 die neuen Themen soziale Vertreibung und »Sozialökologie der Stadt«. Mein Politikreferat »Die Opposition der Basken unter Franco« verarbeitete meine Beobachtungen vom August 1968. Die Praxis brauchte Theorie und fand sie – auch – in der »Soziologie der Sexualität« mit Texten von Wilhelm Reich, Herbert Marcuse und Arno Plack.

Auf dem Campus war Marihuana gut und billig, es ließ sich mit Genuss zu »A Saucerful of Secrets« von Pink Floyd rauchen.

Andere Jobs waren leichter als der im Hafen. Irgendwer empfahl mich in die Komparsenkartei des Arbeitsamtes. Für rund 42 Mark täglich saß ich an Drehorten herum, riss – auf Anweisung – beim Anblick von Wasserleichen entsetzt die Augen auf, fuhr in Parkplätze rein und raus, während hinter mir Polizisten Verbrecher jagten, mimte bei Ilja Richters Musiksendung »Disco« – »Licht aus! Spot an!« – einen Studiogast und spielte im dritten Teil von »Die Gentlemen bitten zur Kasse« einen Hotelgast in einem mexikanischen Hotel, das in Wirklichkeit mitten in Hannover stand.

Später war ich eitel genug – all die Jahre mit »Babyspeck« und Pickeln hatten echte und unsichtbare Narben und Komplexe hinterlassen –, ein paar Mal Fotomodell zu spielen. Aber der Job war so blöd und was ich da tat, kollidierte bald so sehr mit meinen politischen Auffassungen, dass ich diese »Karriere« – kaum war meine Eitelkeit durch ein Vertragsangebot befriedigt – abbrach.

Mein Bruder trug Locken wie Marsha Hunt, und sein alter Mantel mit den Schulterklappen strich über den Straßenstaub. Einer wie er wurde in Landdiscos von tumbköpfigen Arschlöchern mit kurzen Haaren verdroschen. In Hamburgs U-Bahnen spuckten Spießer auf meine langhaarigen Freunde. Wir zogen manchmal samt einer Zweiliterflasche Lambrusco barfuß durch Hamburg. Wir provozierten die SpießerInnen durch unsere andere Existenz. Sie hassten uns abgrundtief für unseren Bruch mit ihren erstickenden Regeln. Wir planten, unser Hassobjekt, das große Nazi-Kriegerdenkmal von 1936 in der Nähe des Dammtorbahnhofs zu beschädigen. Mit der widerwärtigen Aufschrift »Deutschland muss leben, wenn wir sterben müssen« marschieren Soldaten in Viererreihen.

Ein Leben ohne Musik war unvorstellbar. Pink Floyd und Champion Jack Dupree, Jimi Hendrix und Janis Joplin, Cream und Deep Purple, Chicago, Ten Years After … Orte an denen wir unbelästigt blieben, wo wir relativ frei waren, wie jene Wohngemeinschaft in Hamburg, wo wir über alles reden, Musik hören und kiffen konnten, waren Magneten.

Einen solchen Ort gab es für einen Moment im Sommer 1971 nahe Heide, in einer großen Scheune. Die Bäuerin, die uns die Scheune überlassen hatte, stapfte am anderen Morgen entzückt zwischen all den jungen Leute durch, die da im Heu lagen und noch schlafen wollten. »Die Kühe schreien, muss melken«, flüsterte sie, wollte nicht stören, lächelte und strich in Gummistiefeln vorbei, hatte gar keine Angst, dass wir ihr mit Gauloises und Roth-Händle den Schuppen abfackelten.

Ein trüber grauer Himmel nach einer wilden schönen Nacht. In meiner Halsbeuge lagen, als ich aufwachte, ein neuer Mund und eine winzige Katze. Wir hatten seit Tagen uns, unsere Musik, niemand schikanierte uns, fast alle, die wir mochten, lagen oder tanzten neben uns – oder über uns auf den Balken unterm Dach. Wir zögerten, diesen Ort zu verlassen. Leichter Regen nieselte am letzten Morgen aufs Dach der Scheune. Irgendwer drehte das Woodstock-Album auf. Country Joe and The Fish spielte. Der politisch engagierte Joe McDonald war der Kopf der Band und hatte sich schon 1965 gegen den Vietnamkrieg engagiert. Der Name der Band stammte von Maos Forderung, ein Revolutionär müsse sich wie ein Fisch im Wasser bewegen. Zehntausende schrien auf der LP: »No rain! No rain!«

Ein altersschwacher Hahn hinter unserer Scheune krähte plötzlich um Stunden zu spät. Die Sonne brach auf, stürzte sich durch die breiten Ritzen in der Scheunenwand auf uns und bemalte uns blitzschnell mit schwarz-weißen Streifen.

Ich holte am andern Tag den ersten und letzten von meinen Eltern gutgeheißenen Freund vom Hamburger Hauptbahnhof ab. Ihn liebte ich seit einem Jahr. »Du hast Heu in den Haaren, als hättest du 'ne Nacht im Heu geschlafen.« Spröde, irritierte Begrüßung.

»Zwei Nächte«, sagte ich.

Er warf einen missbilligenden Blick auf die unordentlichen Gestalten in meiner Nähe. »Treibst du dich jetzt in der Subkultur rum?«

Die mir seit ein paar Tagen näherstehende wilde Gestalt kicherte: »Wenn wir Subkultur sind, ist sie Subsub.«

»Hör mal«, sagte die subkulturelle Störung einige Tage später zur höheren Tochter und spielte einen neuen Blues auf seinem Klavier.

»Letzte Nacht für dich komponiert.« Die Sonne brach wieder durch die Scheune und bemalte uns schwarz-weiß. Seine Musik war wortlos, aber sie redete mit mir. Seit Jimi Hendrix' »Star Spangled Banner« wusste ich, dass Musik sprechen kann, sogar wenn niemand singt.

»Du hängst zwischen Gefühl und Verstand, zwischen Politik und Kunst.«

Eine sonderbare Ausdrucksweise für meine Zwickmühle.

»Wofür wirst du dich entscheiden?«

Musste ich denn?

Am 30. Juli 1971 landete die Raumfähre Apollo 15 auf dem Mond. Mitverantwortlich im Raumfahrtzentrum der NASA: Wernher von Braun. Die Mondlandung verschaffte mir einen hervorragenden TV-Job. Für ungeheure 20 Mark pro Stunde saß ich in der Nacht der Landung in einem Büro neben dem Fernsehstudio in der Tonndorfer Hauptstraße in Hamburg-Rahlstedt und war für das Mondauto »zuständig«. Das bedeutete, dass mir die Redaktion Kopien mit den technischen Daten des Gefährts gab und ich sie mir vor der Übertragung der Mondlandung in einem Crashkurs aneignete. Alle ZuschauerInnen, die anriefen, um zu fragen: *Wie schnell fährt das Mondauto?* – die beliebteste Frage – (zwölf Stundenkilometer); *Aus welchem Material besteht es?; Welche Untersuchungen kann das Mondauto durchführen?,* wurden mit mir weiterverbunden und sollten glauben, da säße eine Expertin.

Das Lunar Roving Vehicle, eine Art zweisitziger Jeep für 132 Millionen Mark Herstellungskosten, kurvte insgesamt 27,9 Kilometer über das steinige Mondgelände und hüpfte trotz seiner Stoßdämpfer herum, sobald ein Hindernis kam. Es transportierte Ausrüstung und zwei Astronauten, die unter anderem 15 Kilogramm Mondgestein einsammelten. Das Mondauto blieb am Ende auf dem Mond zurück.

Mit vier jungen Männern in einem NSU Prinz, bis unter meine Knie vollgestopft mit Zelt, Schlafsäcken, Klamotten und Konservenbüchsen. Wir würden wochenlang draußen schlafen, in der Nähe des Meeres, Wasser zum Trinken, für Tee und zum Waschen kam aus dem Kanister, das Klo suchte eine sich mit dem Spaten in der Hand im Wald selbst. Die anderen jungen Frauen aus der Clique mochten diese Art von Urlaub nicht: unbequeme Luftmatratzen, Sand im Schlafsack, Insektenstiche, nicht genug Süßwasser, um sich täglich die Haare zu waschen.

Wir verbrauchten pro Kopf vielleicht 600 Mark für vier bis sechs Wochen Griechenland, hielten »Pfadfinderordnung« in Wald und Zelt, liefen im Verlauf mehrerer Reisen mit Kunstreiseführern durch fast alle griechischen Ausgrabungsstätten, Tempel und Museen, schliefen in drei Sommern an den Küsten der Peloponnes, auf dem Kies von Samos, wo einer unserer Freunde, ein Archäologe, eine römische Therme ausgraben half, rollten den Schlafsack in kleine Buchten an Kretas noch dünn besiedelten Meeresküsten, schliefen unter einer Sternenflut auf den Terrassen von Ios und am Strand von Santorin.

Wir sprachen ab und an mit jungen Leuten über die politischen Verhältnisse, aber abends genossen wir Wein, Fisch, Sirtaki und griechische Gastfreundschaft. Mein Urlaubsgenuss wurde dadurch getrübt, dass meine Begleiter die epikureische Genussfähigkeit der Männer in den Cafés priesen, ihre gelassene Trägheit bei Tawlispiel und Ouzo. Wo waren die Frauen? Das interessierte mich mehr als die Terrorherrschaft der Militärjunta.

Ich hatte ein 20 Jahre altes Buch im Gepäck, 1949 in Frankreich erschienen, 1951 in Deutschland. Die Autorin war inzwischen über 60 Jahre alt. Ihr Name war Simone de Beauvoir. Hier in Griechenland begann ich ihr Buch *Das andere Geschlecht. Sitte und Sexus der Frau* zu lesen und wurde für meine Mitfahrer zeitweise ungenießbar, ohne dass ich sie erfahren ließ, warum. Ich war von klein auf gewohnt, wichtigste Gedanken für mich zu behalten und Dinge, bevor sie spruchreif waren, nur mit mir zu diskutieren. Mit wem sonst? Ich entließ meine sich verändernde Sicht der Welt nur in winzigen Dosen an meine Umwelt.

»Man kommt nicht als Frau zur Welt, man wird es. Kein biologisches, psychisches, wirtschaftliches Schicksal bestimmt die Gestalt, die das weibliche Menschenwesen im Schoß der Gesellschaft annimmt«,

schrieb Simone de Beauvoir. Seht ihr nicht, meine Freunde, dass die Frauen der Männer, deren entspannte, ach so »typisch griechische Gelassenheit« ihr bewundert, zu Hause oder auf den Feldern arbeiten, während die Männer faul herumsitzen? Dass nicht eine einzige Frau neben uns am Tisch sitzt und ausruht? Dass ihr mich nicht Auto fahren lasst, obwohl ich einen Führerschein habe, aber nur ihr wechselt euch ab?

»Nur die Vermittlung eines Anderen vermag ein Individuum als ein Anderes hinzustellen.« Die Dorfmänner haben heute vermutlich schon gearbeitet. Das ist hier einfach so. Aber wir sehen die Männer auch morgens im Café, nachmittags und abends. Nichts ist einfach so. Körperkraft? Ist Fischfang härter als Ackerbau? Haben wir nicht Maschinen? Was hängt wirklich noch von der angeblich überlegenen männlichen Körperkraft ab?

Die Frau wird in eine Rolle gedrängt, in der sie *»sich der Welt in geringerem Maße als der Mann [bemächtigt]«*. Ist ein männlicher Mensch mehr wert, bloß weil er vielleicht – im Durchschnitt schwerer heben kann als ein weiblicher Mensch? *»Die Welt hat immer den Männern gehört, alle Gründe aber, die man dafür angeführt hat, scheinen uns unzureichend.«*

In der Schule hatten Kinder mich mit einem Messer angeritzt, um zu sehen, ob ich wirklich blaues Blut hatte. Die rassistische Hypothese stammte von irgendwelchen Eltern und hätte meiner Großmutter gefallen. Durch die Haut der zarten Hände adliger Frauen schimmerten in früheren Jahrhunderten die Adern blau, nicht durch die schwieligen abgearbeiteten Hände der Bäuerinnen. Die andere Rasse gab es nicht, so wenig wie das andere stärkere Geschlecht. Es war nur so, weil es so sein sollte, weil es Herrschaftsinteressen gab, und damit war die Unterlegenheit der Frau veränderbar.

Wir, mein damaliger Freund und ich, wollten auch noch nach dem Studium so frei und unabhängig leben wie Jean-Paul Sartre und Simone de Beauvoir. Nicht in konventionellen Formen und nicht im Alltag ersticken, nicht heiraten, uns nicht unterdrücken, uns frei, liebevoll und solidarisch nebeneinander entwickeln.

Beauvoir und Sartre hatten zu Beginn ihrer Beziehung einen

»Pakt« geschlossen, eine Vereinbarung relativ freier Menschen. Sie unterschieden zwischen »notwendiger Liebe« und »Zufallsliebe«. Sie fühlten sich gleich, als politische Menschen wie als Intellektuelle. Sie wollten mit ihrer Freiheit rücksichtsvoll umgehen. Sie würden einander nie belügen. Freundschaften mit anderen Menschen, auch andere erotische Beziehungen, waren ein selbstverständlicher Teil ihrer Partnerschaft. Sie würden sich nicht ökonomisch voneinander abhängig und damit unfrei machen, sie würden keine Familie gründen und keinen gemeinsamen Haushalt führen. Es faszinierte mich, dass Menschen, die so viel älter waren als ich, so viel aufgeschlossenere Ansichten lebten als die meisten Jüngeren, die ich kannte, die nach ein paar Jahren des Aufbruchs dann doch zurück in die ausgelatschten Pfade ihrer Eltern trotteten.

Es gab ihn eben doch fast nie, diesen mystifizierten »Generationenkonflikt«, Weltanschauungen hatten mit dem Alter nichts zu tun. Ich konnte von der Beziehung Beauvoir–Sartre viel lernen. Aber um so selbstbewusst und unabhängig zu sein, musste ich mich noch ganz schön erziehen.

Viele Jahre später, ich hatte längst entschieden, anders zu leben, zu denken und zu handeln als er, schickte jener Freund mir eine Karte, auf der Kinderfotos von sich und seiner künftigen Ehefrau klebten, und daneben standen die verräterischen Worte: »Auch wir werden einmal erwachsen.« Ich empfand es wie einen Schlag ins Gesicht. Warum wird Anpassung so oft als Reifeprozess maskiert?

*

Ich studierte seit Herbst 1971 in Freiburg. AutorInnen wie Alexander Mitscherlich (*Medizin ohne Menschlichkeit*, 1949), später Ernst Klee, Walter Wuttke, Karl Heinz Roth, Barbara Bromberger, Klaus Dörner und andere deckten die Verbrechen der Ärzteschaft im NS-Faschismus auf: rassenhygienische Selektion, Euthanasie, Zwangssterilisationen, Menschenversuche, Mord. Joseph Scholmer war Arzt und der Onkel eines Freundes. Er war Kommunist gewesen und 1945 vom sowjetischen Geheimdienst NKWD ins nordrussische Strafgefangenenlager Workuta verschleppt worden. Als kranker Mann verschrieb er sich nun der Reform des westdeutschen Gesundheitswesens (*Pa-*

tient und Profitmedizin, 1973). Er war Sozialist geblieben und bekam eine Menge Schwierigkeiten. Selbst die Mutter meines Freundes giftete über ihren Schwager: »Warum lebt der nicht *drüben*?«

Meine Kritik an der Kunstgeschichte hatte mich zur Soziologie geführt und die zur Medizinsoziologie, einem nagelneuen Pflichtfach im Medizinstudium. Das Personal wurde an den soziologischen Instituten ausgebildet. Wir erforschten die Strukturen des Gesundheitswesens, die Arzt-Patient-Beziehung und die Arbeitsbedingungen des Pflegepersonals. Für die Deutsche Forschungsgemeinschaft (DFG) wohnte und arbeitete ich monatelang mit einer Kollegin in Krankenhäusern. Ein altvertrautes Milieu. Es gab zwar kein Erdbeereis mehr, aber umso schwerer wiegende Erkenntnisse in Krankenzimmern, Operationssälen und über die »Halbgötter in Weiß«.

Freunde, die Medizin studierten, schmuggelten mich gelegentlich in Vorlesungen für klinische Medizin an der Universitätsklinik Freiburg. Fachfremden StudentInnen war die Teilnahme an diesen Veranstaltungen eigentlich untersagt, angeblich um die Persönlichkeitsrechte der PatientInnen, die den StudentInnen vorgeführt wurden, zu schützen.

Vor den lebenden Objekten kamen tote. Da wurden Präparate durch die Reihen gereicht. Ich hielt auf einmal die präparierte Scheibe einer nekrotischen Gebärmutter in der Hand und fühlte mich genötigt, den Mensch als ein Auto zu sehen und die ganze Humanmedizin als eine große Kfz-Werkstatt.

Die Rechte der PatientInnen wurden tatsächlich beeinträchtigt. Der kranke Mensch zweiter Klasse lag auf einer Liege, wurde in einen Raum geschoben und wie schmutziges Geschirr auf einem Servierwagen den Blicken von Hunderten von Menschen ausgesetzt, die von den ansteigenden Rängen des Hörsaals auf ihn herabsahen. Der Mensch, der da lag, wurde nicht begrüßt. Er wurde den Anwesenden nicht vorgestellt. Er war kein Individuum, das vielleicht Schmerzen hatte oder Angst. Er war ein Fall. Material. – Niemals aber wurde ein Erster-Klasse-Patient auf diese Weise zum Objekt.

Der Medizinprofessor redete dann über den kranken Menschen, unverständlich, beängstigend. Manche PatientInnen schlossen die Augen, als flöhen sie innerlich. Manche versuchten Kontakt mit unseren Gesichtern aufzunehmen und suchten nach menschlichen Reaktionen. Das war nicht erwünscht.

Es kam vor, dass der Professor mal eben, ohne Vorbereitung, das Laken über dem Körper des Liegenden hob, um auf eine Körperstelle zu deuten. Dann lag der Betreffende plötzlich halbnackt vor uns, und manch ein Opfer wurde rot vor Scham. Es soll vorgekommen sein – die APO hatte auch manch einen der MedizinstudentInnen gestreift –, dass sich jemand über diese Entwürdigung beschwerte und einen anderen Umgang verlangte. Die kalte, fast verächtliche Reaktion auf die »unwissenschaftliche verweichlichte« Haltung des Kritikers belegte, dass die Vorführung des Patienten nicht allein der Anschauung von Krankheitssymptomen diente – auf diese Entfernung war für die meisten StudentInnen ohnehin nichts zu sehen –, sondern der Immunisierung der künftigen ÄrztInnen gegenüber dem Leid und der Würde der PatientInnen sowie der Erhaltung eines elitären ärztlichen Selbstbildes.

Ich hatte viel über die Geschichte des Gesundheitswesens im NS-Faschismus gelesen. Ich wusste von ÄrztInnen, die eine NS-Vergangenheit hatten und die bequem, von den Strafverfolgungsbehörden unbelästigt, leben konnten. Ich hatte verstehen wollen, wie sich das Menschenbild von Ärzten herausbildete. Ich vermutete eine üble historische Kontinuität als Ursache für manche Veränderung in den Köpfen einiger FreundInnen, wenn sie zum Beispiel ohne Skrupel und ohne hörbare Kritik – »im Interesse der Wissenschaft« – an medizinischen Experimenten an PatientInnen teilnahmen, die noch nicht einmal darüber informiert wurden. Ich hatte begreifen wollen, warum sich auch idealistische, sozial engagierte ÄrztInnen gegenüber dem Leid und der sozialen Lage der PatientInnen gleichgültig zeigten und wie ein Mensch in den Augen eines Arztes zur Sache werden kann. Nun hatte ich einen Teil der Gehirnwäsche beobachtet.

*

Onkel Graf Neidhardt von Gneisenau war Berufsoffizier. Er war dumm und brutal. Wenn er seinen Sohn prügelte, folgte er nicht seinem berühmten gleichnamigen Vorfahr, dem Gegenspieler Napoleons in den »Freiheitskriegen«, der Anfang des 19. Jahrhunderts für die staatsbürgerliche Emanzipation der Soldaten gegen die Offiziere und gegen die Prügelstrafe votiert hatte.

Die Mehrheit der Verwandtschaft war stolz auf die adlige Tradition. Egal, wie viele tote JüdInnen die Kreuzzüge, wie viele tote Bauern die Bauernkriege, wie viele tote FranzösInnen der Krieg von 1870/71 gekostet hatte. Alter Adel, eine mehr als 800 Jahre lange Schleim- und Blutspur, fast nie ein Vorfahr auf der richtigen Seite. Wenn die Heldentat groß und national und nicht lange her war, wurde auch ein frischer Adelsstand verziehen, solange einer zum Beispiel von Tirpitz hieß und sein Vorfahr Großadmiral gewesen war und, Hand in Hand mit Wilhelm II., die kaiserliche Marine hochgerüstet und den uneingeschränkten U-Boot-Krieg durchgesetzt hatte.

Zum Familienverband von Ditfurth gehörten sämtliche Zweige der Familie, einschließlich der Ableger in den USA und in »Südwestafrika«. Dieses Land fand ich nicht auf der Landkarte, bis ich begriff, dass es seit 1966 Namibia hieß, was einige meiner Verwandten nicht registrieren wollten. Namibia war von 1884 bis 1919 deutsche Kolonie gewesen. Alle Aufstände der einheimischen Bevölkerung – etwa der Herero oder des Aufstands unter Jakob Morenga – wurden blutig und mit deutscher Waffengewalt niedergeschlagen. Später litt Namibia unter dem Apartheidregime von Südafrika, das es, einen Mandatsauftrag der UN weit überschreitend, besetzt hatte. Erst 1971 erklärte der Internationale Gerichtshof die südafrikanische Besetzung für illegal.

Im Familienverband der von Ditfurths bildeten meine Eltern so etwas wie einen bürgerlichen Flügel. Sie wollten die Strukturen reformieren. »Warum bleibt ihr überhaupt Mitglied?«, fragte ich und hörte etwas von Verantwortung älteren, allein stehenden Verwandten gegenüber. Konnte mensch die nicht auch so unterstützen, wenn es schon sein musste? War nicht auch wichtig, welche Vergangenheit die alten Leute hatten? Mensch konnte sich doch auch um andere, nichtverwandte Menschen kümmern? Nein, da gab es eine eigenartige, offensichtlich schwer auflösbare Verbindung.

Eine unbedeutende Prise APO war allerdings auch in den Familienverband eingedrungen. Manch eine Cousine müpfte auf, mit manch einem jungen Onkel ließ sich auf Verbandstagen heimlich kiffen. Die Regelung, dass Frauen, sobald sie »aus der Sippe herausheirateten«, keine vollwertigen Mitglieder mehr sein konnten, fiel einer Reform meiner Eltern zum Opfer, bis sie selbst ein paar Jahre später entnervt austraten.

1972, als ich 21 Jahre alt und damit volljährig wurde, wurde ich vom Verbandsvorsitzenden satzungsgemäß aufgefordert, Mitglied zu werden. In der *Satzung des Familienverbandes der Freiherren und Herren von Ditfurth* aus dem Jahr 1939 hieß es:

»Der Verband erstrebt die Pflege der Blutsgemeinschaft (...) und will dem deutschen Volke und dem Vaterland tüchtige Männer und Frauen erziehen. Er sieht seine wesentliche Aufgabe in der erbwürdigen und deutschblütigen Reinhaltung der Familie, indem er seine Söhne und Töchter zur richtigen Gattenwahl erzieht. Ferner will er die charakterliche Entwicklung des Nachwuchses fördern: Durch Pflege der Überlieferung, Erziehung zu höchstem Pflicht- und Verantwortungsbewusstsein und rückhaltloser Betätigung in der Volksgemeinschaft, zu Ehrgefühl und zum restlosen Einsatz der eigenen Persönlichkeit bis zur Aufopferung für das Vaterland.«

Mitglied konnte eine von Ditfurth 1939 nur werden, wenn sie »arische Abkunft aus gesetzmäßiger Ehe bis mindestens 1750, makellosen Ruf und geachtete Lebensstellung« vorwies. Wer »nicht arisch heiratete«, war auszuschließen. Mir wurde schlecht.

Die gültige Satzung von 1959 war nur mäßig entnazifiziert. Fürs Vaterland sterben musste erst mal nicht mehr sein. »Arisch« sein wurde nicht mehr offen gefordert. Aber ein paar ältere Verwandte übersetzten den Paragrafen 2 immer noch so: die Kinder dazu zu bringen, keine Juden, keine Muslime und keine »Neger« zu heiraten:

»Der Verband will dem deutschen Volke und dem Vaterland tüchtige Männer und Frauen erziehen. Er sieht eine wesentliche Aufgabe in der Reinerhaltung der Familie, indem er seine Söhne und Töchter zur richtigen Gattenwahl anhält.«

Hannah Arendt hatte auch hier unrecht, wenn sie behauptete: »Der preußische Adel hatte im Unterschied zum französischen mit der Entwicklung der Rassenideologie oder des ihr vorausgehenden völkischen Denkens überhaupt nichts zu tun.«

Ich schrieb dem Vorsitzenden einen vermutlich naiven Brief, indem ich die Aufnahme in den Familienverband mit politischen Gründen ablehnte. Damit hatte ich mich nach Auffassung der meisten Verbandsmitglieder selbst ausgestoßen.

Parallel zu meinem Austritt aus dem adligen Verband erledigte ich 1972 den Austritt aus einer anderen, noch älteren Vereinigung, der ich als Säugling zwangsweise beigetreten worden war und an die mich nichts mehr band: der evangelischen Kirche. Ich hielt das für selbstverständlich und war sehr überrascht, wenn ich später erfuhr, dass der oder jener Linke, trotz demonstrativ vorgetragener atheistischer, linksradikaler oder kommunistischer Position, noch immer, mit allerlei billigen Ausreden, Mitglied in einer Kirche war. Bei diesen Menschen blieb ich misstrauisch, dass sie es mit ihrer Opposition und dem Anders-leben-Wollen nicht wirklich ernst meinten. Auf solche Leute konnte sich eine im Notfall doch nicht verlassen.

*

Ich wollte unbedingt »nach Amerika«. Ich hatte keinen Pfennig Geld, aber ich wollte unbedingt »nach Amerika«. Ich jobbte, bis ich das Geld für ein billiges Studentenrückflugticket von Frankfurt am Main über New York nach Detroit zusammenhatte. Bekannte meiner Eltern hatten Verwandte in Detroit: »Wir rufen die an, da kannst du wohnen, das geht klar!«

So stieg ich im Frühjahr 1972 eines Abends aus einem Flugzeug auf dem New Yorker Kennedy-Airport. Ich nahm meinen Koffer und stieg in die Subway nach Manhattan. Außer einigen Polizisten war ich das einzige Bleichgesicht. Kopfschütteln, Sprüche, die ich nicht verstand, verständnislose Blicke. Ich ging mit meinem Koffer in der Hand durch das nächtliche Manhattan, ein anderes Manhattan als heute: schmutziger, vielfältiger, lebendiger, ein schmuddeliger Broadway, viele verrückte kleine Läden auf der Fifth Avenue, alles nicht annähernd so gestylt wie heute.

Das höchste Gebäude war das Empire State Building, im südwestlichen Manhattan war mit dem Bau zweier Türme begonnen worden, den Twins des künftigen World Trade Center, die eines Tages alles überragen sollten. Ich sah viele arme Leute; viele Obdachlose und

Bettler lebten auf den Straßen. Manhattan war eher ein von sozialen Widersprüchen berstendes Zentrum einer riesigen Stadt als ein glattes, sozial »gesäubertes« Businesszentrum.

Ich betrat ein christliches Jugendhotel, es war das billigste Quartier. An den Eingangstüren bewaffnete Wachen. Gewiss hatte es gerade einen Raubüberfall gegeben?

»Nein, Miss, wir stehen immer hier.«

Scharfe Kontrollen auch vor den Aufzügen. Jedes der Karnickelstallzimmer hatte einen eigenen Schwarz-Weiß-Fernseher. Was für ein Luxus! Durch die dünnen Zimmerwände hörte ich alle populären TV-Programme gleichzeitig. Es gab mehrere Programme. Aber draußen die große nächtliche Stadt – und ich hier drinnen? Ich bat an der Rezeption um einen Stadtplan. »Wofür, Miss?« Na, ein kleiner nächtlicher Stadtbummel, ein Imbiss. Sie sahen mich an, als sei ich komplett verrückt. Auch die Wachen an der Hoteltür warnten mich: »Gefährliche Gegend, Lady, Sie können da nicht allein herumlaufen.«

Mir würde nichts passieren, natürlich nicht. Ich begegnete nur ein paar merkwürdigen Gestalten.

Einige Tage später in Detroit: Ich fand es eigenartig, dass niemand zum Flughafen gekommen war, um mich abzuholen. Vielleicht waren meine Gastgeber krank oder erwarteten von mir selbständiges Handeln? Ich rief sie an, sie schienen überrascht; hießen mich dann aber doch herzlich willkommen.

Zum ersten Mal betrat ich, in der Innenstadt von Detroit, ein typisches US-Apartmenthaus mit Concierge und reich verziertem Aufzug. Oben empfingen mich zwei reizende weißhaarige Leute mit offenen Armen an ihrer Wohnungstür. Die Scheyers waren vermutlich die dritten oder vierten Juden, die ich in meinem Leben bewusst kennenlernte.

An den Wänden ihrer kleinen Wohnung hingen Originale von expressionistischen Malern, die ich seit Jahren bewunderte: Radierungen, Zeichnungen, Aquarelle, Ölgemälde. Ich schlief im Gästebett unter einem Aquarell von Lyonel Feininger. Meine Gastgeberin war in den Niederlanden Pianistin gewesen, bis Wehrmacht, SS und

Gestapo in ihr Land eingefallen waren. Ihr Mann war Kunsthistoriker. Beide waren in den dreißiger Jahren in die USA geflohen. In den Regalen fand ich Bücher mit deutscher Exilliteratur, von der ich zum größten Teil noch nie etwas gehört hatte. Beeindruckender aber als die Bücher waren diese beiden Menschen, die mir Bruchstücke aus ihrem Leben erzählten. Es gab aber auch Tage, an denen wollten sie nicht über die Vergangenheit reden.

Diese beiden alten, noch immer so jungen Leute führten mich in die Welt des Exils ein, zu anderen EmigrantInnen, stellten mich ihren US-amerikanischen FreundInnen vor, schleppten mich in polnische Bäckereien und in Lebensmittelläden mit koscherem jüdischen Essen. Ich erfuhr nicht nur über Brot mehr als je zuvor.

Und einmal – die beiden hatten wieder einmal viele Gäste zu einem fröhlichen Abendessen mit Unterhaltung in ihre kleine Wohnung eingeladen – saß die Pianistin Evelyn Scheyer, der Leute wie meine Großmutter Heilwig und mein Großvater Hans-Otto sowie auch die meisten anderen Deutschen nicht geholfen hatten, am Cembalo, mit ihrem zierlichen Hals, den hellblauen Augen, ihren weißen, am Hinterkopf aufgesteckten Löckchen, da saß sie hinter ihrem Cembalo, spielte und sang, mit hellem Sopran und äußerstem Vergnügen »I Ain't Nothing But a Hound Dog« von Elvis Presley, und ihre Wangen glühten rot.

Ich wollte mich nützlich machen und fragte nach Arbeit. Ernst Scheyer, Professor für Kunstgeschichte an der Wayne State University von Detroit, besorgte mir einen kleinen ehrenamtlichen Job im Institute of Arts. Ich half eine Ausstellung über europäische Grafiken des 16. und des 17. Jahrhunderts vorzubereiten und übersetzte kunsthistorische Texte.

In den Pausen streifte ich durch das Museum. Nie hatte ich ein Museum erlebt, in dem Kinder herumtobten, ohne angeschnauzt zu werden, in dem es Sitzecken, Spielecken und sogar eine Cafeteria gab. Essen und Trinken im Museum! Damals undenkbar in Deutschland. Ordinäre menschliche Bedürfnisse befriedigte mensch nicht an den Orten der Hochkultur. Mensch hatte dankbar zu sein, wenn in einem deutschen Museum ein Klo leicht erreichbar war.

Einmal waren Freunde und ich Gäste eines wohlhabenden Arztes deutscher Herkunft. Auf der Fahrt in seinem Auto zu seiner Villa am Rand der Stadt sah ich Häuser hinter Mauern und Stacheldraht. Immer wenn ein Afroamerikaner ihn auf dem Highway überholte, hetzte der Arzt, der nach 1945 in die USA emigriert war, gegen »schwarz lackierte Affen«. So viel offen vorgetragenen aggressiven und rassistischen Dreck hatte ich in meinem Leben noch nicht gehört.

Eines Tages, nach einem gemeinsamen Abendessen, fragten mich meine liebenswerten Gastgeber nach meiner Familie in Deutschland aus. Nach ein paar Fragen und ein paar verdutzten, unpassenden Antworten von mir begriffen wir drei endlich, dass ich nicht die war, für die sie mich seit meiner Ankunft gehalten hatten: ihre Großnichte aus Deutschland, die irgendwann einmal einen Besuch versprochen hatte. Die Bekannten meiner Eltern hatten mich nie angemeldet. Wir amüsierten uns großartig über diese Verwechslung. Sie luden mich herzlich ein zu bleiben.

Mein Freund war auf anderem Weg nach Detroit gereist und arbeitete in einem Welfare Hospital in Detroit, wo vor allem die Menschen landeten, die nicht sozialversichert waren. Ich hatte niemals zuvor ein Krankenhaus gesehen, das so schäbig und so laut war und in dem die Verkehrformen so brutal waren. Vor einigen Zimmern hielten schwer bewaffnete Polizisten Wache. Selbst schwer verletzte Taschendiebe wurden mit Stahlketten ans Bett gefesselt. Krank war arm, war schwarz, war kriminell; schwarz war arm und immer kriminell.

Später zog ich zu meinem Freund in eine billige Gegend in ein billiges Apartment. Ich arbeitete weiter im Museum. Nur lag meine Wohnung jetzt sehr viel weiter von meinem Arbeitsplatz im Museum in der Innenstadt entfernt. Von den Scheyers hatte ich zu meinem Arbeitsplatz laufen können, jetzt nahm ich täglich den Bus und erlebte eine völlig andere Seite von Detroit.

*

Malcolm X war jahrelang der radikale Gegenspieler von Martin Luther King. Er kam 1946 in den Knast, wo er sich politisch bildete und zum Islam konvertierte. 1952, nach seiner Entlassung, wurde er Mitglied der »Black Muslims« von der Nation of Islam, einer muslimischen, nationalistischen, »gegenrassistischen«, rein »schwarzen« Organisation, die den Kampf mit den »blauäugigen, weißen Teufeln« aufnehmen wollte. Malcolm X stieg auf und wurde ihr Sprecher.

Jahre später forderte die Nation of Islam einen eigenen Staat und paktierte zu diesem Zweck sogar mit US-Faschisten.

Malcolm X hatte seit seinem Bruch mit der Nation of Islam im März 1964 seine Positionen in einigen grundlegenden Fragen geändert. Auch Weiße sollten Mitglieder seiner im gleichen Jahr gegründeten Organization of Afro-American Unity (OAAU) werden können, und er gab auch seine ablehnende Haltung gegen schwarz-weiße Mischehen auf. In 29 von 49 US-Staaten waren diese Ehen damals verboten. Linke StudentInnen praktizierten diese farbenblinde Kooperation, im politischen wie im privaten Bereich, schon lange, zum Beispiel in der Organisation Congress of Racial Equality (CORE).

Malcolm X, der im Gegensatz zu King begriff, dass mit Gewaltlosigkeit allein die nach rund 350 Jahren noch überaus lebendigen Überbleibsel der Sklaverei nicht beseitigt werden würden, wurde zum Staatsfeind. Tariq Ali, ein britischer Achtundsechziger, berichtete von Gesprächen mit Malcolm: »Er hatte sich in aller Öffentlichkeit mit den Feinden Washingtons in Havanna, Hanoi und Algier verbündet« und sei sicher gewesen, dass die staatlichen Verfolgungsorgane deshalb »bereits meine Hinrichtung befohlen haben. Sie mögen keine frechen Nigger. Die haben sie nie gemocht. Sie werden mich umbringen.«

Martin Luther King und Malcolm X näherten – entgegen mancher interessengeleiteten Legende, die King zum gewaltlosen, sanften Guru stilisieren will und Malcolm X zum unvernünftigen Radikalen – ihre Positionen einander langsam an. King feierte zwar noch den Civil Rights Act von 1964 – das neue Bürgerrechtsgesetz, das die Rassentrennung im gesamten öffentlichen Raum untersagte, – den Johnson ohne die Bürgerrechtsbewegung niemals durchgesetzt hätte und den Malcolm X als völlig unzureichend ablehnte. Solange die US-Regierung so viel Geld in den Krieg steckte – 1964 waren es

56 Prozent des gesamten US-Bundeshaushaltes, gleich 75 Milliarden US-Dollar –, könne sich, kritisierte Malcolm, die Situation in den Ghettos nicht verbessern.

King hingegen fühlte sich der Johnson-Regierung noch verpflichtet. Aber er erlebte, dass seine Kritik am Vietnamkrieg ihm viele neue FeindInnen schuf. King übersah auch nicht, dass die soziale Realität der AfroamerikanerInnen eher schlechter als besser wurde. Zudem schwappte eine Welle von Polizeiübergriffen und Pogromen über die USA, vor allem in den Südstaaten.

Noch immer wurden AfroamerikanerInnen von weißen Rassisten gelyncht, wie es Billie Holiday Jahre zuvor in ihrem Lied »Strange Fruit« erzählt hatte: »Southern trees bear a strange fruit / Blood on the leaves and blood on the root. / Black bodies swinging in the southern breeze, / Strange fruit hanging from the poplar trees.«

Allein der Versuch, den AfroamerikanerInnen im Süden zu ihren Civil Rights, zum Beispiel dem höchst bürgerlichen Wahlrecht, zu verhelfen, endete mit der Ermordung von neun Bürgerrechtlern durch weiße RassistInnen. Malcolm X sagte: »Es ist falsch, die schwarze Revolte einfach als Rassenkonflikt zwischen Schwarzen und Weißen oder als rein amerikanisches Problem zu klassifizieren. Stattdessen sehen wir heute eine globale Rebellion von Sklaven gegen Sklavenhalter, von denen, die ausgebeutet werden, gegen diejenigen, die ausbeuten.«

Keine staatliche Behörde schützte ihn, trotz mehrerer Attentatsversuche.

Martin Luther King wurde, zum wiederholten Mal, bei einem Protestmarsch verhaftet. Die beiden sollen kurz zuvor eine Begegnung vereinbart haben. King saß noch im Gefängnis, als Malcolm X im Februar 1965 während eines Vortrags in New York erschossen wurde.

George Jackson in einem Brief an Angela Davis: Die Geheimpolizei ließ Malcolm »jahrelang toben, weil sie wussten, dass sein islamischer Nationalismus eine taube Nuss war; erst als er auf den Boden der Tatsachen zurückkehrte, legten sie ihn um.«

Nur einer der drei afroamerikanischen Mörder gab vor Gericht zu, der Nation of Islam anzugehören. »Einige Historiker meinen, dass auch der US-Geheimdienst zumindest indirekt an dem Attentat beteiligt war«, schreibt Britta Waldschmidt-Nelson, eine Biografin der beiden (*Gegenspieler: Martin Luther King – Malcolm X*, 2000).

Martin Luther King wurde in den USA für das weiße Establishment zu einer Bedrohung, als er begann, die soziale Frage in seinen Forderungskatalog aufzunehmen. Es ging ihm nicht mehr nur um demokratische Bürgerrechte, sondern um soziale Menschenrechte.

Bilder von US-amerikanischen Kriegsverbrechen in Vietnam gingen um die Welt. Ein übergroßer Anteil schwarzer Soldaten war in den Vietnamkrieg eingezogen worden und starb dort. Der Kongress lehnte ein lange vorbereitetes Mietzuschussgesetz ab. Die städtischen Sozialhilfeprogramme wurden gekürzt, bescheidenste Lohnforderungen verächtlich gemacht, Streiks blutig niedergeschlagen. Selbst ein Antrag auf Mittel zur Bekämpfung der Rattenplage in den Wohnvierteln der Ärmsten war abgelehnt worden.

Im Juni 1967 war es in 75 US-amerikanischen Städten zu Aufständen von AfroamerikanerInnen und ihren politischen FreundInnen gekommen. Die härtesten Unruhen hatte es in Cincinnati, Memphis, Newark, Durham und Detroit gegeben.

Die blutigsten Kämpfe erlebte Detroit. Polizisten und Soldaten gingen gegen die schwarze Bevölkerung vor. Schließlich setzte die Regierung sogar US-Fallschirmjäger und Panzer ein. Ganze Stadtviertel gingen in Flammen auf. 83 Menschen, vor allem AfroamerikanerInnen, wurden getötet. 4000 wurden verletzt. 8000 verhaftet. Martin Luther King sagte: »Ich habe jahrelang an der Idee gearbeitet, die bestehenden Institutionen der Gesellschaft zu reformieren – ein wenig Veränderung hier, ein bisschen Fortschritt dort. Doch jetzt bin ich zu einer anderen Überzeugung gelangt: Ich glaube, man muss die ganze Gesellschaft umstrukturieren – wir brauchen eine Revolution unseres Wertesystems!«

Im April 1968 sollte Kings langandauernder »Feldzug der Armen« beginnen, die Poor People's Campaign (PPC), der Kampf gegen Armut und Rassismus. Seit 1967 rief King Schwarze, Indianer, Latinos und Weiße quer durch das Land zu einer Vielzahl von Aktionen gegen Staat und Kapital auf: Protestmärsche, Besetzungen, gewaltlose Sitzstreiks in Regierungsbehörden, Boykotts von Konzernen und Einkaufszentren und vieles mehr. Ein Sprecher des Weißen Hauses beschuldigte King, er würde »kriminellen Ungehorsam gegen die Regierung organisieren«.

Schon im Dezember 1967 hatte King von seinem Traum einer bald zu erwartenden US-Gesellschaft als einer friedlichen und gerechten Gesellschaft Abschied genommen. Er trat nun mit seiner Analyse an die Seite von Malcolm X.

Malcolm X hatte 1964 – in Anspielung auf die berühmte King-Rede »Ich hatte einen Traum« von 1963 – gesagt: »Ich sehe Amerika mit den Augen des Opfers. Ich sehe keinen amerikanischen Traum: Ich sehe einen amerikanischen Alptraum.« King 1967: »Ich musste erkennen, wie mein Traum zum Alptraum wurde, als ich durch die Ghettos unseres Landes ging und sah, dass meine schwarzen Brüder und Schwestern auf einer einsamen Insel der Armut dahinsiechen – in der Mitte eines riesigen Ozeans von materiellem Wohlstand –, und ich sah, dass unsere Nation nichts unternimmt, um die Probleme der Schwarzen zu lösen.«

Am 3. April 1968 hielt Martin Luther King seine berühmte letzte Rede »I've been to the Mountaintop«. Am Tag darauf wurde er auf dem Balkon seines Hotels in Memphis erschossen. Er war 39 Jahre alt, genauso alt wie Malcolm X, als dieser starb. In 110 Städten kam es zu Aufständen, 46 Menschen starben.

*

Ich kam 1972 nach Detroit, fünf Jahre nach jenem rassistischen Bürgerkrieg, vier Jahre nach Kings Tod. Eine Stadt der Slums, der Hoffnungslosigkeit, von Massenarbeitslosigkeit und Massenarmut. Es herrschte eine scharfe Segregation, die Spaltung der Stadt in Klassen und Hautfarben. Die rassistische Struktur Detroits ließ sich sogar am Stadtplan ablesen. In der City lagen die Kaufhäuser, Banken, Büros und die Apartmenthäuser der gehobenen weißen Mittelschicht. Direkt daran schloss sich ein Ring an mit Wohnvierteln der armen schwarzen Bevölkerung: Bruchbuden, Hütten, gedeckt mit Wellblech, überquellende Mülltonnen und barfüßige Kinder, wie in einem Land des Trikont, den unterentwickelt gehaltenen Ländern in den Kontinenten Afrika, Asien und Zentral- und Lateinamerika.

Im nächsten Ring lebten kleinbürgerliche AfroamerikanerInnen, die mit den Füßen knapp aus dem Dreck gekommen waren. Hier hatten die Holzhäuser manchmal kleine Gärtchen. Ein paar Ringe später billige Häuser aus Stein, Häuser der kleinen schwarzen Mittelschicht, mit vielen Zeichen der Anstrengung, sozial nicht abzurutschen. Später ähnliche Einfamilienhäuser für die untere weiße Mittelschicht, die eifersüchtig über ihre Farbgrenze zu wachen schien.

Wenn ein Wohnviertel »schwarze Flecken« bekam, sackten die Grundstückspreise, und der materielle Verlust konnte nur durch schnellste Flucht gemildert werden, was wiederum den Sturz der Preise beschleunigte. Wer immer es sich leisten konnte, floh noch weiter nach draußen. In den äußersten Ringen um die Stadt lagen die bewachten Häuser der weißen Oberschicht.

Unser Apartmenthaus lag in einem Viertel, das – wie es weiße RassistInnen ausdrückten, wenn sie uns warnten – »farblich abstürzte«. Aus einem vormals kleinbürgerlichen weißen Viertel war eines geworden, in dem mehrheitlich AfroamerikanerInnen lebten. Ihre Kinder lernte ich morgens im Bus kennen.

Wer das Haus zu Fuß verließ, wie ich es von Deutschland her gewöhnt war – und mit welchem Auto hätte ich auch fahren sollen? –, wurde wie ich vom Rezeptionisten des schäbigen Wohnblocks fast gewaltsam am Verlassen des Gebäudes gehindert. Schimpfend und eindringlich versuchte man dieser verrückten Ausländerin klarzumachen, dass sie ihr Leben riskierte, wenn sie, statt sich ein Taxi zu rufen, einfach loszog, um in den Vierteln der Schwarzen »spazieren zu gehen«.

Diese vermeintlich gut gemeinten Warnungen waren nur eine Facette des alltäglichen Rassismus.

Eines Tages wurde vor meinem schäbigen weißen Apartmenthaus eine schwarze Frau von einem schwarzen Mann mit einem Messer bedroht. Niemand half. Sie schrie, und viele Weiße sahen aus dem Fenster. Ich rief die Polizei. Meine NachbarInnen machten mir überaus deutlich, dass ich mich in die Angelegenheiten der »Neger« nicht einzumischen hätte. Als die Polizei kam – »weiß« –, bestritt die Überfallene, dass sie bedroht worden war.

Bei meinen Streifzügen durch Detroit begegnete ich Aktivistinnen der 1966 gegründeten Black Panther. Ich kaufte mir ihre Texte und fragte sie aus. Sie erzählten der neugierigen Fremden nur eine entschärfte Version von staatlicher Verfolgung und von dem Versuch, trotz allem ihre sozialpolitischen Programme zu praktizieren, auch in Detroit.

*

Ein Jahr nach der Ermordung von Malcolm X gründeten Huey P. Newton (24) und Bobby Seale (30) 1966 in Oakland bei San Francisco die Black Panther Party. Malcolm X war ihr Vorbild. In kurzer Zeit wurden die Black Panther die eindrucksvollste und mächtigste linke afroamerikanische Organisation, die zugleich offen war für Linke angelsächsischer, indianischer, hispanischer und asiatischer Herkunft. Die Black Panther verstanden sich als sozialrevolutionäre Organisation, die sich das Recht nahm, sich gegen Polizeiübergriffe bewaffnet zu verteidigen. Sie distanzierten sich scharf vom Nationalismus der Sechziger. Ihre Bündnisfähigkeit in andere linke Kreise hinein, von sozialpolitischen Projekten über Studentengruppen bis in die Antivietnambewegung, machte sie eine Zeit lang zum Staatsfeind Nr. 1. FBI-Boss J. Edgar Hoover: »Die Black Panther Party ist die größte Bedrohung der inneren Sicherheit Amerikas.«

Die Panther organisierten quer durch die USA marginalisierte Jugendliche in den Ghettos. Mit ihrem »Frühstücksprogramm« speisten sie täglich 100 000 Ghetto-Kids, die sonst hungrig zur Schule gegangen wären. Sie befassten sich mit der Wohnungsnot, der fehlenden Schulausbildung und dem Drogenproblem. Das mehrte die Zahl ihrer UnterstützerInnen und machte sie bei ihren GegnerInnen noch verhasster.

Eine alte, gut begründete, aber nicht belegbare These ist: Drogen wurden auch mit Unterstützung staatlicher Stellen in die Ghettos geschleust, um dem jugendlichen Nachwuchs das Gehirn zu zerstören. Die mit Armut und Drogenkonsum einhergehende Kriminalität sollte die GhettobewohnerInnen in den Augen ihrer SympathisantInnen in der weißen Mittelschicht diskreditieren.

Vertreter des Staates, unter ihnen Gouverneure und Polizeipräsidenten, »erklärten« den Black Panther offen den »Krieg«. Alle Anführer der Panther wurden von Anfang an mit Strafverfahren und polizeilicher Verfolgung überzogen, sofern man sie nicht gleich auf offener Straße erschoss.

Eine beliebte Methode, Black Panther zu beseitigen, war, dass das FBI lokale Polizeibehörden informierte, wo Panther auf Reisen durch die USA übernachteten. Die Polizei stürmte dann im Morgengrauen – beliebt war die Behauptung: »Verdacht auf Drogengeschäfte« – die Wohnungen und ermordete, natürlich »in Notwehr«, die Panther-AktivistInnen, die meist im Bett lagen und schliefen. Bis 1970 waren 31 Panther von der Polizei getötet worden. Schläge, Verletzungen, Folter, Demütigungen waren nicht zu zählen.

Hunderte verschwanden, unter unmenschlichen Bedingungen, in den Knästen. Einige Gefangene wurden wie Tiere in unterirdische (!) Knäste weggeschlossen. Schwarze, die sich wehrten, waren vogelfrei. Jean-Paul Sartre: »Was habt ihr denn erwartet, was passiert, wenn ihr den Knebel löst, der diese schwarzen Münder verschlossen hat? Dass sie euch Loblieder singen würden? Habt ihr gedacht, wenn diese Köpfe, die unsere Väter auf den Erdboden niedergezwungen haben, wieder erhoben werden, würdet ihr Verehrung in ihren Augen finden?« (David Cooper (Hrsg.), *Dialektik der Befreiung*, 1969)

Reihenweise wurden die Anführer der Black Panther mit fingierten Anklagen vor Gericht gezerrt. Manchmal reichte die Aussage eines Polizeispitzels, der Angeklagte habe ihm einen Joint angeboten, um einen Panther zu 30 Jahren Haft zu verurteilen. Manche, wie Bobby Seale, kämpften gefesselt und geknebelt vor Gericht um ihr Leben. Die Menschenrechtsverletzungen, »Verfahrensfehler« und die politischen Einflussnahmen füllen Aktenberge. In den Gefängnissen herrschten barbarische Zustände. Viele Gefangene wurden Opfer von Gewalt, Hunger und von unbeschreiblichen hygienischen und sanitären Verhältnissen.

Ein halbes Jahr bevor ich mit meinem Koffer nachts durch New York lief, kam es am 13. September 1971 im Zuchthaus Attica im Staat New York zu einer Revolte, mit der sich Hunderte von Gefangenen gegen die Zensur, Ausbeutung und Gewalt durch das Gefängnispersonal wehrten.

Die Forderungen wurden während der viertägigen Besetzung in politischen Gefängnisversammlungen erarbeitet, über die ein Reporter der *New York Times* sagte: »In diesem Gefängnishof habe ich zum ersten Mal in meinem Leben Diskussionen ohne jeden Rassismus erlebt.«

Bevor außerhalb der Knastmauern das Verständnis für die Gefangenen zu groß wurde, überfielen 1700 Nationalgardisten und Polizisten mit sieben Hubschraubern das Gefängnis und stürmten es. Nicht eine Sekunde hatte die Regierung mit den Gefangenen über ihre Forderungen geredet. Am Ende waren 300 Häftlinge durch Schüsse verletzt (90 Prozent in den Rücken); 33 Häftlinge wurden erschossen, unter ihnen gezielt Anführer politischer afroamerikanischer Organisationen, aber auch 9 Wärter. Die Lüge von Gouverneur Rockefeller, die Häftlinge hätten die Wärter getötet, entlarvte sich bald. Dann gaben auch noch Wärter zu Protokoll, dass Häftlinge sie mit ihren Körpern vor den Kugeln der Nationalgarde geschützt hatten.

Lothar Menne (damals *Konkret*-Autor): »Innerhalb von vier Wochen zeigten sich Rechtsprechung, Bereitschaftstruppen und Strafvollzug offen als Instrumente der herrschenden Klasse: George Jackson und die Aufständischen von Attica werden auf höchsten Befehl liquidiert; wenige Tage später wird Hauptmann Ernest Medina, der Hauptverantwortliche für das Massaker in dem vietnamesischen Dorf My Lai freigesprochen und gefeiert.«

(»Die Schule der schwarzen Nation: Justiz und Gefängnisse in den USA«, 1972)

Den Black Panther sollte das Genick gebrochen werden, damit die unterdrückte schwarze Bevölkerung jede Hoffnung auf ein besseres, würdigeres, freieres Leben verlor.

Die westdeutsche SPD/FDP-Bundesregierung unter Willy Brandt stand – wie beim Vietnamkrieg – auch in dieser Frage fest aufseiten der US-Regierung. Innenminister Genscher (FDP) erklärte, die Black Panther seien »gewöhnliche Kriminelle«, und erteilte Einreiseverbot, sobald Referenten der Black Panther Party zu Vorträgen in die BRD eingeladen wurden. (Bobby Seale, *Wir fordern Freiheit*, 1971; Eldridge Cleaver, *Seele auf Eis*, 1968; George Jackson, *In die*

Herzen ein Feuer, 1970; Peter Michels, *Black Perspectives*, 1999; Lee Lew-Lee, »All Power to the People«, USA 1996/ZDF 21.2.2000)

*

Die »Rassentrennung« war 1972 selbst im industriellen Norden der USA längst nicht an allen Schulen aufgehoben.

Jeder in Detroit hatte eine Meinung zur »Rassenintegration« in den Schulen. Längst nicht alle »weißen« Schulen waren für »schwarze« Kinder geöffnet worden. Mit wem immer eine in Detroit sprach, das »busing«, der durch Polizisten geschützte, gerichtlich durchgesetzte Schulbustransport schwarzer Kinder in die – meist viel besser ausgestatteten – Schulen der Weißen, war für die einen längst fällig und für die anderen eine widerwärtige »Bastardisierung« der weißen Kinder. Und natürlich sollten weiße SchülerInnen nicht in schwarze Schulen gehen müssen. Deren Zustand war so niederschmetternd, dass dies einen vermutlich noch gewalttätigeren Aufstand ausgelöst hätte – der weißen Eltern. Jetzt tobten weiße RassistInnen wie der Arzt deutscher Herkunft, weil ihre wertvollen Kinder mit »genetischem Abschaum« eine gemeinsame Schulbank drücken mussten.

Ich sah ein Zeitungsfoto, auf dem einige kleine schwarze Mädchen, den Blick tapfer nach vorn gerichtet, geschützt von schwarzen und weißen Polizisten, durch ein Spalier wild gewordener RassistInnen in ihre neue Schule gingen. Leute warfen mit Gegenständen und mit Essensresten nach ihnen.

*

Dies war die Vorgeschichte: 1954 hatte der Oberste Gerichtshof die Rassentrennung an den Schulen verboten. Das Urteil war fortschrittlicher als die Mehrheit der US-Gesellschaft, allerdings wurde es 1955 durch einen Zusatz eingeschränkt: Die einzelnen Bundesstaaten sollten das Tempo der Umsetzung selbst entscheiden dürfen.

Viele Bundesstaaten ließen sich sehr viel Zeit, zum Beispiel Arkansas. Hier sollten erst 1957 einige ausgewählte schwarze Kinder – aufgrund eines Gerichtsentscheids – die bisher rein weiße Central High School in Little Rock, Arkansas, besuchen dürfen. So versuchten neun schwarze Schülerinnen am 3. September die Schule zu betreten.

Sie wurden angeschrien, bespuckt und RassistInnen drohten den Kindern mit Lynchjustiz. Der Gouverneur schickte Soldaten, um die schwarzen Kinder am Betreten der Schule zu hindern. Schließlich schickte US-Präsident Eisenhower die Nationalgarde gegen die Truppen des Gouverneurs, um den »Little Rock Nine« den Zugang zur Schule zu verschaffen.

Die Bürgerrechtsbewegung begrüßte Eisenhowers Little-Rock-Entscheidung.

1962 würde Präsident Kennedy, nachdem zwei Menschen getötet worden waren, die Einschreibung eines schwarzen Studenten an der Universität von Mississippi mit Hilfe von Bundestruppen durchsetzen.

Hannah Arendt schrieb 1959 »Reflections on Little Rock«. Sie war, wie ihre Biografin Elisabeth Young-Bruehl sagt, zornig über die schwarzen Eltern, die ihren Kindern zumuteten, die »Last eines Rassenkampfes zu tragen« (*Hannah Arendt. For Love of the World*, 1984). Arendt beteuerte zwar ihre Sympathie für das Anliegen der Schwarzen, aber die Schule sei der falsche Ort für diese Auseinandersetzung, denn dort stießen auf das Recht des Staates, die Kinder auf ihre Zukunft als Staatsbürger vorzubereiten, andere Rechte: das persönliche Recht der Eltern, ihre Kinder nach ihren Vorstellungen aufzuziehen, und das soziale Recht aller, sich ihren Umgang selbst auszuwählen. Arendt warf den schwarzen Eltern vor, ihre Kinder in die Rolle von »Parvenüs« zu zwingen, die in einer feindlichen Umgebung »Avantgarde« spielen sollten.

Falscher und antiemanzipatorischer konnte eine den Konflikt kaum analysieren.

Arendt fuhr fort: Die Autorität von Eltern und Lehrern würde auf einen Schlag zerstört. Außerdem würden durch die Einmischung der Bundesregierung die regionalen Fundamente unterminiert, auf denen die Macht des ganzen Staates ruhe. Der Staat würde beschädigt. »Für viele ihrer liberalen Leser«, schrieb Young-Bruehl, »klang dies wie eine Rede auf einer Parteiversammlung der Republikaner.«

Der Oberste Gerichtshof habe die Kinder in eine demütigendere Situation gezwungen als die, in der sie vorher waren, sagte Arendt, demonstrierte damit aber doch nur, wie wenig sie von der sozialen Realität der meisten Schwarzen begriffen hatte. Der Kampf, meinte sie, solle vor allem auf juristischem Terrain stattfinden und nicht auf sozialem. Die falsche Integrationsstrategie würde rassistische Gewalt provozieren.

Wie konnte etwas »provoziert« werden, was von morgens bis abends in allen Lebensbereichen so entsetzlich stank?

Arendts Protest gegen die Integration schwarzer Kinder in weiße Schulen belege auch, schrieb der Historiker Hans Mommsen im Vorwort von *Eichmann in Jerusalem*, »dass ihr Nonkonformismus an der sozialen Barriere zur Unterschicht Halt machte«. Das ist sehr höflich formuliert. (Hans Mommsen, »Hannah Arendt und der Prozess gegen Adolf Eichmann«, 1986/2000)

Arendts berühmtes, hoch gelobtes Hauptwerk *Elemente und Ursprünge totaler Herrschaft* (1951) enthält, von den meisten Arendt-Fans gern verschwiegen, puren Rassismus. Die »Neger« sind schuld am Rassismus, unterstellt sie dort, weil sie »die christlich-jüdische Annahme der Einheit und Gleichheit aller Menschen (...) auf eine sehr ernste Probe« stellen. Denn die Europäer waren »in Afrika und Australien zum erstenmale mit Menschen konfrontiert (...), die von sich aus ganz offenbar weder das, was wir menschliche Vernunft, noch was wir menschliche Empfindungen nennen, besaßen, die keinerlei Kultur, auch nicht eine primitive Kultur, hervorgebracht hatten, ja, kaum im Rahmen feststehender Volksgebräuche lebten und deren politische Organisation Formen, die wir auch aus dem tierischen Gemeinschaftsleben kennen, kaum überschritten«.

Der »in Afrika beheimatete Rassebegriff« war nichts als ein »Notbehelf«, mit dem die Europäer auf das »Entsetzen« reagierten, »dass solche Wesen auch Menschen sein könnten«, und dem »entsprang der Entschluss, auf keinen Fall der gleichen Gattung Lebewesen anzugehören«.

Der »erste grauenhafte Schrecken« hatte die Vorfahren der Buren, niederländische Siedler aus dem 17. Jahrhundert, »in die Barbarei gezwungen«, »die tiefe Angst vor einem fast ins Tierhafte, nämlich wirklich ins Rassische degenerierten Volk, das doch trotz seiner absoluten Fremdheit zweifellos eine Spezies des Homo sapiens war.

Denn was auch immer die Menschheit an Schrecken vor wilden barbarischen Stämmen gekannt hat, das grundsätzliche Entsetzen, das den europäischen Menschen befiel, als er Neger – nicht in einzelnen exportierten Exemplaren, sondern als Bevölkerung eines ganzen Kontinentes – kennenlernte, hat nirgends seinesgleichen.«

Arendt, die den Antisemitismus in Teilen der Linken zu Recht geißelt, gibt sich selbst hemmungslosem Rassismus hin, wenn sie fortfährt: »Hier, unter dem Zwang des Zusammenlebens mit schwarzen Stämmen, verlor die Idee der Menschheit und des gemeinsamen Ursprungs des Menschengeschlechts, wie die christlich-jüdische Tradition des Abendlandes sie lehrt, zum erstenmal ihre zwingende Überzeugungskraft, und der Wunsch nach systematischer Ausrottung ganzer Rassen setzte sich umso stärker fest.«

Arendt sagt selbstverständlich auch: »Es gibt keine Rechtfertigung des Rassewahnes, weder eine theoretische noch eine politische«, aber der Barbaren »wesentliches Merkmal (…) ist, von der Natur zu leben, ohne sie für den eigenen Nutzen herrichten zu können, das, was die Erde gibt, hinzunehmen, ohne den geschenkten Schätzen eine für den Menschen brauchbare und von ihm beherrschte Welt zu erzeugen«. Und: »Wirkliche Rassen in diesem Sinne scheinen auf der Erde nur in Afrika und Australien vorgekommen zu sein; sie sind bis heute *die einzigen ganz geschichts- und tatenlosen Menschen*, [Hervorhebung d. Verf.] von denen wir wissen, die einzigen, die sich weder eine Welt erbaut noch die Natur in irgendeinem Sinne in ihren Dienst gezwungen haben.« Und: »Was sie von anderen Völkern unterschied, war nicht die Hautfarbe; was sie auch physisch erschreckend und abstoßend machte, war die katastrophale Unterlegenheit oder Zugehörigkeit zur Natur, der sie keine menschliche Welt entgegensetzen konnten.«

Barbarische Un- oder Untermenschen also. Ein tiefer Blick in den Abgrund des Rassismus im aufgeklärten Bürgertum. »Wie rassistisch sind doch unsere schönen Seelen.« (Jean-Paul Sartre)

Hannah Arendt ist auf gewisse Weise eine sehr typische Vertreterin des »aufgeklärten Bürgertums« und dadurch in meinen Augen interessanter für die gesellschaftliche Auseinandersetzung als ein stromlinienförmiger, leicht durchschaubarer und leichter bekämpfbarer Reaktionär. In ihrer paradoxen Widersprüchlichkeit – hier eine leidenschaftliche Kämpferin gegen den Antisemitismus, dort eine Rassistin, die keine sein will – und in ihrer hartnäckigen Ignoranz der sozialen Frage, indem sie zwar gegen Ausbeutung und Unterdrückung aufruft, die Voraussetzung und die Berechtigung von Gegenwehr aber nicht annähernd nachvollziehen kann, erinnert sie mich an andere VertreterInnen ihrer Klasse.

*

Jeden Morgen in Detroit setzte ich mich in einen Bus, der voller schwarzer Schulkinder in die Innenstadt fuhr. Der Busfahrer war selbstverständlich käsebleich, wie ich. Jeden Morgen schikanierte er sie und ließ sie in seiner stolzen Uniform seine Verachtung spüren. Sie rächten sich vielfältig. Durch verzögertes Suchen ihrer Monatskarten, so dass der Bus immer zu spät abfuhr. Sie zischten Schimpfworte, zerschlitzten die Sitze.

Sie hörten auf, mir gegen die Schienbeine zu treten, als ich radebrechend und mit betont deutschem Akzent das Gespräch mit ihnen suchte. Sie redeten nicht mit mir, aber von da an ließen sie mich in Ruhe. Ich wurde jeden Morgen zu einer Art unsichtbaren Beobachterin, war einfach nicht vorhanden. Ich machte mich fremd und wurde vertraut. Fast versehentlich grüßten sie mich nach einiger Zeit, und schließlich kam ich mit einigen ins Gespräch. Nach wie vor jobbte ich im Museum, aber ich verließ es immer früher, um durch die Stadt zu streifen.

Schwarze Freunde nahmen uns in ihre Kirche mit, wir waren dort die drei einzigen »Whiteys«. In den deutschen Dörfern, in denen ich aufgewachsen war, trugen alte Frauen, besonders solche, die Witwen waren, Kleidung, unter der sie verschwanden, grau und schwarz. Graue Alte, gut genug, um auf Enkelkinder aufzupassen, zu putzen und zu kochen und von morgens bis abends ihre Nützlichkeit zu beweisen.

Hier in dieser Kirche trugen auch die alten Frauen leuchtend rote Kleider, und gelbe und wild gemusterte. Sie verkrochen sich nicht in Kirchenbänke, mit gesenkten Häuptern unter Kopftüchern, gebeugt über Gesangbücher, die Nase schon Richtung Grab. Sie sangen laut, wo immer sie Lust hatten, in den Bänken sitzend, an den Seiten stehend, oder vorn, als Mitglieder des großen Chors, wo sie Gospels schmetterten.

Anders als damals in der Dorfkirche in Oberflockenbach – ich war inzwischen aus der Kirche ausgetreten –, wo nach einer Stunde nur machtvolles Orgelspiel eine am Einschlafen hinderte, sang hier eine turbulente Gemeinde mit einem leuchtend blau gekleideten großen Chor lautstark um die Wette. Und der Pfarrer duldete nicht wie damals keine Widerrede, sondern sprach mit seiner Gemeinde, und die antwortete laut: »Hey, Man!«

*

1968 war endgültig vorbei, aber Herbert Marcuse (1898–1979) kam 1972 nach Freiburg, wo ich seit einem Jahr studierte. Klug, weißhaarig. Der alte Mann, dessen Bücher ich seit ein paar Jahren las, betrat das Audimax der Universität bescheiden und hob ruhig die geballte Faust. Seine ZuhörerInnen schrien, klatschten und trampelten mit den Füßen, erhobene Fäuste überall. Ich sah von den steil ansteigenden Sitzreihen auf ihn hinab. Er sprach von Befreiung, von Emanzipation aus den Fesseln von Ausbeutung und Zwangsverhältnissen. Er sprach die Sprache meines Kopfes, in Gedanken antwortete ich, fragte, widersprach, staunte, stritt. Die Utopie einer humanen Gesellschaft, in der alle Menschen alle Möglichkeiten haben würden, lag nicht im Jenseits, nicht auf fernen Planeten, sie knüpfte in der Gegenwart an, wir konnten Spuren legen. Wir! Vielleicht sogar fehlerhafte, unzulängliche Wesen wie ich. Er predigte keine Dogmen, er entmüllte den Kopf und bot Möglichkeiten, die wir zu prüfen hatten.

Marcuse schrieb: »In letzter Instanz muss die Frage, was wahre und was falsche Bedürfnisse sind, von den Individuen selbst beantwortet werden, das heißt sofern und wenn sie frei sind, ihre eigene Antwort zu geben. Solange sie davon abgehalten werden, autonom zu sein, solange sie (…) geschult und manipuliert werden, kann ihre Antwort auf diese Frage nicht als ihre eigene verstanden werden. (…) Alle Befreiung hängt vom Bewusstsein der Knechtschaft ab, und das Entstehen dieses Bewusstseins wird stets durch das Vorherrschen von Bedürfnissen und Befriedigungen behindert, die in hohem Maße die des Individuums geworden sind.« (*Der eindimensionale Mensch*, 1964)

Den 74-Jährige war lebendiger als die 40- oder 50-jährigen Kalkgestalten, die uns unterrichteten, solche Kritiktöter wie mein Kunstgeschichtsdozent: »Was, Sie wollen wissen, warum ein Herrscher ein Gemälde, eine Skulptur in Auftrag gab? Sie sind hier falsch! Gehen Sie zu den Historikern!« Das Fach Kunstgeschichte an der Universität Freiburg 1972: Denken verboten, Abbildungen nachplappern, Oberfläche beschreiben, Arschkriechen für akademische Karrieren.

Ich hatte mich für Marcuse eine Stunde zu früh auf einen Klappsitz in den Hörsaal gesetzt, nicht zu weit unten, dass ich den Überblick verlor, nicht so weit oben, dass ich sein Gesicht nicht sah. Wer zu spät kam, hörte ihn über Lautsprecher im Foyer und in Nachbarhörsälen.

Wir konnten uns den herrschenden Verhältnissen verweigern. Wir mussten nicht systemtreu und angepasst funktionieren. Unsere Befreiung lag in Kritik, Solidarität und kollektiver Organisierung, im Andere-Verhältnisse-Lernen. Der Revolutionär Marcuse war ein Mensch, der seine Interessen auf den Tisch legte, einer, dem es ums Verrecken gleichgültig war, ob er der Universitätsleitung gefiel oder der herrschenden Meinung. Er machte uns Mut, half uns bei der Herstellung des Kopfwerkzeugs für den Ausbruch.

*

»Da! Lies das!« Hoimar warf mir Texte von Karl Popper (1902–1994) vor die Nase. Karl Poppers *Die offene Gesellschaft und ihre Feinde* sollte, nach meines Vaters Wunsch, schwerer wiegen als Marcuses *Der eindimensionale Mensch*, mich für seine Ansichten mehr öffnen als »Repressive Toleranz« (1965), mich auf vernünftigere Gedanken bringen als *Vernunft und Revolution* (1962).

»Da! Lies!« So flog eines Tages auch das Bändchen *Revolution oder Reform? Eine Konfrontation zwischen Herbert Marcuse und Karl Popper* auf meinen Schreibtisch. Hoimar und ich einigten uns, dass wir das kleine Buch lesen würden und dann diskutieren, bis einer gewonnen haben würde – Letzteres sagte er natürlich nicht. Er war mein Vater und 30 Jahre älter und klug und Psychiater (»Ich kenne dich besser als du dich selbst«), und er formulierte es etwa so: Ich würde gern wissen, was du an Marcuse findest, und vielleicht kann ich dir ja näherbringen, was ich an Popper so schätze. Zur Vorbereitung dieses Fights gehörte mehr als Lesen. Ich kniff und schob den Kampf eine Weile hinaus.

Hoimars Eröffnungszug kannte ich schon.

»Immer wenn jemand den Versuch machte, den Himmel auf Erden zu verwirklichen, wurde es die Hölle.« Er war viel zu klug, um Stalin allzu früh in die Schlacht zu werfen. Er kleidete sich sofort in Poppers Mantel, schlüpfte in die moderne Version des Antikommunismus.

»Ohne radikale Veränderung dieser Gesellschaft haben die meisten Menschen keine Chance auf ein besseres Leben«, sagte ich und zweifelte nicht daran, dass er die Welt verbesserungswürdig fand.

»Du meinst es gut, aber was dabei herauskommt, ist gefährlich!«

»Wie sollen die Verhältnisse menschenwürdiger werden, wenn niemand etwas riskiert?«

»Natürlich muss man das versuchen. Es wird ja auch gemacht ...«

»Wie die USA in Vietnam zum Beispiel?« Ich war unfair.

»Du weißt genau, dass ich das nicht meine! Natürlich ist das nicht in Ordnung.«

»Wie sähe die Welt aus, wenn es keine Menschen gegeben hätte, die versucht hätten, die Lage der Menschen zu verbessern, und dabei vielleicht auch Fehler machten?«

»Natürlich muss man etwas tun, das geht nur in kleinen Schritten.«

»Beim Warten sterben Millionen. Du kannst es dir leisten zu warten.« Ich war seit drei Jahren aus dem Haus. Seine Bücher wurden Bestseller, seine Fernsehsendungen machten ihn berühmt. Die Häuser meiner Eltern wurden größer, die Reisen teurer, keine gebrauchten Kleider mehr für die Kinder, stattdessen teure Internate für einige und Reitunterricht für die beiden Jüngsten.

»Ist die Bundesrepublik Deutschland nicht die freieste und demokratischste Gesellschaft in der Geschichte?«

»Für wen? Für Leute wie dich vielleicht.«

»Dir geht es auch nicht schlecht! Wir zahlen dir das Studium.« Er warf es mir nicht vor, er wies auf Privilegien hin, deren ich mir nur allzu bewusst war.

»Es geht doch überhaupt nicht um mich!« Wir drehten immer wieder dieselbe Schleife.

*

Herbert Marcuse war 1898 auf die Welt gekommen. Er hätte Rosa Luxemburg kennenlernen können, als er 1918, 20-jährig, Mitglied eines revolutionären Soldatenrates in Berlin-Reinickendorf wurde. »Ich bin aus diesem Soldatenrat ausgetreten, als man anfing, die früheren Offiziere ohne weiteres hineinzuwählen. Dann habe ich die Niederlage der Revolution in Berlin erlebt, teils war es Verrat, teils Niederschlagung.«

Wie hätte die deutsche Geschichte ausgesehen, hätte die November-Revolution von 1918/19 gesiegt? Hätten Millionen Juden, Kommunisten, Roma und Sinti dann vielleicht überlebt?

1933 emigrierte Marcuse nach Genf, 1934 in die USA: »Es war deutlich, dass der Faschismus kommen würde, und das hat mich zu einem intensiven Studium von Marx und Hegel gebracht (…). Alles in der Absicht zu verstehen, warum eigentlich zu einer Zeit, wo wirklich die Bedingungen einer authentischen Revolution gegeben waren, diese Revolution zusammengebrochen ist oder niedergeschlagen worden ist, die alten Mächte wieder an die Gewalt kamen und die ganze Sache in schlimmerer Form wieder von vorne anfing.«

Er war einer von den wenigen, die zu uns jungen Deutschen zurückgekommen waren. Hätte es mehr solcher LehrerInnen gegeben, was hätte aus uns werden können? Es war gewiss, dass diese kapitalistische Gesellschaft für viele Menschen den alltäglichen Terror bedeutete, und es war möglich, dass sie den Keim eines neuen Faschismus in sich trug.

*

»Diese Gesellschaft ist unglaublich reich, und diesen immensen gesellschaftlichen Reichtum sahnt eine klitzekleine Minderheit für sich privat ab«, sagte ich.

Hoimar widersprach nicht, aber die Aussage war ihm unbehaglich. Seine Grenze, wann jemand unanständig reich war, verlief auf einer anderen Anhöhe als meiner und in einem tieferen Tal, sobald es um die Frage ging, ob jemand nicht vielleicht doch selbst an der eigenen Armut schuld war.

»Würde der Reichtum verteilt, nicht einfach in verschiedene Taschen aufgeteilt, sondern genutzt, um ein anderes Leben, eine andere Gesellschaft zu organisieren, ginge es sehr viel mehr Menschen besser, würden sie weniger ausgebeutet und könnten selbstbestimmter leben.«

Er ärgerte mich: »Sie müssen nur wollen? Meinst du das ernst? Nicht alle Menschen haben die gleiche Fähigkeit wie andere oder eine große Begabung.« Ihren gleichen Wert als Menschen bestritt er nicht.

»Sie hatten vielleicht nur nicht die gleichen Möglichkeiten, gute Schulen zu besuchen.«

»Ach ja? Dann schau doch mal, wie unterschiedlich Kinder mit sechs Jahren sind, manche würde man doch fürchterlich überfordern und quälen, wenn man sie auf eine höhere Schule schickte.«

»Man muss sie von klein auf fördern! Im Kindergarten, und durch Verbesserung der sozialen Situation ihrer Eltern.«

An dieser Stelle der Auseinandersetzung, die viele Vorläufe und Proberunden hatte, wussten wir beide, dass wir binnen kürzester Zeit bei der genetischen Seite des Menschen landen würden, beim harten Streit um die biologischen Voraussetzungen des Menschen. Waren es 70 Prozent biologische Voraussetzung und 30 Prozent Einfluss der sozialen Umwelt oder umgekehrt?

Es gab kein Ende der Debatte, nur, Jahre später, sein Einverständnis, dass selbst von den 30 Prozent, die er dem Menschen an sozialer Variabilität zugestand, nur das Wenigste zugunsten von unterprivilegierten Kindern genutzt wurde, so dass sie ihre Potenziale entfalten konnten.

Im Kern blieb die Differenz.

Warum musste er mit dem Raketenforscher Wernher Freiherr von Braun korrespondieren? Hatte der nicht für die Nazis gearbeitet? *Ja, aber die Nazis hatten ihn drangsaliert und Braun war ein bedeutender*

Wissenschaftler. Und deshalb nicht verantwortlich? *Du bist schrecklich intolerant*, sagte Hoimar ärgerlich.

Herbert Marcuse nahm die »repressive Toleranz« auseinander, »befreiende Toleranz« bedeute »Intoleranz gegenüber Bewegungen von rechts (...) und Duldung von Bewegungen von links«. »Unparteiische Toleranz« schütze »in Wirklichkeit die bereits etablierte Maschinerie der Diskriminierung«. Es gibt »politische Maßnahmen, Bedingungen und Verhaltensweisen (...), die nicht toleriert werden sollten, weil sie die Chancen, ein Dasein ohne Furcht und Elend herbeizuführen, behindern, wo nicht zerstören. Diese Art von Toleranz stärkt die Tyrannei der Mehrheit.« (»Repressive Toleranz«, 1965/1970).

Was bedeutete: Braun wurde von den Nazis drangsaliert? *Oh, er war sogar in Haft*, sagte Hoimar. Und was passierte dann? *Na ja, er kam wieder raus, aber sie machten ihm das Leben schwer.* Aber er hat doch noch bis Kriegsende an der sogenannten Wunderwaffe V 2 gearbeitet? *Die Amis hätten Wernher von Braun doch nicht sofort nach dem Krieg geholt, wäre er ein Nazi gewesen!* Haben sie das nicht auch mit anderen gemacht? Hauptsache, die Deutschen waren gegen »die Russen« nützlich.

*

Tatsächlich war Braun 14 Tage in Gestapo-Haft. Er blieb unversehrt. Es gab Streit mit Himmler, der wollte das Raketenprogramm der SS unterstellen. Braun kam aus reicher nationalkonservativer preußischer Familie, wurde 1937 NSDAP-Mitglied. 1933 war er ein paar Monate SS-Mitglied, ab 1940 wieder. Die Beziehungen zum NS-Staat waren bestens. Hitler selbst unterschrieb die Ernennungsurkunde Brauns zum Professor. Für das V-2-Projekt in Peenemünde wurden ab 1943 – von Braun stiefelte in SS-Uniform herum – Tausende KZ-Häftlinge als Zwangsarbeiter angefordert. Viele starben an Hunger, Folter und Hinrichtungen. Die US-Regierung holte von Braun und rund 120 andere Peenemünder noch 1945 in die USA. Man brauchte sie für die Aufrüstung. Das US-Waffenamt half bei der Fälschung der Sicherheitsberichte, auch desjenigen über von Braun. Peenemünde wurde in den USA wieder aufgebaut. (Michael J. Neufeld, *Die Rakete und das Reich. Wernher von Braun, Peenemünde und der Beginn des Raketenzeitalters*, 1999)

*

Hoimars Freund Konrad Lorenz nannte ich »Braungans« und einen »Scharlatan«, und ich hasste seinen plumpen Übertrag oberflächlicher und nicht im Geringsten »objektiver« und »wertfreier« Beobachtungen von tierischem Verhalten auf Menschen. War es nicht sonderbar, dass dabei immer ein der Biologie restlos unterworfenes, ameisengleiches menschliches Wesen als ein naturgegebenes herauskam? Dass die herrschende soziale Ordnung dabei immer bestehen blieb, wie sie war? Gleichsam naturgesetzlich. Der Mensch war unfrei, solange er solchen Biopriestern wie dem alten Nazi Konrad Lorenz unterworfen war.

Hoimar verstand nie, dass beispielsweise die subtilen Signale der Demütigung zum Beispiel meiner Ex-Mitschülerin Lena deren Selbstbewusstsein zermürbt hatten. Er begriff nie, dass ich keine besonderen Gene hatte, sondern privilegierte soziale Chancen. Dass er und meine Mutter mir Möglichkeiten boten, die kostbarer waren als ihre Gene. Dass die anhaltende Botschaft: »Du kannst lernen und werden, was du willst«, ein riesiges Geschenk war, das nur eine Minderheit von Kindern bekam, ein Geschenk, das in mein Bewusstsein drang und nicht aus meinen Zellen tropfte.

Ich wollte eine gerechte Gesellschaft ohne Armut und ohne Krieg. Er wollte das irgendwie auch, hatte angeblich »wirklich nichts dagegen«. Er glaubte oder hoffte, wir seien nur darin unterschiedlicher Ansicht, wie das zu erreichen sein könnte. Aber noch war für ihn die Bundesrepublik die beste aller denkbaren Welten.

»In einer künftigen Gesellschaft muss der gesellschaftliche Reichtum gerecht verteilt sein.«

»Das wäre schön, aber bist du nicht ziemlich naiv? Wie soll das gehen?«

»Indem nicht einige wenige sich privat die Produktionsmittel aneignen, sondern indem alle darüber entscheiden, was mit diesen geschieht, welche Dinge für welche Bedürfnisse hergestellt werden und wie gemeinsam über sie verfügt wird.«

Über Kapitalismus und Ökonomie sprach er nicht gern, über individuelle Kompetenz schon. »Du meinst, das können alle Menschen?«

»Die meisten können es lernen. Auch wenn nicht jeder das Gleiche und vielleicht nicht alle alles lernen – wenn nur jedes Kind gefördert würde und alle seine Möglichkeiten nützen könnte, sähe die Welt schon anders aus.«

»Ich gebe ja zu, dass es furchtbare Ungerechtigkeit gibt und viel Hunger. Aber was passiert, wenn diese Demokratie zerbricht? Wer garantiert, dass es danach kein Chaos gibt? Die Eierschale dieser Zivilisation ist dünn, wir unterhalten uns hier auf sicherem Boden, aber ein Loch in der Eierschale, und der Terror bricht aus. Hast du die Nazis vergessen?«

Herbert Marcuse half mir wieder: »Es gibt keine Garantie. Aber die einzige Möglichkeit, eine Gesellschaft von Freien und Gleichen aufzubauen, besteht darin, dass man diese Gesellschaft radikal verändert, den Kapitalismus abschafft. Dann besteht die Möglichkeit, dass es der Mehrheit der Menschen besser geht, und auch diejenigen Menschen hier, die glauben, dass die Welt in Ordnung ist, könnten lernen, wie es ist, wirklich selbstbestimmt und wirklich frei zu leben.«

»Und für das alles brauchst du Gewalt?!«, fragte mein Vater.

»Jetzt willst du mich auf diese Schiene abschieben. Als ob es in dieser Gesellschaft nicht jeden Tag Gewalt gibt. Aber du merkst natürlich nichts davon, weil sie sich nie gegen dich richtet.« Bald würde ich erfahren, wie Polizeiknüppel meine Wahrnehmung der sozialen Realität der Dinge beschleunigen würden.

»Du magst es gut meinen, aber der Mensch ist nicht so, wie du ihn siehst. Er ist nicht per se gut. Er ist auch ein Raubtier.«

»Er ist weder gut noch schlecht. Er kann alles sein. Das hängt davon ab, unter welchen Bedingungen er lebt und welche Möglichkeiten er hat.«

Ich gewann manchmal damit, dass ich ihn davon überzeugte, dass seine Sicht der Dinge so geprägt von seiner ökonomischen und sozialen Situation war, dass seine soziale Lage sein Denken so sehr beeinflusste, dass er sich nicht anmaßen dürfe, sich weiterhin wertfrei und wissenschaftlich-objektiv zu nennen. War nicht das Erkenntnisinteresse von WissenschaftlerInnen abhängig von ihren Geldgebern und von ihrer Stellung in einer Gesellschaft? Und verloren die Verteidiger der Zivilisation nicht gern ihre feinen Manieren, wenn jemand es wagte, ihre Privilegien anzugreifen? War nicht Gewalt das tägliche Brot dieser Gesellschaft, in den Fabriken wie in der »Dritten Welt«?

Herbert Marcuse mischte sich immer wieder in unsere Auseinandersetzungen ein: »Zu engagieren? Sehen Sie, für mich ist das gar kein besonderes Engagement. Das kommt natürlich, spontan. Ich kann eben einfach heute nicht denken, ohne als selbstverständlich mitzudenken, was um mich herum vorgeht, was in der Welt geschieht. Und zwar nicht nur in meiner näheren Umgebung, sondern in den Ghettos in den Vereinigten Staaten, in Südostasien, in Lateinamerika, überall wo das Elend und die Grausamkeit und die Unterdrückung einem ins Gesicht starren, selbst wenn man nicht hinsehen will, man fühlt es, man liest es, man weiß es. Ich würde sagen, das ist für mich kein besonderes Engagement, das ist der natürliche Ausdruck meiner Existenz.« (Herbert Marcuse / Karl Popper, *Revolution oder Reform?*, 1971) So ist es.

In manchen Nächten kämpften wir bis zum Morgengrauen: Alle anderen Familienmitglieder schickten wir ins Bett, oder sie flohen vor dem Hin- und Herrennen, vor dem Rechthaben, den Attacken, vor Trotz und Hohn, vor meiner Gemeinheit oder seiner Scheinheiligkeit, vor Gebrüll und Einigung und Unversöhnlichkeit. Eine steht entweder im Schatten eines selbstsicheren, anerkennungsverwöhnten Vaters, oder sie boxt sich auf eine gleichberechtigte Ebene. Es kam eine Nacht, da nutzte ich hemmungslos jede Waffe, die ich besaß, da war auch die Auseinandersetzungsform, der Bruch mit Wohlverhaltensregeln, ein Inhalt meiner antiautoritären Rebellion. Diesmal würde ihm seine Überlegenheit nichts nützen. Da würde ich ihn treffen in all seiner Scheinheiligkeit, seinem Hochmut, seinem Selbstmitleid. Er würde nicht mehr beschließen, wie die Diskussion zu verlaufen und was ich am Ende zu akzeptieren hätte. Ich würde mich nicht von seinem Witz ablenken, nicht durch Bluff und Wissen den Boden unter den Füßen weghauen lassen. Dieses eine Mal nicht.

Im Morgengrauen hatte ich gewonnen und ein furchtbar schlechtes Gewissen. Ich lag lange wach, rekapitulierte unseren Streit und die Mittel, die ich hatte einsetzen müssen. Und wusste doch, dass es hatte sein müssen, wenn ich gleichberechtigt werden wollte. Mein Vater, alleswissender Naturwissenschaftler, trainierter Popperianer und Psychiater, hatte alle Kanonen seiner Autorität auf mich gerichtet, und ich hatte diese Autorität vom Thron gestoßen. Ich hatte sein Dogma der Wertfreiheit und seiner vermeintlichen Sachlichkeit schwer beschädigt, war vor seinem »Sei nicht so persönlich« nicht mehr zurückgezuckt. »Ich kenne dich besser als du dich selbst«, hatte er einmal gesagt. Jetzt kannte ich ihn ebenso gut. Ich durchschaute ihn, nun konnten wir uns, wenn die Verletzungen geheilt waren, vielleicht in gleicher Augenhöhe auseinandersetzen. Mit der Zeit nahm die Kunstfertigkeit in der Waffentechnik zu. Wir lernten sogar, über uns selbst zu lachen. Meistens standen jetzt die Themen im Mittelpunkt. Das Ziel war die Klärung von Standpunkten.

*

Wenn man nachts zu müde ist, um aufzupassen, wo mensch sein Zelt aufbaut, und die Heringe in die spanische Estremadura schlägt, wo der Großgrundbesitz riesig ist und die Grundbesitzgrenzen nur niedrige Mauern haben, so dass man leicht darüber stolpert, mit der Betonung auf leicht, dann kann es passieren, dass eine große Zunge morgens am Zelt leckt und man guckt hinaus, und es ist ein Stier. Der starrt und stampft vor dem Zelt, und du machst dich klein und wartest lange, bis der Stier und die ganze Herde sich langweilt und weiterzieht, sehr viel weiter. Dann glüht die Mittagssonne längst über der Sierra und du schmeißt alles ins Auto, ohne Frühstück und Zähneputzen, in der nächsten Kleinstadt springst du in einen seichten trägen grünen Fluss, der sich bei dieser wahnwitzigen Hitze auch kaum bewegen möchte, und löschst Staub und Schweiß und tauchst ein letztes Mal unter, das Gesicht unter Wasser, und kühlst ab. Auf einer staubigen Straße, Lastwagen dröhnen vorbei, stehen

Stühle, und ich trinke Fanta Limon und mehligen Kaffee. Ich habe die Stiere überstanden und werde die Hitze überleben. Viele Flaschen später fahren wir weiter und sehen am Ende der glühenden Kleinstadt, wie sich der Fluss hier noch einmal vorbeiwindet. Genau hier recken fette Kühe ihre kantigen Hintern über das Ufer in den Fluss, lassen ihre Schwänze kreisen und scheißen Unmengen grünen Brei in das Wasser, das dorthin fließt, wo wir gebadet haben. Giftig grüne Schlieren treiben auf dem Wasser. Später suchen wir uns einen Campingplatz vor Madrid. Dort gibt es Duschen, Duschen, Duschen. Wir wollen in den Prado. Mensch tritt nicht mit Kuhscheiße im Haar vor Goya.

*

Die Zelte, in denen ich ein paar Jahre später, 1975, schlief, waren nicht so weit entfernt, weiter südwestlich, waren groß und schwarz. An beiden Seiten waren Feldbetten aufgereiht. Das Militär hat sie uns auf einen Hügel, in ein Camp über Lissabon, unter große Bäume gestellt. Einer kleinen blonden Deutschen war alles geklaut worden. Die Revolution hatte die Diebe nicht weggefegt, schon gar nicht die unter den »RevolutionstouristInnen«. Die Offiziere erklärten uns ihre »Revolution der Nelken«. Es waren kluge Leute dabei, die wussten, dass sie das Verständnis der neuen jungen Linken aus anderen Ländern brauchten, wenn ihnen die Stimmung in Europa gewogen werden sollte.

Immer wieder lief im Radio das Lied »Grândola vila morena«, das im April 1974 als Signal für den Aufstand der Offiziere gedient hatte. Auf dem großen Platz in der Mitte von Lissabon verkaufte ein Mitglied des Kommunistischen Bundes (KB) den *Arbeiterkampf*, den linken Arm mit den Zeitungen gestreckt, als stünde er in der Einkaufszone von Altona. Auf einer Demonstration verbrannten portugiesische Frauenrechtlerinnen ihre Büstenhalter. Die Männer ließen sie irritiert gewähren. Bei deutschen Demonstrationen ging mensch in Reihen und rief Parolen. Hier gab es Kampf- und Tanzschritte und Musik. So also konnte sich eine Revolution anfühlen. An vielen Orten der Stadt luden die unterschiedlichen linken Gruppen zur Diskussion ein. Ich war skeptisch und wurde überrascht.

Die Diplomaten im Dienst des Internationalismus, meistens Männer, oft Militärs, viele AkademikerInnen und StudentInnen, aber auch GewerkschafterInnen und Krankenschwestern, klug, gebildet, begegneten uns mit Geduld. Südlich von Lissabon waren Privatkliniken sozialisiert. Wir begegneten ÄrztInnen und Pflegepersonal voller Enthusiasmus.

Aber die Großgrundbesitzer strebten zurück. Die politischen Mächte in Westeuropa wollten keine Revolution auf ihrem Territorium, sie organisierten die Konterrevolution. Unsichtbar arbeitet auch die deutsche Sozialdemokratie daran, der Revolution bald den Hals zu brechen und die alte Ordnung wiederherzustellen. Allen voran Willy Brandt. Die Friedrich-Ebert-Stiftung half nach der Revolution, die Sozialistische Partei Portugals zu gründen, auf deutschem Boden, und staffierte sie aus.

»Mehr als 50 Millionen Mark allein aus dem Kanzleramt schleusten die Deutschen zwischen 1975 und 1982 nach Portugal und Spanien, um an der Südwestflanke der NATO den drohenden Einfluss der Kommunisten einzudämmen. (...) Den Anstoß zu der Operation hatte 1974 ein düsterer Bericht des US-Außenministers Henry Kissinger gegeben, der Spanien bedroht und Portugal bereits von den Kommunisten überrollt sah. Über die Hilfe unter Demokraten waren sich die Vorsitzenden der vier im Bundestag vertretenen Parteien rasch einig.« Aus dem Fonds des Bundestages wurde aus Geheimhaltungsgründen die Operation Polyp des Bundesnachrichtendienstes (BND). (*Der Spiegel* 6/2000)

Die SPD diskriminierte die Selbstverwaltung der Agrarkooperativen als »diktatorisch«. Die Agrarreform wurde zerschlagen, das Land den Bauern und LandarbeiterInnen wieder weggenommen und den zurückkehrenden Großgrundbesitzern ausgehändigt. Viele Kooperativen wehrten sich, oft militant. Sie verloren. Vor der Küste Portugals fuhren die Kriegsschiffe der NATO zu angeblichen Manövern auf. Die USA bereiteten sich auf eine militärische Intervention für den Fall vor, dass die deutsche Sozialdemokratie die Lage mit Hilfe ihrer Außenstelle nicht in den Griff bekäme.

Die SPD-Bundesregierung machte wirtschaftliche Hilfe davon abhängig, dass in Portugal eine kapitalistische Gesellschaft entstand

(Helmut Schmidt: »So wie wir es verstehen.«). Portugal sollte in den kapitalistischen Weltmarkt eingegliedert werden, unter den Einfluss der herrschenden Kräfte in der EG, heute EU, gelangen.

*

Am 11. September 1973 putschten in Chile Teile des Militärs. Eine Fülle von Unterlagen, die inzwischen aufgrund gesetzlicher Vorschriften veröffentlicht werden mussten, enthüllen – wenn auch unvollständig und teilweise gesäubert – die Verantwortung der Nixon-Regierung und ihres obersten Sicherheitsberaters Henry Kissinger für den Militärputsch in Chile, für den Mord – vielleicht einen erpressten Selbstmord – am gewählten Präsidenten Salvador Allende und etwa 30 000 ChilenInnen.

Die Operation Condor schloss, unter Anleitung der USA, die geheime Absprache unter den Militärdiktatoren Lateinamerikas ein, Chile von außen unter Druck zu setzen. Die CIA führte in enger Kooperation mit Kissinger und seinem 40 Committee eine Vielzahl von Geheimoperationen gegen die gewählte chilenische Regierung durch. Als die Wirtschaft des Landes strauchelte und die Kräfteverhältnisse in der Armee in Richtung Diktatur verschoben waren, führte General Pinochet den Putsch an. Selbst nach dem Tod des gewählten Präsidenten Allende ließ sich Kissinger in perfider Neugier über die Folter und die Morde der chilenischen Junta an der chilenischen Opposition auf dem Laufenden halten. Vor allem GewerkschafterInnen starben, KommunistInnen, rebellische Bauern, linke StudentInnen. Der Sturz der gemäßigten sozialistischen Demokratie und die Massaker wurden mit Entwicklungshilfekrediten, unter anderem mit 24 Millionen US-Dollar für Futtermais, belohnt. Auch Kissinger profitierte, er wurde US-Außenminister.

Während seines Bestätigungsverfahrens für das neue Amt belog er den Auswärtigen Ausschuss: Die USA sei nicht am Staatsstreich in Chile beteiligt gewesen.

Das war es vermutlich, was die meisten Kongressabgeordneten hören wollten. Chiles Reichtum war wieder im Griff von US-Konzernen, eine missliebige Demokratie mit einem sozialistischen Präsidenten beseitigt, aber der US-Kongress trug eine vermeintlich weiße Weste. Es gab keine UN-Intervention, keine Friedenstruppen, nichts. Keinen Aufschrei der sozialliberalen deutschen Bundesregierung. Dafür den höhnischen Jubel deutscher Konzerne – wie des deutschen Chemiekonzerns Hoechst AG – über Allendes Tod.

Constantin Costa-Gavras' Spielfilm *Missing* hat auch jungen linken AmerikanerInnen, ihrer politischen Arbeit in Chile und ihrem Widerstand gegen die Militärjunta ein Denkmal gesetzt. Viele verschwanden nach dem Putsch plötzlich. Wer zum Beispiel hat die jungen US-Amerikaner Frank Teruggi und Charles Horman ermordet? In Costa-Gavras' Film sucht ein verzweifelter, anfänglich staatstreuer US-amerikanischer Vater Horman, beeindruckend gespielt von Jack Lemmon, seinen verschwundenen Sohn in den Schlachthäusern, Stadien und Folterkellern von Santiago de Chile. Die US-Regierung in Gestalt von Kissingers Stellvertreter als Außenminister, Jack Kubisch, erklärte der Militärjunta in Bezug auf die vermissten Amerikaner, dass doch vergleichsweise geringfügige Probleme in unserer Beziehung »die Zusammenarbeit nicht schwerer machen sollten«.

Die Operation Condor war eine Mordeinrichtung, eine internationale Todesschwadron, die reihenweise lateinamerikanische Politiker, die sich den US-Interessen widersetzten, ermordete. Es gilt auch längst als bewiesen, dass das FBI half, geflohene chilenische Oppositionelle einzufangen und dem chilenischen Geheimdienst auszuliefern, woraufhin sie verschwanden.

US-Geheimdienste übernahmen auch die Überwachung regimekritischer lateinamerikanischer Flüchtlinge in den USA. Einige lateinamerikanische Diktatoren wurden im Lauf der Zeit vor Gericht gestellt oder sogar inhaftiert. Kissinger nicht.

Einmal sah sich Außenminister Kissinger im Juni 1976 veranlasst, sich vor der Organisation Amerikanischer Staaten (OAS) ein wenig kritisch und folgenlos allgemein über Menschenrechtsverletzungen in Chile zu äußern. Schon tags zuvor entschuldigte er sich bei Diktator Pinochet: »Weniger kann ich nicht tun, ohne Reaktionen in den USA zu provozieren, die zwangsläufig zu Einschränkungen durch die Legislative führen. Meine Ansprache ist nicht gegen Chile gerichtet. Das wollte ich Ihnen sagen. Meiner Einschätzung nach sind Sie ein Opfer aller linksgerichteten Gruppen dieser Welt, und Ihre größte Sünde besteht darin, eine Regierung gestürzt zu haben, die kurz davorstand, kommunistisch zu werden.«

Noch immer sind Henry Kissingers persönliche Unterlagen bei der Kongressbibliothek nicht öffentlich und unter Verschluss. Sie sollen erst fünf Jahre nach seinem Tod zugänglich werden.

Kissinger, der Mann, der von seinem Schreibtisch aus für so viele Tote verantwortlich war, blieb sich aufs Widerwärtigste treu. Auch in anderen Teilen der Welt, wie etwa in Indonesien, unterstützte Kissinger weitere Massaker: das des indonesischen Diktators Suharto an den aufständischen TimoresInnen 1975 – etwa 90 Prozent der Waffen, die während der Invasion in Osttimor eingesetzt wurden, stammten aus den USA.

Kriege machen manche Leute nicht nur mächtig, sondern auch reich. Es war sicher auch nicht schädlich, dass Kissinger im Aufsichtsrat von Freeport-McMoRan, der größten Goldschürfmine der Welt, in Indonesien saß, wie Christopher Hitchens schreibt.

*

Die University of Glasgow verlieh mir ein Stipendium für ein Jahr, und ich fuhr mit Koffern und Kisten im Sommer 1973 von Freiburg über Hamburg, Harwich und York in die Black City.

Glasgow war eine Stadt, in der – im Gegensatz zu den meisten europäischen Städten – traditionell ArbeiterInnen mit ihren Familien in der Innenstadt lebten. Dicht besiedelte Mietshäuser, Fisch- und Trödelmärkte prägten neben Geschäfts- und Bürohäusern das Bild des Stadtzentrums. Der Upper Class gefiel dieses Gesicht der Stadt noch nie. Sofern die Reichen nicht *down south*, nach England, zogen oder nach Edinburgh, in die vermeintlich feinere schottische Stadt, versuchten sie seit Jahrzehnten, das Zentrum zu gentrifizieren und die MieterInnen umzusiedeln. Einige Argumente schienen auf ihrer Seite: Viele Mietshäuser waren feucht, mit miserablen sanitären Anlagen und uralten Heizsystemen.

Na, dann soll der Staat unsere Häuser sanieren, sagten die MieterInnen. Denn vertreiben lassen wollten sie sich nicht. Waren sie nicht einmal die größte *working class community* Britanniens gewesen, die vier Fünftel der Einwohnerschaft ausmachte? Wie lebten denn die unter ihnen, die sich hatten umsiedeln lassen? Draußen, manchmal weit außerhalb der Stadtgrenzen, in den Slums von Glasgow, in Drumchapel, Castlemilk, Easterhouse, Ruchazie oder in den Gorbals?

Soziale Netze waren dort oft samt den lebensnotwendigen nachbarschaftlichen Beziehungen zerrissen, 30 und 40 Prozent Arbeitslosigkeit beherrschten den Alltag. Gesäubert aus den Augen der Stadtregierung, lebten die Menschen in ihren neuen Häusern, dünn wie aus Pappe, niedrig und feucht, manche nach zehn Jahren abrissreif, zudem schwer erreichbar in schäbigen, unterfinanzierten öffentlichen Verkehrsmitteln. In den Gorbals hatte der Abriss neuer und alter Wohnblocks schon begonnen. Ich erlief mir auch hier die Stadt, ging Straßen entlang, wo von Häuserreihen nur noch Reststücke wie einzelne Zähne aus einem zerstörten Gebiss ragten, Straßenschilder Sinnloses anzeigten und überall kahle Brachen Perspektivlosigkeit verrieten.

Ein Dorn im Auge des rechten Mehrheitsflügels von Labour, der Konservativen und des Kapitals waren nicht nur die Häuser, sondern auch die praktischen sozialen Netze der einfachen und armen Leute. Wer kein Geld hatte, versorgte sich mitten in der Innenstadt, auf Paddy's Market unter der Eisenbahnbrücke nahe Bridgegate und Clyde Street und auf dem Barras, einem mehrere Straßenzüge großen Trödelmarkt nahe Kelvin Green. Ein paar Penny für eine Unterhose, ein paar Schillinge für ein uraltes Radio, wenige Pfund für ein Kinderbett. Was erst dem Erdboden gleichgemacht werden sollte, wurde Jahre später den TouristInnen als folkloristische Attraktion angedient, vergleichbar dem berühmten Marché aux Puces in Paris, und war doch nur Ausdruck von nackter Armut und wirklichem Bedarf.

*

Noch während des Zweiten Weltkriegs wurden Pläne geschmiedet, große Teile der Bevölkerung Glasgows zwangsweise aus der Innenstadt an ihre Ränder umzusiedeln. 1932 hatte die Arbeitslosigkeit in manchen Arbeitervierteln 72 Prozent betragen. Diese Umsiedlungspläne scheiterten, ihre unsozialen Charakteristika quollen jedoch bis heute in alle möglichen neuen Vorhaben. Aber erst einmal schienen 1973 alle Versuche, noch mehr Menschen mit geringem oder keinem Einkommen zu verdrängen und die City für private Investoren zu öffnen – in ihrer unsozialen Logik vergleichbar den Haussmannschen Einschlägen in Paris Mitte des 19. Jahrhunderts oder den baulichen Verbrechen in vielen US-Metropolen –, noch nicht durchsetzbar.

Die Glaswegians wollten kein *false face of our city*.

Die schwarze Stadt verbarg unter ihrer kohle- und stahlverstaubten Haut architektonische Edelsteine, die die Verantwortlichen ignorierten. Sah eine genauer hin, lag unter einer fetten Schicht Vernachlässigung und Ruß eine ungewöhnliche Vielfalt an viktorianischer Architektur und nur noch wenige Beispiele des einzigartigen schottischen Jugendstils von Charles Rennie Mackintosh. Seine schöne Glasgow School of Art war nicht bedroht, in ihr studierten Fachleute. Aber beispielsweise das Original der weltberühmten, später aufwendig rekonstruierten Jugendstileinrichtung von Mackintoshs Willow Tea Rooms in der Sauchiehall Street flog aus dem Fenster in die Abfallcontainer, als ich vorbeilief.

Während der herrschende rechte Labourflügel linke AbrissgegnerInnen und DenkmalschützerInnen als »Verrückte« und »Fortschrittsfeinde« geißelte, keimten zaghaft neue stadtplanerische Konzepte, manche konservativ, manche links und sozial begründet. Einmal war, fast versehentlich, eines der alten vierstöckigen viktorianischen Reihenhäuser im Westend gereinigt worden: Honigfarben strahlte es über seine anthrazitfarbenen Nachbarn hinweg, und die Leute blieben staunend davor stehen.

Ich legte in der Univerwaltung die notwendigen Dokumente für ausländische StudentInnen vor, ließ Belehrungen über mich ergehen, die meine erwarteten Studienleistungen und das Verbot politischer Betätigung betrafen, und fand mit zwei anderen deutschen Studenten eine Dreizimmerwohnung in einem viktorianischen Mehrfamilienhaus in der Highburgh Road nahe der Universität in Glasgows Westend. Eine Menge Dinge waren fremd. Sprache, Gerüche, Farben, gesellschaftliche Regeln – und die in mehrfacher Hinsicht: Ich brauchte einen Studentenausweis und eine Karte für ein Unifest.

Die Glasgow University hatte zwei Student Unions, eine für Männer, eine für Frauen. Student Unions waren Clubs mit vielfältigen sozialen Funktionen. Die Union der Frauen war die fortschrittlichere und nahm auch Männer auf. Mensch zahlte etwas und konnte alle Einrichtungen besuchen: Cafeteria, Disco, Leseraum, politische Veranstaltungen.

Ganz anders die Mens Union. Im Gegensatz zu den Werften hatten einige großbürgerliche Regeln das 19. Jahrhundert überlebt. Für das offizielle Unitanzfest gab es ausschließlich Karten für gemischtgeschlechtliche Paare, und die musste auch noch der Mann in der Mens Union kaufen. Dort bezogen auch Studenten ihre Studentenausweise. Studentinnen mussten sich ihre in der Womens Union besorgen. In das große alte Gebäude der jungen Männer durfte keine Frau. Zu keinem Anlass. Ich war fremd, unsicher und mein Englisch ungeübt, aber ein so leicht zu durchschauender Fall von Ungerechtigkeit und Diskriminierung lockte als Trainingsangebot gegen alle drei Mängel.

Ich hatte meine Nase schon mal heimlich in die Mens Union gesteckt und war im Lesesaal in lautes Lachen ausgebrochen. Wie im elitärsten Londoner Herrenclub – oder im Salon einer deutschen Burschenschaft – saßen hier in einem großen Saal mit holzgetäfelten Wänden, größer und luxuriöser ausgestattet als der Club der Frauen, blasse Jüngelchen, gekleidet in Pullunder und Tweed, in Ohrensesseln und versteckten ihre blasierten Pickelgesichter hinter der *Times*. Jeder Zweite nuckelte an einer Pfeife.

An dem Tag, an dem es Ausweise und Festkarten für Männer geben sollte, reihte ich mich in die lange Warteschlange ein. Die jungen Männer wurden unruhig. Da so was noch nie zuvor passiert war, waren auch sie ungeübt und brauchten Zeit, sich zu fassen. *Ich vermute, Miss, hüstelhüstel, Sie sind hier falsch. – Warum? – Sie sind eine Frau. – Danke, ich weiß.* Getuschel. Zögern. *Sie können hier nicht stehen. – Wieso, tue ich doch? – Das hier ist nur für men. – Even men are human beings, aren't they? I'm a human being.*

Die Schlange rückte nach vorn, und mit ihr die Versuche, mich zur Ordnung zu rufen. Zuerst die Eintrittskarte für das Fest. *Ihr Begleiter ist krank und kann sie nicht selbst holen? – Nein. Equality, you know?* Schweigen, man reichte mir die Karte. In einem anderen Raum stand eine Kamera auf einem Stativ. Die Studenten hielten sich wie auf einem Polizeirevier ein Schild mit einer langen Zahl, ihrer Ausweisnummer, unters Kinn und wurden fotografiert. Am Ende war ich die einzige Studentin mit einem Männerausweis. Bis ihn alle in der Womens Union gesehen hatten, hatte ich viele neue Bekannte.

Kaum klopfte ich an die Tür eines künftigen Dozenten, da hatte ich schon ein zweistündiges Einzelgespräch, das jeder neuen Studentin zustand. Das kannte ich aus der BRD nicht. Von jeder Hochschullehrerin erhielt ich ein Papier, dem ich Themen, Thesen, Struktur und Literaturangaben jeder Veranstaltung entnehmen konnte. So wusste ich zum ersten Mal vorher, was zur Debatte stand. An deutschen Unis »überraschten« einen viele LehrerInnen gern, als hätten sie einen Geheimauftrag, meist waren sie nur schlecht vorbereitet oder hielten Unklarheit für ein raffiniertes pädagogisches Konzept, so dass eine meist erst am Ende des Semesters wusste, ob ein Seminar etwas getaugt hatte oder sie Zeit vergeudet hatte. Dogmen waren die meisten Lehrpläne in Glasgow dennoch nicht. Waren sich die StudentInnen einig, konnten Themen geändert werden. Daneben gab es alle Möglichkeiten, sich in Arbeitsgruppen und Tutorials frei zu organisieren.

Ich stand nicht unter Druck. Mein Auslandsjahr galt als Unterbrechung meines Studiums in Deutschland und wurde nicht angerechnet. History of Art legte ich endgültig ab und wählte Sociology, Economic History und Political Thought. Ich würde Marx näher kennenlernen, mir den verdrängten Hegel vorknöpfen, die Philosophie der Antike und der Aufklärung in Kauf nehmen, vielfältigste Aspekte der Social History of Scotland studieren, mich in Industrial Archaeology mit den stofflichen Hinterlassenschaften der Stahl-, Textil- und Kohleindustrie des 19. und 20. Jahrhunderts befassen und mit denen der schottischen Arbeiterbewegung. Ich würde lernen, wovon ich noch nichts wusste.

Die Industrial Archaeology führte uns an die Hochöfen von Stahlwerken. Das Modernste, das wir sahen, war ein ausrangiertes deutsches Werk aus den zwanziger Jahren. Es war kein Museum. Menschen arbeiteten dort. Upton Sinclairs Romane wurden plötzlich in die Gegenwart katapultiert. Dabei waren die Kämpfe gegen die Zerstörungen durch den Kapitalismus noch älter, so alt wie der Kapitalismus selbst.

Südöstlich von Glasgow lag New Lanark. 1784 war die Baumwollspinnerei mit einer Arbeitersiedlung an das Ufer des Clyde gebaut worden. Bis 1968 war die Spinnerei in Betrieb, 1973 fanden wir ein etwas nachlässig geführtes Museum vor, das irgendwann restauriert werden sollte. Zwei- bis vierstöckige Häuser aus hellbraunen Natursteinen und Ziegeldächern in moderner, schlichter Architektur. Die Siedlung lag luftig am wilden, gekrümmten Flussufer, die Gebäude verbunden durch Wege, Bürgersteige und kleine Straßen, alles umgeben von dichtem Laubwald.

*

New Lanark war nicht irgendein Betrieb, sondern ein Baustein in der Geschichte der Arbeiterbewegung. Von 1800 bis 1825 leitete der utopische Sozialist Robert Owen (1771–1858) das Projekt. Niemand hat drastischer und genauer *Die Lage der arbeitenden Klasse in England* beschrieben als 1845 Friedrich Engels. 80 Jahre nach Owens Arbeitsbeginn in New Lanark schrieb Engels in *Die Entwicklung des Sozialismus von der Utopie zur Wissenschaft* (1880) über ihn: »Da trat ein 29-jähriger Fabrikant als Reformator auf, ein Mann von bis zur Erhabenheit kindlicher Einfachheit des Charakters und zugleich ein geborner Lenker von Menschen, wie wenige. Robert Owen hatte sich die Lehre der materialistischen Aufklärer angeeignet, dass der Charakter des Menschen das Produkt sei einerseits der angebornen Organisation und andrerseits der den Menschen während seiner Lebenszeit, besonders aber während der Entwicklungsperiode umgebenden Umstände. (…) Eine allmählich auf 2500 Köpfe anwachsende, ursprünglich aus den gemischtesten und größtenteils stark demoralisierten Elementen sich zusammensetzende Bevölkerung wandelte er um in eine vollständige Musterkolonie, in der Trunkenheit, Polizei, Strafrichter, Prozesse, Armenpflege, Wohltätigkeitsbedürfnis unbekannte Dinge waren. Und zwar einfach dadurch, dass er die Leute in menschenwürdigere Umstände versetzte und namentlich die heranwachsende Generation sorgfältig erziehen ließ. Er war der Erfinder der Kleinkinderschulen und führte sie hier zuerst ein. (…) Während seine Konkurrenten 13 bis 14 Stunden täglich arbeiten ließen, wurde in New Lanark nur 10 ½ Stunden gearbeitet.«

Mit einem Weg zur Arbeit, der nur wenige Minuten betrug, vergeudeten ArbeiterInnen von New Lanark damit täglich viel weniger Arbeitszeit als viele zwangsmobile »ArbeitnehmerInnen« in der Gegenwart. Die medizinische Versorgung war wie die Schulbildung gut und kostenlos, Owen richtete eine Kranken- und eine Rentenkasse ein, und die ArbeiterInnen erhielten Waren fast zum Selbstkostenpreis. Selbst wenn der Betrieb in Krisenzeiten stillstand, erhielten die ArbeiterInnen den vollen Lohn. Engels: »Und dabei hatte das Etablissement seinen Wert mehr als verdoppelt und bis zuletzt den Eigentümern reichlichen Gewinn abgeworfen.«

Dennoch war Owen nicht zufrieden. »Die Existenz, die er seinen Arbeitern geschaffen, war in seinen Augen noch lange keine menschenwürdige; ›die Leute waren meine Sklaven‹«, denn auch »die verhältnismäßig günstigen Umstände, in die er sie versetzt, waren noch weit entfernt davon, eine allseitige rationelle Entwicklung des Charakters und des Verstandes, geschweige eine freie Lebenstätigkeit zu gestatten.« Owen hatte festgestellt, dass die weniger als 2500 ArbeiterInnen von New Lanark »ebenso viel wirklichen Reichtum für die Gesellschaft« schufen, »wie kaum ein halbes Jahrhundert vorher eine Bevölkerung von 600 000 erzeugen konnte«. Er fragte: »Was wird aus der Differenz zwischen dem von 2500 Personen verzehrten Reichtum und demjenigen, den die 600 000 hätten verzehren müssen?«

»Die Antwort war klar«, antwortete Engels 1880, der Reichtum »war verwandt worden, um den Besitzern des Etablissements fünf Prozent Zinsen vom Anlagekapital und außerdem noch mehr als 300 000 Pfd. St. (6 000 000 M.) Gewinn abzuwerfen.« Und was für New Lanark galt, galt vermutlich in noch höherem Maß für alle Fabriken Englands.

Owen begriff: »Ohne diesen neuen, durch die Maschinen geschaffnen Reichtum hätten die Kriege zum Sturz Napoleons und zur

Aufrechterhaltung der aristokratischen Gesellschaftsprinzipien nicht durchgeführt werden können. Und doch war diese neue Macht die Schöpfung der arbeitenden Klasse.« Die neuen gewaltigen Produktivkräfte, die bislang nur der Bereicherung Einzelner dienten, sollten nach seiner Auffassung dem besseren Leben aller dienen. Owen berechnete die Sache im Detail. Engels: »Auf solch rein geschäftsmäßige Weise, als Frucht sozusagen der kaufmännischen Berechnung, entstand der Owensche Kommunismus. (...) Der Fortschritt zum Kommunismus war der Wendepunkt in Owens Leben. Solange er als bloßer Philanthrop aufgetreten war, hatte er nichts geerntet als Reichtum, Beifall, Ehre und Ruhm. Er war der populärste Mann in Europa. Nicht nur seine Standesgenossen, auch Staatsmänner und Fürsten hörten ihm beifällig zu. Als er aber mit seinen kommunistischen Theorien hervortrat, wendete sich das Blatt. Drei große Hindernisse waren es, die ihm vor allem den Weg zur gesellschaftlichen Reform zu versperren schienen: Das Privateigentum, die Religion und die gegenwärtige Form der Ehe. Er wusste, was ihm bevorstand, wenn er sie angriff: Die allgemeine Ächtung durch die offizielle Gesellschaft (...) Aber er ließ sich nicht abhalten, sie rücksichtslos anzugreifen, und es geschah, wie er vorhergesehn.«

Owen opferte später sein Vermögen für kommunistische Projekte in England und den USA. Sie scheiterten, er verarmte, wandte »sich direkt an die Arbeiterklasse und blieb in ihrer Mitte noch 30 Jahre tätig. Alle gesellschaftlichen Bewegungen, alle wirklichen Fortschritte, die in England im Interesse der Arbeiter zustande gekommen waren, knüpfen sich an den Namen Owen«, fasste Engels 1880 zusammen.

In Owens Büchern und in Projekten wie New Harmony (Indiana, USA; 1825–1828) und Harmony Hall (1839–1845) im englischen Hampshire fand Engels »die vollständige Ausarbeitung des Gebäudes für die kommunistische Gemeinde der Zukunft, mit Grundriss, Aufriss und Ansicht aus der Vogelperspektive«, und eine Siedlung, »deren Kommunismus an Entschiedenheit nichts zu wünschen übrig ließ«.

Manche bürgerliche HistorikerInnen behaupten, dass Owen gescheitert sei. Was ist Erfolg, was ist eine Niederlage? Robert Owen setzte nach fünfjähriger Anstrengung 1819 die gesetzliche Beschränkung der Frauen- und Kinderarbeit durch. Er half bei der Vereinigung der englischen Gewerkschaften. Als Übergang in eine kommunistische Gesellschaft gründete er nicht nur gemeinschaftliche Siedlungen, sondern führte Konsum- und Produktivgenossenschaften ein, »die seitdem wenigstens den praktischen Beweis geliefert haben, dass sowohl der Kaufmann wie der Fabrikant sehr entbehrliche Personen sind«, und »Arbeitsbasars, Anstalten zum Austausch von Arbeitsprodukten (...), die notwendig scheitern mussten, die aber die weit spätere Proudhonsche Tauschbank vollständig antizipierten, sich indes grade dadurch von dieser unterschieden, dass sie nicht das Universalheilmittel aller gesellschaftlichen Übel, sondern nur einen ersten Schritt zu einer weit radikaleren Umgestaltung der Gesellschaft darstellten«.

Die Auseinandersetzung mit Owen und seinen KritikerInnen half mir bei der Auseinandersetzung mit der Illusion, alternative Lebens- und Arbeitsprojekte könnten eine kapitalistische Gesellschaft umwälzen.

*

Viele Studentinnen an der Glasgow University kamen aus proletarischen oder kleinbürgerlichen Familien. Das würde die kommenden politischen Auseinandersetzungen bestimmen.

Viele DozentInnen waren Linke, MarxistInnen, standen der Arbeiterbewegung oder dem linken Flügel von Labour nahe. Es gab sogar Vorlesungen in History of Class Conscience (Geschichte des Klassenbewusstseins).

Diese Lektion war in Glasgow nie nur theoretisch. Vor der Tür unserer Wohngemeinschaft standen eines Tages die Putzfrau des Vermieters und ihre Tochter. Ich verstand kein Wort. Ihr Slang, ihre Frisur, ihre Kleidung waren eigenartig. Sie gaben nicht vor, etwas zu sein, was sie nicht waren: Sie orientierten sich nicht am Bürgertum. Sie gehörten zur *working class* und bestanden auf dem Unterschied, in Idiom, Sprachklang, Kleidung und in ihrer Sicht auf die Welt. Mrs. Smith – »call me Maggie!« – war in allen ihren Lebensäußerungen von mehr proletarischem Bewusstsein durchdrungen als die meisten deutschen GewerkschafterInnen, denen ich bis dahin begegnet war.

Mrs. Smith lebte in einer Arbeitersiedlung in Clyde Bank am Fluss Clyde. Ihr Mann hatte seine Arbeit auf einer Werft lange verloren.

Im 18. Jahrhundert waren Glasgows Kaufleute durch den Handel mit Tabak aus den Kolonien reich geworden und hatten London an Einnahmen überrundet. Später kamen Stahl und Baumwolle, Maschinen und Textilien. Der Fluss wurde von Port Glasgow, am Ausgang des Clyde ins Meer, bis Glasgow vertieft, verschmälert und die Ufer befestigt. So konnte nicht nur Glasgow an den Transatlantikverkehr angeschlossen werden, sondern die breiten Ufer auch der Ansiedlung von Industrie dienen, in der Hauptsache Schiffswerften und Stahlwerke. Glasgows Werften und die zentralschottischen Maschinenfabriken machten mit ihrer Rüstungsproduktion in beiden Weltkriegen britannienweit die höchsten Umsätze.

Als 1919 die ArbeiterInnen Glasgows unter Führung der Independent Labour Party für die 40-Stunden-Woche streikten, schickte der englische Minister für Schottland das Militär samt Panzer gegen die befürchtete »rote Revolution« und zerschlug die Rebellion.

Jetzt, 1973, war vom Leben auf dem Clyde und an seinen Ufern nicht mehr viel übrig. Wo früher an manchen Tagen Hunderte von Schiffen den Fluss hinabgefahren waren, fiel nun ein einzelnes auf. Industrieruinen. Tote Kräne. Schiffsfriedhöfe. Hie und da noch ein einzelner Handwerksbetrieb, in dem gesägt, geschmiedet oder gelötet wurde. Wo sich früher Mast an Mast reihte, wo Dampfschiffe, Segelschiffe und Fähren sich den Platz streitig machten, herrschte jetzt Stille; es gab fast nur die Geräusche, die die Demontage verursachte.

Wie viele andere europäische Häfen auch verfiel Glasgows Schifffahrt mit der Umlagerung des Gütertransportes auf Schiene und Straße. Mit der Containerschifffahrt stürzte sie in den Keller. Containerladungen bedeuteten größere Schiffe, schnelleres Tempo, enge Zeitpläne, rationalisierte Ent- und Beladeverfahren. Containerschiffe waren teuer. Es lohnte sich nicht, mehrere Häfen pro Land oder weiter entfernte Häfen anzufahren. Die Stadtverwaltung ließ zu, dass die Ufergrundstücke verramscht wurden. Die Flussufer, die so sorgfältig gepflegt worden waren, ließ sie erodieren. Die Stadt kehrte nach zwei Jahrhunderten regen Flusslebens dem Clyde den Rücken zu.

Menschen wie Maggie gingen in Glasgow ins Theater. Sie ging gern und nicht, weil sie meinte, irgendwem »Kultur« beweisen zu müssen. Arbeiterkultur besaß Hegemonie, Sozialgeschichte lebte an jeder Straßenecke. Jeder Busfahrer kannte die Namen von John McLean und anderen HeldInnen der Arbeiterinnenbewegung.

Maggie ging ins Theater, so wie sie von ihrer Putzstelle kam: in Schlaghose, mit Plastiktüte und einer Handtasche aus Lederimitat. Ich kannte Theater – bis auf das Brecht-Theater in Ostberlin – nur bürgerlich und nicht proletarisch. Ich sah mich um. Niemand trug in diesem schönen alten Citizens Theatre feine Kleidung. Die Menschen kamen direkt von der Schule, der Arbeit, vom Einkauf oder von der Straße, in Anorak, Pullover oder T-Shirt. Es war ihr Theater.

Das Stück *The Cheviot, the Stag and the Black, Black Oil* zog die Menschen nicht vor die Bühne, weil Nackte vögelten oder Schweine geschlachtet wurden. Die eigene Sozialgeschichte und die arbeitskampfreiche Gegenwart realistisch und doch künstlerisch hinreißend dargestellt zu sehen war ein weitaus größeres Spektakel.

The Cheviot, the Stag and the Black, Black Oil (Der Cheviot [ein Wollstoff], der Hirsch und das schwarze, schwarze Öl) zog die Glaswegians ins Theater, weil sie 200 Jahre ihrer eigenen Geschichte auf der Bühne sahen. Ein Theaterstück in Anlehnung an Brecht, mit moderner Rock- und traditioneller schottischer Musik, mit Liedern, Satiren und Verfremdung. Schöpfer waren John McGrath und seine Theaterkompanie »7:84« (7 Prozent der britischen Bevölkerung besaßen 84 Prozent des Reichtums).

The Cheviot erzählt die Geschichte der Unterdrückung der einfachen Leute in Schottland, beginnend mit den *highland clearances* im 18. und 19. Jahrhundert: Englische und schottische Großgrundbesitzer vertrieben die *crofters*, KleinbäuerInnen und TagelöhnerInnen, in Hunger und Tod oder zwangen sie übers Meer. Wer sich wehrte, wurde massakriert. Weideland war wertvoller geworden als Ackerland, Schafe profitabler als Menschen. Für die »Ernte« der Wolle und ihren Vertrieb auf dem Weltmarkt brauchte das Agrarkapital kaum noch Menschen. So wurden die *crofters* zur »Überbevölkerung«. *The Cheviot* erzählt dann von der Ausbeutung in Fabriken und Bergwerken im 19. und 20. Jahrhundert und von den sozialen Folgen der Entdeckung des Öls.

»7:84« bezog das Publikum mit ein. McGrath stand auf der Bühne und sagte: »Theater kann niemals allein die Welt verändern. Aber es kann die Unterdrückung benennen. Es kann den Menschen helfen, ihre Stimme zu entdecken und ihre Solidarität.« Er beförderte keine nationale Empörung, im Gegenteil. Am Ende von *Cheviot* sagte ein Schauspieler: »Die Vertreibung aus den *highlands* verursachte eine Kettenreaktion überall auf der Welt. In Australien wurden die Aborigines wie Tiere gejagt; in Afrika wurden schwarze Menschen massakriert und versklavt; Amerika wurde von Indianern geleert. Die Saat für das nächste imperialistische Jahrhundert wurde gelegt.« Schottische – wie irische – Opfer wurden zu rassistischen TäterInnen.

Was vielen – entlang vermeintlich vertrauter historischer Konfliktlinien – als Unterdrückung durch die Engländer erschien und bis heute nicht nur den schottischen Nationalismus speist, war in Wirklichkeit Klassenkampf reinsten Wassers. Bei näherer Betrachtung paktierten einige Schotten mit einigen Engländern: der mit der englischen herrschenden Klasse wirtschaftlich wie familiär eng verbandelte schottische großgrundbesitzende Adel mit seinesgleichen *down south*. Diese Feinheit spart die konservative schottische Nationallegende vom Kampf der tapferen schottischen Clans gegen die englischen Kolonialisten gern aus. Wie in Irland verbarg sich hinter einem Konflikt, der von interessierten Kreisen oft national oder religiös interpretiert wurde, die alte soziale Frage.

*

In der Nordsee an der schottischen Ostküste war *black, black oil* entdeckt worden. 1969 zuerst ein Ölfeld. Dann noch eines, am Ende waren es 49 Ölfelder, aus denen in den besten Jahren 120 Millionen Tonnen Öl im Jahr gepumpt werden sollten. 1973 boomte die Fantasie, dass das schwarze Gold Schottland wirtschaftlich wieder aufrichten könne. Während sich England und Schottland um die Ausbeutungsrechte stritten, schufen multinationale Ölkonzerne Fakten.

Sie kauften weite Landstriche auf für die Lagerung und Reparatur der Plattformen, für Flughäfen, Raffinerien und Chemiewerke. Im Meer wurden Bohrinseln hochgezogen.

Im ostschottischen Aberdeen, einer Stadt aus grauem Granit unter grauem Himmel, die den Ölfeldern am nächsten lag, explodierten die Mieten, und vor der Stadt breiteten sich Armensiedlungen und Wohnwagenkolonien aus. Mit dem Einzug der Ölmultis kippte die Sozialstruktur. Abgesehen von den ökologischen Problemen profitierte die schottische Bevölkerung am Ende wenig vom Öl, das meiste Geld floss in die Kasse der Konzerne und in den britischen Staatshaushalt und kam nicht mehr zurück.

*

An der Glasgow University herrschte sehr viel weniger akademischer Bluff, der an meinen bisherigen Unis so viel Wissbegier eingeschüchtert hatte. Es half auch, dass ich fremd war. Bis ich ein paar Hemmungen losgeworden war, konnte ich Wissensfragen in Sprachprobleme kleiden. Hegel war mir in Deutschland fremd und unverständlich geblieben. Ich hatte gelernt, dass er die Weltgeschichte als »einen Prozess« darstellte, der »sich durch die göttliche Vernunft stufenweise verwirklicht«. Und was war »die höchste Form des objektiven Geistes«? Eine Einrichtung, die mir allmählich unsympathisch wurde, »der Staat«. Die englische Sprache erleichterte mir den Zugang zu Hegels Dialektik. Es ist manchmal hilfreich, sich Kategorien in einer fremden Sprache zu erarbeiten. Wird Hegels Kategorie »Aufhebung« im Englischen nun besser in *overcoming, abolition* oder *transcendence* übersetzt? Was enthält der Begriff im Deutschen, was den englischen Worten fehlt oder sie missverständlich sein lässt?

Ausgerechnet hier lernte ich aber auch die philosophischen und ideologischen Grundlagen der Anschauungen kennen, die mir von klein auf als das richtige Bild von der Welt und vom Menschen eingeflößt worden waren. Was in den Darstellungen meines Vaters und anderer LehrerInnen zum Ergebnis schierer, reiner Vernunft veredelt worden war, legten mir meine LehrerInnen hier zum Studium und zur kritischen Analyse auf den Tisch. Indem ich lernte, welche ökonomischen Interessen welchen Philosophien zugrunde lagen, verstand ich einen Teil der Widersprüche, an deren Klärung ich bislang gescheitert war. Ich begriff nun die Herkunft der Regeln, die mir die Welt so wenig veränderbar erscheinen lassen sollten wie den Menschen.

Ich hatte es nicht so brutal gelernt wie Thomas Hobbes' grausame Anschauung der Natur des Menschen, die eine der Zerstörung und Gewalt, eine Natur des »Krieges aller gegen alle« sei. Allen frühen IdeologInnen des Kapitalismus galt das Recht des Stärkeren als Dogma und Arbeitsauftrag der Natur, und wer gegen die Spielregeln des Kapitalismus verstieß, missachtete die Natur des Menschen, denn dessen Menschsein, meinte auch Adam Smith, bestehe aus der angeborenen Neigung zu Handel, Konkurrenz und Gier. So erschien der Kapitalismus mächtiger als ein Gottesgesetz. Kapitalismus wurde zur naturgegebenen Produktionsweise menschlicher Gesellschaften verklärt, die dem Charakter des Raubtiers Mensch am ehesten entspräche.

Ganz so furchterregend war die Propaganda des Kapitalismus in meiner Kindheit nicht auf mich heruntergenieselt, aber doch so: Menschen sind unvollkommen gezähmte wilde Tiere. Der Mensch ist dem Menschen ein Wolf. Die Zivilisation eine fragile Konstruktion. Am Ende ist jeder Mensch nur auf sich selbst gestellt.

Hoimar kokettierte gern mit seinem unbequemen Platz zwischen zwei Stühlen, den er als tapferer liberaler Aufklärer zwischen den Positionen der Rechten und der Linken einzunehmen behauptete. Aber es war stets aus und vorbei mit dem Mythos der unbedingten Toleranz und der Attitüde des weisen, gelassenen Wissensmissionars, der immer »beide Seiten« betrachten wollte, sobald ich den Kapitalismus und die herrschenden gesellschaftlichen Verhältnisse in ihrem Kern infrage stellte. Dann hieß es wütend: »Probst du den Aufstand, zerstörst du die hauchdünne Eierschale der Zivilisation.« Das brächte nur Zerstörung, Mord und Totschlag.

Wie sagte Hans-Jürgen Krahl? Adorno projizierte, »die sozialistische Aktion von links setze das Potenzial des faschistischen Terrors von rechts, das sie bekämpft, überhaupt erst frei. Damit aber ist jede Praxis apriori als blind aktionistisch denunziert.«

War Charles Robert Darwin (1809–1882) der erste Sozialdarwinist? »Nein«, behauptete Hoimar, »Darwins Theorie wurde missbraucht.« Mein Vater schrieb 1963: »Im 20. Jahrhundert erhob ein tendenziös ausgelegter Pseudo-Darwinismus einen ›heroisch‹ uminterpretierten Naturzustand zur Norm und glaubte, aus ihm ein ›natürliches Recht des Stärkeren‹ und den ›Kampf ums Dasein‹ als Maximen menschlichen Verhaltens ableiten zu können. Diesmal führte der Weg nach Auschwitz.« (*Das Erbe des Neandertalers*, 1992) Hoimar fragte: »Kennst du das nicht auch von Jesus und Marx, dass sie missverstanden wurden?« Taktisch nützliches Argument, inhaltlich unzutreffend.

Aus Darwins *On the Origin of Species by Means of Natural Selection* (1859) wurde im Deutschen *Die Entstehung der Arten durch natürliche Zuchtwahl*. Nach dem Massenmord an den Jüdinnen und Juden, an Linken und Roma durfte da auch in den Übersetzungen nach 1945 erst recht nicht Selektion oder Auslese stehen, im gesamten Text nicht. Der Begriff von der Rampe von Auschwitz lag zu dicht an dem, was der Darwinismus auch bot. In der deutschen Übersetzung der *Entstehung der Arten* fehlte lange auch Darwins Ankündigung, die Selektionslogik seines ersten Werkes auch auf die Betrachtung des Menschen anzuwenden: »Licht wird auch fallen auf den Menschen und seine Geschichte.« 1871 veröffentlichte er *Die Abstammung des Menschen und die geschlechtliche Zuchtwahl (The Descent of Man, and Selection in Relation to Sex)*.

Darwins »scharfer Wettbewerb aller organischen Wesen, sein »Kampf ums Dasein« (Struggle for Survival), das »Überleben der Tauglichsten« *(Surviving of the Fittest)* – alles diente nur dem natürlichen Fortschreiten der Evolution, deren Prinzip es war, das beste genetische Material überleben zu lassen. Wenn sich die Menschen aufgrund günstiger Umweltbedingungen zu rasch vermehrten und die natürlichen Ressourcen sich demzufolge verknappten, musste – zum Wohl des Ganzen – die natürliche Auslese zuschlagen.

Jost Herbig fasste Darwins Ansichten über den Menschen so zusammen: »Nach Darwin wirkte sich die Zivilisation verhängnisvoll auf die menschliche Art aus. Indem sie das unerbittliche Ausleseprinzip der Natur außer Kraft setze, führe sie zu Degeneration. Zivilisierte Völker hielten mit Hilfe medizinischer Technik kranke und untüchtige Menschen am Leben, leisteten Armenhilfe und unterstützten weniger fähige Mitglieder der Gesellschaft durch soziale Fürsorge. Individuen mit körperlichen, geistigen oder moralischen Defekten, die in ›freier Wildbahn‹ nur geringe Vermehrungschancen hätten, werde so künstlich zur Fortpflanzung verholfen. Der Anteil der Tauglichen, der biologisch ›wertvollen‹ Menschen müsste deshalb in der Zivilisation im Verhältnis zu den weniger Tauglichen abnehmen.«

Revolutionär an Darwin war, dass er dem herrschenden irrationalen und dogmatisch-religiösen Naturverständnis durch seine Evolutionstheorie die Basis entzog und dass er empirisch zu begründen versuchte, wie sich Pflanzen, Tiere und eben auch der Mensch entwickelt hatten. Bis dahin hatte das Dogma der Kirche gegolten: Gott hatte den Menschen, jedes einzelne Tier und jede Pflanze so geschaffen, wie sie waren: unverändert und nicht weiterentwickelt seit der Schöpfung. Darwin lieferte – auch Marx und Engels – Material, den Schöpfungsmythos materialistisch aufzuknacken, oder, wie Engels es 1880 formulierte: Darwin hat »der metaphysischen Naturgeschichte den gewaltigsten Stoß versetzt (…) durch seinen Nachweis, dass die ganze heutige organische Natur, Pflanzen und Tiere und damit auch der Mensch, das Produkt eines durch Millionen Jahre fortgesetzten Entwicklungsprozesses ist«.

Aber das Gift, das Darwin selbst herstellte und nicht etwa erst seine Epigonen, das Gift des Antihumanismus, hieß Sozialdarwinismus. Es entfaltete seit Anfang der sechziger Jahre des 20. Jahrhunderts mit einer neuen Darwin-Euphorie eine ungeheure Wirkung. So 1959 der Gentechniker und Nobelpreisträger Hermann Muller: »Hundert Jahre ohne Darwin sind genug!« (1959)

Friedrich Engels verteidigte Darwin nicht nur gegen Spiritisten und religiöse FanatikerInnen, er unterschied auch zwischen den brauchbaren und den gefährlichen Anteilen der neuen Lehre: »Ich akzeptiere von der Darwinschen Lehre die Entwicklungstheorie, nehme aber D[arwin]s Beweismethode *(struggle for life, natural selection)* nur als ersten, provisorischen, unvollkommenen Ausdruck einer neu entdeckten Tatsache an.« (1875) Und noch deutlicher: »Die ganze darwinistische Lehre vom Kampf ums Dasein ist einfach die Übertragung der Hobbesschen Lehre vom *bellum omnium contra omnes* [Krieg aller gegen alle; d. Verf.] und der bürgerlich-ökonomischen von der Konkurrenz, nebst der Malthusschen Bevölkerungstheorie, aus der Gesellschaft in die belebte Natur. Nachdem man dies Kunststück fertiggebracht (...) so rücküberträgt man dieselben Theorien aus der organischen Natur wieder in die Geschichte und behauptet nun, man habe ihre Gültigkeit als ewige Gesetze der menschlichen Gesellschaft nachgewiesen. Die Kindlichkeit dieser Prozedur springt in die Augen.« (1875)

Der Nationalökonom Thomas Robert Malthus (1766–1834) hatte in seinem Hauptwerk *An Essay on the Principle of Population* (1798) behauptet, die Welt sei stets überbevölkert, weil sich die Bevölkerung schneller vermehre als die verfügbaren Nahrungsmittel. Es sei daher unvermeidlich, dass Not und Elend herrschten und dass verschiedene Klassen existierten, von denen die eine wohlhabend, gebildet und moralisch sei, die andere arm, unwissend und unsittlich. Unsinnig seien Armenhilfe und Wohlfahrt, die würden die Armen nur vermehren, statt sie zu reduzieren. Hungertod? Es gibt kein Recht des Menschen auf Existenz, sagte Malthus.

Während der Frühkapitalismus die Fabrikanten unendlich reich machte und der schon erwähnte Robert Owen sich daran machte, die Lage des Proletariats zu verbessern, bastelte Malthus dem englischen Bourgeois und seinen Erben »das bequemste Faulbett« (Engels) für deren Gewissen. Darwin hatte Malthus' Text – »die offenste Kriegserklärung der Bourgeoisie gegen das Proletariat« (Engels) – gelesen und, wie er eingestand, als wesentliche Inspiration hervorragend verdaut.

Eine Folge des Malthusschen Antihumanismus war, dass 1833 die jahrhundertealte gesetzliche Armenhilfe in England eingestellt wurde, die Armen zur Zwangsarbeit in Armen- und Arbeitshäuser gesperrt und dort aufs Profitabelste zu Tode geschunden wurden.

1839 machte die Arbeiterklasse etwa 78 Prozent der Bevölkerung von Glasgow aus. Ein ihnen feindlich gesinnter zeitgenössischer Beobachter schrieb: »Diese Distrikte beherbergen die ärmsten, depraviertesten und wertlosesten Mitglieder der Bevölkerung und sind als die Quellen jener furchtbaren Fieberepidemien zu betrachten, die von hier aus Verwüstung über ganz Glasgow verbreiten.« Sauerstoffmangel, Staublungen, Schwefelgase machten die Bergleute ab ihrem 20., spätestens ab ihrem 30. Lebensjahr zu chronisch Kranken. Die Menschen waren kleiner als der Durchschnitt und stets graugesichtiger als andere. Sie starben an Asthma, Lungenkrankheiten aller Art, Mangelernährung und Unfällen. »Mit 40 Jahren, wird allgemein angegeben, fängt ein solcher Arbeiter an, in sein Greisenalter zu treten.« (Friedrich Engels, *Die Lage der arbeitenden Klasse in England*, 1845/1972) Wer seinen 50. Geburtstag überlebte, war eine Ausnahmeerscheinung.

War es nicht die natürlichste Sache der Welt, den Hungertod von Menschen aus den Prinzipien der Biologie zu erklären? Gab es eine bessere Rechtfertigung für die sozialen Folgen des Kapitalismus? Darwin: »Wenn die verschiedenen (…) Hemmnisse es nicht verhindern, dass die leichtsinnigen, lasterhaften und in anderer Weise niedriger stehenden Glieder der Gesellschaft sich in einem schnelleren Verhältnisse vermehren als die bessere Klasse der Menschen, so wird die Nation rückschreiten, wie es in der Geschichte der Welt nur zu oft vorgekommen ist.«

Darwins Lehre breitete sich im 19. Jahrhundert aus, weil sie, Schöpfergott hin oder her, gebraucht wurde. Sie nützte denen, die die Macht hatten. Den Fabrikanten, dem Adel und der Bourgeoisie, deren christliches Selbstbild gelegentlich angesichts des Massenelends, das sie zu ihrer Bereicherung geschaffen hatten, irritiert wurde. Außerdem setzte eine Theorie wie Darwins die Segel der Schiffe unter Wind, die übers Meer fuhren, um die Menschen in den Kolonien auszuplündern. Kapitalismus wurde Naturgesetz, Darwin lieferte den Ablass. Ein kleiner Bruch mit religiösen Dogmen schien ein geringer Preis.

Darwin beklagte (und unterstellte), dass alles nur Mögliche getan werde, damit die »an Geist und Körper Schwachen« überlebten, so »dass auch die schwächeren Glieder der zivilisierten Gesellschaft ihre Art fortpflanzen. Niemand, welcher der Zucht domestizierter Tiere seine Aufmerksamkeit gewidmet hat, wird daran zweifeln, dass dies für die Rasse des Menschen im höchsten Grad schädlich sein muss.« Scheinheilig appellierte der gescheiterte Priesteramtskandidat an die christliche Moral, der zuliebe die Gesellschaft »die ganz zweifellos schlechte Wirkung des Lebenbleibens und der Vermehrung der Schwachen ertragen« müsse. Seine Botschaft wurde dennoch verstanden.

*

102 Jahre später klagte Professor Konrad Lorenz (1903–1989): »Unser Mitleid mit dem asozialen Ausfallbehafteten, dessen Minderwertigkeit ebenso gut durch irreversible, frühkindliche Schädigungen (Hospitalisation!) verursacht sein kann wie durch erbliche Mängel, verhindert, dass der Nicht-Ausfallbehaftete geschützt wird. Man darf nicht einmal die Worte ›minderwertig‹ und ›vollwertig‹, auf Menschen angewendet, gebrauchen, ohne sofort verdächtigt zu werden, man plädiere für die Gaskammer.« (*Die acht Todsünden der zivilisierten Menschheit*, 1973)

Hoimar hatte sich 1961 mit Lorenz angefreundet und ihn oft im Max-Planck-Institut für Verhaltensphysiologie in Seewiesen bei Starnberg besucht. Als Kind hatten mich die Geschichten über Graugänse und andere Tiere amüsiert, die mein begeisterter Vater aus Seewiesen mitbrachte. Mitte der sechziger Jahre begann mich die Gleichsetzung von Menschen und Tieren zu stören. War es wirklich witzig, wenn Störche ihre Storchengattinnen »in flagranti« ertappten? Kugelfische »Humor« besaßen, und die Aggression zum »auf den Artgenossen gerichteter Kampftrieb von Tier und Mensch« erklärt und eine direkte Linie gezogen wurde »von zwei Hähnen, die auf dem Mist raufen«, über »Buben, die sich abwatschen«, bis hin »zu Kriegen und Atombomben«? (*Das sogenannte Böse*, 1963) Stand dann nicht ich, dachte ich als Kind, wenn ich mit den Geschwistern stritt, auf der gleichen Stufe wie ein Nazimörder?

Während Lorenz die nichtmenschliche Natur angeblich »schlicht beobachtete«, waren seine Brille so wie seine Kategorien längst von seinen sozialen und politischen Interessen durchtränkt. Er schleppte seine ach so wertfreien Oberflächenbetrachtungen zurück in die Gesellschaft und zog unzulässige Analogien zum sozialen Wesen Mensch. Seine AnhängerInnen schätzen noch heute diesen vermeintlich wissenschaftlichen Beweis für ihre interessengeleitete Sicht über das, was angeblich »die Natur des Menschen« ist.

Lorenz zeterte über »das Parasitentum« der »rebellierenden Jugendlichen« (1969). Mein Vater versuchte Lorenz' Aussagen naturwissenschaftlich zu rechtfertigen oder zu beschönigen. Wir stritten. Dann schrieb Lorenz über die »fünfte Todsünde der Menschheit« – den »genetischen Verfall: »Es ist nicht auszuschließen, dass viele Infantilismen, die große Anteile der heutigen ›rebellierenden‹ Jugend zu sozialen Parasiten machen, möglicherweise genetisch bedingt sind.« (*Die acht Todsünden der zivilisierten Menschheit*, 1973) Seine widerwärtige Beleidigung von uns jungen Leuten war die eine Sache. Was mich rebellisch machte war, dass er unsere politischen und sozialen Vorstellungen biologisierte und pathologisierte. »Auf wessen Seite stehst du?«, fragte ich Hoimar.

Lorenz bestritt noch 1973, als er den Nobelpreis für Medizin und Physiologie erhielt, dass er Mitglied der NSDAP gewesen war. Tatsächlich hatte er am 28. Juni 1938, gleich nach der Annexion Österreichs, die Mitgliedschaft (Mitgliedsnummer 6170554) beantragt: »Ich war als Deutschdenker und Naturwissenschaftler selbstverständlich immer Nationalsozialist.« Er habe »immer und überall mit aller Macht getrachtet, den Lügen der jüdisch-internationalen Presse (…) mit zwingenden Beweisen entgegenzutreten (…) meine ganze wissenschaftliche Lebensarbeit, in der stammesgeschichtliche, rassenkundliche und sozialpsychologische Fragen im Vordergrund stehen, [steht] im Dienste Nationalsozialistischen Denkens.«

Bereits zuvor, als Mitglied in der austrofaschistischen Vaterländischen Front profilierte er sich als Antisemit: Etwas »wirklich arteigenes Deutsches« müsse an die Stelle der Humanpsychologie treten, die »merklich von dem Gedankengut der jüdisch daherredenden und wortschwelgenden Judengrößen durchsetzt ist. Einer der wenigen Fälle, wo ich das Schädlingstum der Juden uneingeschränkt anerkenne.« Und: »Ich glaube, wir Österreicher sind die aufrichtigsten und überzeugtesten Nationalsozialisten überhaupt!«

Als NSDAP-Mitglied machte er Karriere und erhielt 1940 die Professur für Vergleichende Psychologie in Königsberg. Er hatte den

Nazis viel zu bieten. Der Mensch sei unveränderlich aggressiv und egoistisch, er hasse »Fremde« und verteidige sein »Revier«. Die »Rassenpflege« müsse »auf eine noch schärfere Ausmerzung ethisch Minderwertiger bedacht sein, als sie es heute schon ist«. Durch das Bevölkerungswachstum komme es zu einer »Verhaustierung« des Menschen. Die Erbreinheit des deutschen Volkes sei bedroht: »Sozial minderwertiges Menschenmaterial« werde durch die Zivilisation befähigt, »den gesunden Volkskörper zu durchdringen und zu vernichten«. (»Durch Domestikation verursachte Störungen arteigenen Verhaltens«, 1940) Lorenz wurde im Herbst 1941 zur Wehrmacht eingezogen und arbeitete bis Frühling 1944 als Heerespsychologe in der Reichsstiftung für deutsche Ostforschung in Posen. Er beteiligte sich freiwillig an der rassenpsychologischen Selektion der Bevölkerung des Warthegaus. 877 Menschen wurden sortiert: »Mischlinge«, die als »erbbiologisch minderwertig« und nicht »wiedereindeutschungsfähig« galten, wurden ins KZ geschickt.

Wie findet eine Gesellschaft die »Besten«? »Nun«, antwortete Lorenz, »wenn man aus einer Schar Graugänse den ›Besten‹ im sozialen Sinn heraussuchen will, so wird man kaum je irregehen, wenn man den wählt, der den am schärfsten geschnittenen Kopf, die straffste Körperhaltung, die breitesten Schultern (...) hat, kurz den Schönsten.«

(Jutta Ditfurth, »Die Braungans Konrad Lorenz«, *Natur* 12/1988; Jost Herbig, *Nahrung für die Götter*, 1988; Jutta Ditfurth, *Feuer in die Herzen*, 1992/1997; Ute Deichmann, *Biologen unter Hitler*, 1992; Benedikt Föger / Klaus Taschwer, *Die andere Seite des Spiegels. Konrad Lorenz und der Nationalsozialismus*, 2001)

*

Seit den sechziger Jahren, beeinflusst von der Propaganda der Genetiker, begeisterte sich mein Vater für diese Wissenschaft. Er glaubte den Verheißungen und wurde ärgerlich, wenn ich die Genetik – später die Gentechnik – auseinandernahm. Kritik wollte er nicht hören. Irgendwann in den sechziger Jahren war jenes Modell einer DNS-Spirale im Wohnzimmer gelandet und zeitgleich die leidenschaftliche Begeisterung meines Vaters für die moderne Genetik.

Nobelpreisträger wie Joshua Lederberg, Hermann Muller und Francis Crick waren die schaurigen Utopisten einer künftigen Welt, in der eines Tages entschieden werden könne, »welchen Menschen, nach welchem genetischen Vorbild, wir haben wollen« (Lederberg, 1988). Wie könne dem »erbgutverschlechternden Effekt der Zivilisation« wirksam entgegengetreten werden?, diskutierten Muller, Lederberg und Crick 1962. Wie könnten Menschen gezüchtet werden, wie »genetisch defektbelastetes«, fortpflanzungsunwertes, minderwertiges Menschenmaterial vermieden werden?

Die einen träumten, wie Hoimar, von einer Menschheit ohne Krankheit, die anderen von gentechnischer Selektion zum Vorteil der kapitalistischen Produktion, was mein Vater empört von sich wies. Und doch ist Genetik ohne Selektion undenkbar.

Dass die sozialen Utopien der Genetiker historisch eine starke Wurzel in der Eugenik, im Rassismus und Antisemitismus, in der NS-Medizin, NS-Naturwissenschaft und der NS-Psychologie hatten, war in den wissenschaftsgläubigen sechziger und siebziger Jahren ein tabuisiertes Thema. So verdrängt wie das in diesen Utopien enthaltene inhumane Menschenbild.

Der Mainstream der NaturwissenschaftlerInnen produzierte Bilder des Menschen, die ihn wie eine Ameise aussehen ließen. Instinkten und Trieben ausgeliefert. Opfer eines biologischen Dogmas. Ausgeliefert einem biologischen Fatalismus.

So war die Welt nicht. So sollte sie nicht sein. Ich wollte, dass wir sie verändern können. Wie viel näher stand mir Herbert Marcuse: »Nicht aus der theorielosen Praxis, sondern aus der Theorie der Praxis kommt ihr die Hoffnung, die Verzweiflung erst zur verändernden Kraft werden lässt, nämlich das Wissen, dass die Menschen doch unter gegebenen Bedingungen ihre eigene Geschichte machen, selbst die verwalteten Menschen, das Wissen, dass die Menschen und die Welt verändert werden können.« (»Bemerkungen zum Verhältnis von Theorie und Praxis«, 1975)

*

Doreen B., eine lebensfrohe, anarchistische Sozialistin, wurde aus dem Kreis meiner schottischen Bekannten meine engste Freundin.

Sie wurde meine Reiseführerin in ein fremdes soziales Milieu und nahm mich mit zu ihrer Familie in den Osten Schottlands – die große praktische Übung in Klassenbewusstsein und Sozialgeschichte.

Mit der Eisenbahn und einigen Buslinien überquerten wir den Firth of Forth an der Ostküste und bogen nach rechts auf die Halbinsel Fife, fuhren die Südküste entlang über Kirkcaldy nach East Wemyss. Eine graue, ziemlich kahle und fast reizlose Gegend, sofern eine noch nicht wusste, was für Menschen hier lebten. Kleine ärmliche Orte, Kohlenmine an Kohlenmine, Fördertürme, die in den Himmel stachen, Verladestellen, zerfallene Werften, eine schäbige Arbeitersiedlung an der nächsten, Häuser, enger und geduckter als in New Lanark. Doreens Familie lebte in einem winzigen Reihenhaus, so klein, dass ich jede Bewegung abzirkelte, um das Haus nicht umzustoßen. Am Strand klaubten alte Frauen Kohlebröckchen aus dem Sand, um ihre Wohnungen zu heizen.

Doreens Vater, ein verknitterter müder Mann um die 50 Jahre, sah aus, als ob er früh sterben würde. Sechs Tage in der Woche, zehn und mehr Stunden am Tag, stieg er in die Grube und holte mit ein paar Hundert anderen Kohle aus der Erde. *Saturday night* machte er sich fein, aber es gelang ihm nicht, die letzten Kohlestäube aus seinen Gesichtsfalten zu waschen. *Saturday night* bedeutete Tanz, Bingo, Whisky und Bier. Laute Witze, um den Schmerz in den Knochen zu vertreiben und den Staubhusten zu übertönen. Von den Grabsteinen auf dem örtlichen Friedhof ließ sich ablesen, wann Gruben eingestürzt waren, dann trugen viele Gräber das gleiche Datum. Die jüngsten Opfer waren vierzehn. Seit 1860 durften Jungs unter zwölf Jahren nicht mehr in den Kohlenminen arbeiten.

Ich befand mich nicht in einem Museum, sondern in der verdammten Wirklichkeit, im Alltag einer *miners family*, die lebte, wie viele Tausend andere Kumpel und ihre Angehörigen lebten und arbeiteten. In schlecht abgesicherten und kaum gelüfteten Gruben. Schäbige Gesundheitsversorgung, miese Wohnungen und Schulen und so geringer Lohn, dass Doreen ohne ein Stipendium niemals hätte studieren können.

Etwas entfernt lebten die, die seit Jahrhunderten von der Ausbeutung der *miners* und der *crofters* profitierten. Hinter hohen Mauern lagen die Ländereien, Parks und Schlösser der adligen Großgrundbesitzer, die vor Jahrhunderten das gemeinschaftliche Land und mit ihm die – inzwischen größtenteils verstaatlichte – Kohle an sich gerissen hatten. Ihre Kinder gingen auf Privatschulen. Ihre Ärzte praktizierten in Edinburgh oder London. Ihre Gesprächsthemen konnte ich mir vorstellen, ihre Mentalität war mir vertraut. Ich brauchte mich nur in meiner Verwandtschaft und in einem Teil meines alten Bekanntenkreises umzusehen.

Mit einer Schulfreundin, Tochter eines Kohlebarons, war ich fünf Jahre zuvor in der Nähe von Aachen hinter hohen Mauern gelandet und hatte die Wohnungen der Kumpel nicht einmal von weitem gesehen. Mit einer Studienfreundin aus Freiburg war ich hinter die hohen Hecken der Essener Villa ihrer schwerreichen Eltern eingeladen, die ihr Geld unter anderem mit Kohle gemacht hatten.

Ich hatte zu lange auf der falschen Seite gestanden. In meiner Erziehung hatten Scham und schlechtes Gewissen eine disziplinierende Rolle gespielt. Allmählich drehte sich die Wirkung um. Diesmal disziplinierten mich diese Gefühle nicht. War Scham ein »revolutionäres Empfinden«, wie Marx meinte? So oder so: Was hatte ich bisher schon riskiert? Lächerliches nichts.

Die Limousinen der Grubenbosse und der Großgrundbesitzer von Fife hielten nie in den Siedlungen der *miners* und ihrer Familien. Wenn ihre Fahrer sie durch die Orte chauffierten, schien ein Raumschiff vorbeizugleiten. Die Menschen am Rand der Straße straften sie mit Nichtachtung, Verachtung, Spott oder Hass. Aber ihre wirksamste Reaktion war ihre gewerkschaftliche Organisierung.

Die modernen Maschinen in den Kohlebergwerken verstaubten die Lungen der *miners* immer mehr, und sie verschärften den Arbeitsrhythmus. Der Durchschnittslohn betrug 200 Mark pro Woche. Die Renten reichten zum Hungern. Ihre Gewerkschaft, die National Union of Miners (NUM), verlangte 40 Prozent Lohnerhöhung und bessere und sichere Arbeitsbedingungen. Die Regierung bot 9,5 Prozent. Die NUM sagte Nein und verbot im November 1973 Überstunden.

Ein viermonatiger Arbeitskampf begann. Die Kohleproduktion sank um 30 Prozent und mit ihr die Kohlereserven. Gleichzeitig schrumpften – durch die »Ölkrise« – die Erdölimporte aus den arabischen Staaten. Premier Edward Heath (Tories) rief den Notstand aus und verordnete der britischen Industrie ab 1. Januar 1974 die Dreitagewoche, obgleich die Kohlereserven noch bis Mai 1974 gereicht hätten. 15 Millionen von 25 Millionen Arbeitenden waren von Kurzarbeit betroffen. Die Stromproduktion sank nach einer Woche um 40, die Industrieproduktion um 20 Prozent.

Die NUM drohte nun mit einem totalen Streik, der die Blockade der britischen Kraftwerke und der Energieversorgung einschließen würde. Die Regierungsmedien versuchten Angst vor Arbeitslosigkeit und Inflation in der Bevölkerung zu schüren. Der Versuch einer brachialen Entsolidarisierung scheiterte. Alle blieben solidarisch: die MiesmuschelverkäuferInnen auf Glasgows Trödelmarkt Barras, die KellnerInnen in den Bars, die VerkäuferInnen bei Marks & Spencer und die StudentInnen an der Glasgow University.

Viele StudentInnen und HochschullehrerInnen dort standen durch ihre Herkunft oder ihre politische Einstellung auf der Seite der Streikenden. Nicht akademisch, wie ich es aus Deutschland gewohnt war – was sicher auch an meiner sozial begrenzten Erfahrung lag –, sondern politisch-praktisch. Streikkomitees, Streiktheater, ja sogar Universitätsstreiks, Geldsammeln, politische Veranstaltungen mit GewerkschafterInnen. Überall hingen Transparente und Plakate: »Victory to the Miners!«

Ich erlebte das, was es in Deutschland kaum mehr gab: eine klassenbewusste Arbeiterschaft. Ich erlebte das, was es in der Bundesrepublik in größerem Umfang über einen längeren Zeitraum nie gegeben hatte: klassenbewusste StudentInnen. Ich erinnerte mich an die K-GrüpplerInnen, die morgens um fünf vor Mannheimer Werkstoren gestanden und Flugblätter verteilt hatten, mit denen sie »das Proletariat agitieren« wollten. Dafür waren sie mit Prügel bedroht worden. Hier war die Situation auf beiden Seiten eine gänzlich andere, bei den StudentInnen wie bei den ArbeiterInnen.

Die Tory-Regierung drohte mit Neuwahlen. Heath wollte sich durch die Wiederwahl ein eindeutiges Mandat gegen die *miners* holen. Die NUM drohte mit einem umfassenden Streik. 81 Prozent aller NUM-Mitglieder stimmten am 4. Februar für Streik, in Schottland waren es sogar 87,4 Prozent. Heath setzte Neuwahlen fest. Er befürchtete, dass auch Hafen-, Stahl- und Bahnarbeiter in den Arbeitskampf ziehen würden. Die Lokomotivführer hatten aus Solidarität bereits den Eisenbahnverkehr einen Tag lang zusammenbrechen lassen.

Am 10. Februar 1974 begann der Streik. Am 28. Februar 1974 wurde die Regierung Heath abgewählt. Labour gewann die Wahl knapp, und Harald Wilson wurde Premier. Eine Niederlage für die Tories, aber kein glänzender Sieg für Labour. Wichtiger war: Es war der bis dahin erste ökonomische Streik in der Geschichte der europäischen Arbeiterbewegung, der eine Regierung gestürzt hatte.

Wilson, der die Heath-Regierung zuvor ein »Gottesgeschenk für militante Gewerkschafter und Troublemaker« genannt hatte, beeilte sich nun, die Forderungen der *miners* zu erfüllen: 29 Prozent mehr Lohn; neuer Minimallohn: 45 Pfund pro Woche gleich 280 Mark statt bisher 36 Pfund; Zulagen für Wochenendschichten, Nachtschichten und andere *unsocial hours*. Das verhasste Streikkontrollgesetz wurde aufgehoben. Unter Heath hatten 270 000 britische Kumpel 44 Millionen Pfund pro Jahr erhalten, jetzt, unter Wilson, wurden es 104 Millionen Pfund, also rund 250 Prozent Steigerung. Die Lohnerhöhung gab das nicht her, es war demzufolge eine Unmenge an Überstunden und Zulagen nie bezahlt worden.

Nach 17 Wochen Streik war es zum »zweitgrößten Abkommen in der Industriegeschichte Englands« gekommen, staunte *The Times* (7.3.1974), »zu den größten Kämpfen der Nachkriegsgeschichte« (Eric Hobsbawm). *Die Zeit* wetterte: »Wieder einmal hat sich gezeigt, dass gegen eine entschlossen auftretende Gruppe in einer Schlüsselstellung (...) jede demokratische Regierung heute machtlos ist.« (15.3.1974) Wäre das so, hätte es nicht nur im britischen Kohlebergbau längst menschenwürdige Arbeitsbedingungen gegeben. Ich stellte mir den *Zeit*-Schreiberling in einem 200 Meter tiefen Stollen vor, auf dem Bauch durch einen finsteren Stollen kriechend. Was interessierten ihn die alten Frauen am Strand von Fife, die Kohlebröckchen aufklaubten, ich dachte an den Friedhof von East Wemyss und an Doreens Vater, sein schwarzes Gesicht und wie er sich die Lunge aus dem Leib hustete.

Ich begann die soziale Realität in Deutschland aus der Entfernung schärfer zu sehen und mein bisheriges Leben.

*

Im Juli 1974 kam ich nach fast einem Jahr in Schottland nach Deutschland zurück. Ich blickte von der Fähre hinunter auf den Hamburger Hafen. Ich war 22 Jahre alt, im neunten Semester und reiste mit schwerem Gepäck und wieder einmal abgerissenen Wurzeln. An der Oberfläche schien alles in Ordnung. Das Wiedersehen mit Eltern und Geschwistern verlief herzlich und problemlos. Im großen Haus meiner Eltern in Ahrensburg bei Hamburg, wo sie seit 1969 lebten, gab es immer noch ein kleines »Kinderzimmer« für mich, in dem ich nie gewohnt hatte. Meine beiden jüngsten Geschwister, Donata (18) und York (17), schienen plötzlich erwachsen geworden zu sein und führten ihre eigenen Leben, in denen ich niemanden kannte.

Christian (21) hatte sich seine Hendrix-Mähne abschneiden lassen und war zu meiner Überraschung – und zum Entsetzen meiner Eltern – 1973 in die DKP eingetreten. Das kam für mich nie infrage, da mischte sich berechtigte Kritik aus neulinker Sicht mit antikommunistischen Ressentiments. Ich besaß noch mein schon erwähntes Prag-Album über den 21. August 1968, mit den Bildern junger, unbewaffneter Leute, die sich Panzern in den Weg stellten. Aber ich fand meinen Bruder konsequenter als mich.

Christians Entscheidung ließ meinen Vater ausflippen. Endlose, harte und lautstarke Auseinandersetzungen. Er ging mit der erklärten Absicht zur Bundeswehr, diese von links zu unterwandern. Das wiederum bot meinem Vater einen Anknüpfungspunkt für eigenartige Männergespräche, die mich in jeder Hinsicht ausschlossen.

Meine Eltern führten inzwischen beide das Leben und den Terminkalender von Menschen, die »es geschafft hatten«. Mein Vater drehte seit 1969 mit wachsendem Erfolg Filme für seine ZDF-Reihe »Querschnitte durch die Wissenschaft«. Heilwig war zufriedener als je zuvor: Sie war 48 Jahre alt und arbeitete mit ihm zusammen; sie schaffte es bald, indem sie sich hartnäckig qualifizierte, gegenüber Hoimars Kollegen und vor allem gegenüber dem ZDF als Auftraggeber der Rolle der »helfenden Ehefrau an seiner Seite« zu entkommen. Sie bekam schließlich einen Vertrag als Aufnahmeleiterin des ZDF, organisierte die Reisen meines Vaters und seines Teams in alle Welt und nahm an ihnen teil. Wir Kinder verließen das Haus, und sie begann ein neues Leben.

*

Ich hatte Entscheidungen zu treffen. Diskussionen wie die folgende fanden immer wieder mit FreundInnen statt:

»Was ist, wenn ich nicht an die Verhältnisse gefesselt bleiben will, aus denen ich komme? Wenn ich da rauswill?«

»Du musst lernen, dich anzupassen«, hatte meine Mutter zum Kind gesagt. »Wenn ich groß bin, lass ich mich von niemandem rumkommandieren«, hatte ich geantwortet.

»Du glaubst doch nicht, dass dein Beschluss genügt?«, sagte ein Freund. – »Warum nicht?«

»Politisches Bewusstsein kannst du nur materialistisch erklären, nicht idealistisch! Die materielle Grundlage für unser Bewusstsein und für jede Idee, die wir haben, ist unser Körper mit seinen zentralen Bedürfnissen wie Trinken und Essen. Dazu kommt: Ein Mensch ist ein Mensch durch soziales Handeln, also indem er sich mit seiner ganzen Umwelt auseinandersetzt. Dieser Arbeitsprozess ist die Grundlage für die Entstehung seines Bewusstseins.«

»Bedarf es tiefer Einsicht, um zu begreifen, dass mit den Lebensverhältnissen der Menschen, mit ihren gesellschaftlichen Beziehungen, mit ihrem gesellschaftlichen Dasein, auch ihre Vorstellungen, Anschauungen und Begriffe, mit einem Worte auch ihr Bewusstsein sich ändert?« (Kommunistisches Manifest)

»Einfacher ausgedrückt: Ich muss vollkommen anders leben, um anders denken zu können? Dass ich es will, genügt nicht?«

»Äh, ja. – Oh, du kannst sagen: Dies ist eine Klassengesellschaft mit zwei Klassen, die der Produktionsmittelbesitzer und die derjenigen, die nichts als ihre Arbeit zu verkaufen haben, und zwischen denen herrscht ein unversöhnlicher Widerspruch, der Antagonismus zwischen Kapital und Arbeit. Dieser Widerspruch treibt die Konkurrenz an und die Profitmaximierung …«

»… und da kannst du nicht einfach per Beschluss die Seite wechseln.«

»Natürlich kann ich das! Für einige hier bin ich manchmal bloß die Tochter aus gutem Haus, Geld, Adel, berühmter Vater …«

»Na, ist es nicht so?«

»Lass sie in Ruhe! Aber natürlich hat er insofern recht, als dass …«

»Ich weiß, dass ich nicht per Fingerschnipsen plötzlich ein anderer Mensch bin. ›Klassenverrat‹ ist nicht bloß eine intellektuelle Entscheidung …«

»… es gibt eine Menge subtiler emotionaler und materieller Abhängigkeiten, die dich an dein altes Leben fesseln.«

Aber manchmal will sogar ein Angsthase kein Feigling mehr sein.

»Wenn ich nicht leide? Jedenfalls nicht an Hunger, Armut, Krankheit, schlechter Bildung? Wenn Leiden, eigenes Leiden, die Voraussetzung ist, kann eine, die subjektiv nicht leidet, höchstens mitleidet, demzufolge keine Linke werden?«

»Niemand bringt sein persönliches Leiden ohne Reflexion in einen Zusammenhang mit den Verhältnissen. Du darfst zuallererst nicht blind durch die Welt laufen, sondern mit offenen Augen. Du musst deine Umwelt wahrnehmen und deine Erfahrungen und dein Wissen verarbeiten. Erst dann fallen dir Widersprüche auf, erst dann fängst du an zu reflektieren. Du setzt dich nicht hin und beschließt: Jetzt durchschaue ich die Welt!«

»Wenn du lernst, dass Menschen krepieren, nur weil sie Hunger haben, oder dass du an dieser tödlichen Krankheit leidest, weil du ein Mädchen bist und arm und im falschen Teil der Gesellschaft und der Welt …«

Lena zum Beispiel hatten die notwendigen Einreisebedingungen in die Welt der höheren Bildung gefehlt.

»Viele Köpfe sind gespalten. Wenn mir einer gegenübersitzt, der die gesellschaftlichen Verhältnisse nicht durchschaut, kann ich dem nicht einfach einen Vortrag halten: So und so ist die Welt, sofern ich selbst weiß, wie sie ist. Meine Aussagen mögen so richtig sein wie nur irgendwas, sie dringen nicht in sein Bewusstsein, bloß weil sie wahr sind. In dem Kopf des anderen steckt vielleicht ein reaktionäres Frauenbild gleich neben einem fortschrittlichen Verständnis zum Beispiel über den Trikont. Er ist nicht nur ein gespaltener Mensch, sondern auch einer mit Interessen, die ihn die Dinge so sehen lassen, wie sie ihm nützen. Und der fortschrittliche Teil in seinem Kopf ist mein politischer Anknüpfungspunkt.«

»Meinst du, es ist einfacher, in den aufrechten Gang zu kommen, wenn einer aus 'ner Arbeiterfamilie stammt?«

»Bewusstseinsbildung funktioniert nicht so: Kind – Herdplatte – zisch! – Autsch – begreifen – denken lernen. Vom Denken kriegt man keine Beulen. Oder die verdammte Illusion: Wer denkt, wird kritisch; wer kritisch wird, wird links.«

»Wenn, du einem sagst: Du hast nichts weiter zu verlieren als deine Ketten, und er kann sich nicht vorstellen, was danach kommt, dann glaubt er vielleicht sogar, dass ihn die Ketten am Rand eines unbekannten Abgrunds festhalten. Er spürt nicht, dass sie ihn von seinen Möglichkeiten und von seiner Freiheit fern halten und ihm allmählich die Luft abdrehen.«

»Extreme Hierarchie heißt auch Ordnung, starke Strukturen, eine Orientierung, die dich zu entlasten scheint. Du leidest vielleicht, aber du schimpfst bloß auf Gott oder auf die Natur, die so grausam zu dir ist, weil du dir den Grund für deine Lage nicht anders erklären kannst. Die objektive Lage führt nicht unbedingt zum Ausbruch.«

»Sie finden sich ab, weil es unveränderlich scheint.«

»Nein, weil es ihnen als naturgegeben vorgesetzt wird, das ist etwas anderes.«

»Ich gebe ja zu, dass es furchtbare Ungerechtigkeit gibt und viel Hunger. Aber was passiert, wenn diese Demokratie zerbricht? Wer garantiert, dass es danach kein Chaos gibt? Die Eierschale dieser Zivilisation ist dünn, wir unterhalten uns hier auf sicherem Boden, ein Loch

in der Eierschale, und der Terror bricht aus. Hast du die Nazis vergessen?«, fragte Hoimar.

»Es ist antiaufklärerisch, wenn du sagst, du armer kleiner Mensch lebst in so übermächtigen Verhältnissen, du bedauernswertes unbedingt hilfloses Opfer.«

»Wie dann? Wie beginnt der Prozess der Wahrnehmung der eigenen Situation? Wie kommt ein Mensch dazu, seine Lage zu reflektieren, was gibt ihm einen Anstoß, die unsichtbaren Mauern, von denen er sich umgeben sieht, zu durchbrechen?«

»Erst einmal muss er sie sehen lernen, bevor er handeln, widerstehen, verändern und sich vielleicht befreien kann.«

»Wenn er ein Untertan ist, und man sagt ihm ›du elender Untertan!‹, wird damit sein Untertanenbewusstsein nicht aufgehoben. Die Widersprüche im Kopf ergeben sich aus der Stellung des Menschen im Produktionsprozess. Er bleibt erst einmal, durch die ökonomischen Gewaltverhältnisse, derselbe ewige deutsche Untertan, der sich brav in die Hierarchie am Arbeitsplatz einfügt und zu Hause vielleicht seine Frau unterdrückt und seine Kinder schlägt ...«

»Man kommt nicht als Frau zur Welt, man wird es. Kein biologisches, psychisches, wirtschaftliches Schicksal bestimmt die Gestalt, die das weibliche Menschenwesen im Schoß der Gesellschaft annimmt«, schrieb Simone de Beauvoir.

»Dann gibt es den anpolitisierten Studenten aus kleinbürgerlichen oder Mittelschichtsverhältnissen, der an der Uni Wunder wie radikal tut, aber seine Wäsche von Mami waschen lässt, an Weihnachten zu seinen Eltern fährt und dort ein ganz anderer Mensch ist, der sich nie ehrlich mit seiner Familie auseinandersetzt.

»Die Ausrede ist: Es lohnt sich nicht!«

»Genau! Dabei wäre der Streit für ihn selbst am wichtigsten. Wer so krass zwischen politischer Anschauung und sogenanntem privaten Leben trennt, dem ist sowieso nicht zu trauen. Wer sein Maul hält und nicht zu dem steht, was er angeblich ist, wer vor Konflikten kneift, dem vergiften die eigene Feigheit und die Verlogenheit das

Bewusstsein. Sobald das Studium vorbei ist, kannst du den nicht mehr von allen anderen unterscheiden.«

»Haben StudentInnen größere Chancen links zu werden, weil sie eine Zeit lang weniger Zwängen ausgesetzt sind als andere? Oder ist genau das Gegenteil der Fall: Muss Ausbeutung selbst erfahren werden?«

San Francisco und Monterey lagen in Dänemark. Ich geriet für drei Wochen in einen völlig vorschriftenfreien Zustand, ohne Regeln jedenfalls, wie ich sie kannte.

»Für viele scheint Linkssein wie eine romantische Jugendsünde zu sein, die sie mit dem Examen ablegen.«

»Steckt nicht in jedem Gehirn, egal wo einer herkommt, eine Ahnung, dass in dieser Gesellschaft etwas nicht stimmt? Dass sie unmenschlich ist und Menschen niederdrückt?«

»Das ist doch nichts Genetisches! Die Klassenverhältnisse und damit die grundsätzlichen gesellschaftlichen Widersprüche prägen die gesellschaftlichen Beziehungen. Und diese Widersprüche dringen ins Bewusstsein. Sie irritieren die Menschen, vor allem wenn sie unter ihrer Situation leiden.«

»Aber da sie auf unterschiedliche Weise leiden – der eine ist zu arm für einen guten Arzt oder steht Jahrzehnte am Hochofen, die andere leidet nur an Langeweile –, wirken sich diese Widersprüche im Kopf unterschiedlich aus.«

»Du meinst wirklich, alle Menschen ahnen diesen grundsätzlichen Widerspruch, selbst wenn sie die Verhältnisse, unter denen sie leiden, nicht mal durchschauen?«

»Wenn einer behauptet, es gibt keine Widersprüche, es stört ihn nichts grundsätzlich in dieser Gesellschaft, hat es keinen Sinn, mit dem zu reden. Entweder ist er so dumm, dass sich die Auseinandersetzung mit ihm nicht lohnt, oder er lügt, weil er daran interessiert ist, die Verhältnisse zu verschleiern.«

»Living is easy with eyes closed / Misunderstanding all you see / (...) / No one I think is in my tree / (...) / Nothing is real (...)«. Selbstmit-

leidige Einbildung. In vielen Bäumen sitzen Menschen, und alle denken, dass nur sie die Welt auf diese ganze besondere Weise betrachten.

»Du darfst da nicht so bürgerlich-individualistisch rangehen. Ein Mensch wird geboren, lernt, hat Träume, wie glücklich sein Leben, wie human die Welt sein könnte, er scheitert, und das produziert Hass und Selbstzerstörung. Wenn das über einen langen Zeitraum als kollektiver Prozess erlebt wird – du scheiterst nicht allein, sondern viele, denen es ähnlich geht wie dir –, und du durchschaust endlich, dass du schuldlos bist, dass es weder Naturgesetz noch Schicksal ist, du begreifst, welche Strukturen und welche Personen für deine Lage und deine begrenzten Verwirklichungsmöglichkeiten verantwortlich sind, kann der individuelle Hass, der sonst das Individuum nur zerstört, umschlagen in politische Erkenntnis und Aktion.«

Der Kapitalismus wurde zur naturgegebenen Produktionsweise menschlicher Gesellschaften verklärt, die dem Charakter des »Raubtiers Mensch« am ehesten entspräche.

»Vielleicht kommt aber auch nur der Untertan aus ihm herausgekrochen, und er sucht sich mit anderen gemeinsam Opfer, die sozial unter ihm stehen, weil er zu feige ist, gegen die vorzugehen, die die Macht haben und an seiner Misere schuld sind. Das ist die sehr deutsche Methode.«

»Die gibt es auch. Allerdings habe ich von ›durchschauen‹ gesprochen.«

»Das genügt doch nicht! Du musst auch von Interessen reden! Einer, der diese Gesellschaft durchschaut, muss noch lange kein Interesse daran haben, dass es allen Menschen gleich gut geht.«

»An die Stelle der alten bürgerlichen Gesellschaft mit ihren Klassen und Klassengegensätzen tritt eine Assoziation, worin die freie Entwicklung eines jeden die Bedingung für die freie Entwicklung aller ist.« (Kommunistisches Manifest)

»Wenn auf der anderen Seite das Gehirn so ›selbständig‹ ist, dass es Widersprüche und Konflikte aufnimmt, die es nicht wahrnehmen soll, brauchen die Herrschenden alles Mögliche, um dein Bewusstsein zuzuscheißen: Mythen, falsche Bilder von der Welt, Repressionen, Illusionen über Partizipation, Schuldgefühle, Kuchen und Spiele, Konsum, Drogen. So entsteht Alltagsbewusstsein, vertieftes falsches Bewusstsein. Aber das ist nicht naturnotwendig, du kannst entfliehen.«

»Die Dinge sind nicht das, was sie zu sein scheinen«, sagte der Maler René Magritte.

»Die kapitalistische Wirtschaftsordnung produziert eine Endlosschleife falschen Bewusstseins!«

»Die geschichtliche Bewegung entsteht aus den Produktivkräften, die die Produktionsverhältnisse formen, sie werden andauernd durch die Entwicklung der Produktivkräfte umgewälzt. Arbeit ist die notwendige Grundlage von Freiheit. Marx spricht vom Reich der Notwendigkeit und vom Reich der Freiheit. Wenn du Getreide essen willst, musst du es vorher anbauen. Dein Bedürfnis nach Nahrung tritt dir plötzlich als Zwang gegenüber.«

»Dabei ist es ein Unterschied ums Ganze, ob diese gesellschaftlich notwendige Arbeit ein freier Prozess oder Kapitalinteressen unterworfen ist. Das Kapital organisiert Arbeit nur dann, wenn sie zum Zweck der Mehrwertschaffung und der Profitmaximierung taugt.«

»Das heißt aber auch, dass das Kapital eine seinen Interessen dienende Arbeitsteilung radikal vorantreibt. Über diese Arbeitsteilung entsteht Entfremdung, aus der sich der Einzelne nicht befreien kann. So entstehen falsche Erklärungen der Realität, weil einer nicht mehr das Ganze sieht, sondern sich einbildet, sein kleiner Ausschnitt sei die Welt.«

»Die Arbeitsteilung bewirkt, sagt Marx, dass der Genuss und die Arbeit, dass Produktion und Konsumption, verschiedenen Individuen zufallen, d. h. dass Produktionskraft, gesellschaftlicher Zustand und Bewusstsein in Widerspruch zueinander geraten. Das bedeutet, es gibt zwar ungeheuren gesellschaftlichen Reichtum, aber nur wenige dürfen ihn in vollem Umfang genießen, die meisten haben kaum etwas davon, andere dürfen ein bisschen mehr teilhaben.«

Ich wusste inzwischen, was damit gemeint war. Hatte längst begriffen, dass meine Familie nicht arm, sondern privilegiert war, dass mir Leugnen nichts nutzte. Daran änderte auch nichts, dass andere Menschen über noch größeren privaten Reichtum verfügten. Diese Privilegierten bedauerten gern, dass die Welt »ungerecht« war und zu viele Kinder in der »Dritten Welt« starben, aber dann gingen sie mit dem wohligen Gefühl, ein guter Mensch zu sein, wieder zur Tagesordnung über. Ich hatte diese Inkonsequenz so satt. »Sorgt doch, dass ihr die Welt verlassend / Nicht nur gut wart, sondern verlasst / Eine gute Welt!«, sagt Brechts Johanna. »Denn es ist eine Kluft zwischen oben und unten, größer als / Zwischen dem Berg Himalaja und dem Meer.«

»Wenn die objektive Klassenlage das eigene Bewusstsein so sehr festlegt, wie kann ich trotzdem erfolgreich Klassenverrat begehen? Oder bin ich auf ewig, als hätte ich einen genetischen Defekt, unrettbar an die falsche Seite des Ufers gefesselt?«

»Es ist eine Frage der politischen Praxis ...«

»Quatsch! Doch längst nicht allein! Was heißt denn Praxis? Schau sie dir an, die linken StudentInnen! Schau dir an, was aus vielen Achtundsechzigern geworden ist! Die sind ein paar Jahre furchtbar radikal, haben ihren Spaß gehabt. Schön für sie. Ein paar Reförmchen und das war's. Es ging nur um die subjektive Abnabelung von Elternhaus und Konventionen ...«

»Aber viele können ihre politische Überzeugung samt ihrer politischen Praxis sonderbarerweise zeitgleich mit ihren Examensvorbereitungen abschalten, und danach tauchen sie nie wieder in der Linken auf.«

»Trotzdem ist das Studium eine Chance, überhaupt erst einmal auszubrechen und Kopf und Nase über den Tellerrand zu strecken.«

»Wenn also das, was wir tun, uns unwillentlich verändert, und zwar nicht unbedingt so, wir wir es wollen, was heißt das dann?«

»Dass ich, wenn ich eine bestimmte Art von Mensch sein will, einer, der ernsthaft die Gesellschaft verändern will, darauf achten muss, in welche Strukturen ich mich begebe: Wie ich lebe, arbeite, kämpfe und mit wem.«

»Und was für einen Beruf ich ausübe, der deformiert mich auch, in die eine oder in die andere Richtung.«

»Unsere sozialen Tätigkeiten werden zu einer Art sachlicher Gewalt über uns, die unserer Kontrolle entwächst, die unsere Erwartungen durchkreuzt und unsere autonomen Berechnungen zunichte macht. Die objektiven Verhältnisse schlagen um in subjektive.«

»Du meinst: Die ganze Scheiße wird persönlich?«

»Ja.«

»Bildet sich politisches Bewusstsein leichter heraus, wenn der potenzielle Revolutionär aus dem Bildungsbürgertum stammt?«

»Nehmen wir mal Friedrich Engels, dem ging's wirklich erste Sahne. Ein erfolgreicher Besitzbürger, der subjektiv nicht gelitten hat wie ein ausgebeuteter Prolet. Er war Karl Marx' Mäzen. Marx hatte zwar immer wieder Geldsorgen, dennoch musste er nicht hungern, er lebte bescheiden. Marx war sicher einer der gebildetsten Menschen seiner Zeit. Marx und Engels waren Revolutionäre, weil sie ihr intellektuelles und praktisches Leben dem Plan unterwarfen, diese Welt zu verändern und zu einer Gesellschaft beizutragen, in der der Mensch kein gedemütigtes, ausgebeutetes, beleidigtes Wesen mehr ist.«

Herbert Marcuse: »Ich kann eben einfach heute nicht denken, ohne als selbstverständlich mitzudenken, was um mich herum vorgeht, was in der Welt geschieht. (...) das ist für mich kein besonderes Engagement, das ist der natürliche Ausdruck meiner Existenz.«

»Vielleicht hilft's der Revolution, wenn der Revolutionär beim Klassenfeind geschult wurde?«

»Ach, und warum kommen dann so wenig Linke aus der herrschenden Klasse?«

»Weil sie ihre Privilegien nicht aufgeben wollen. Natürlich färbt ihre materielle Situation ihr Bewusstsein ein. Der Unterschied ist nur, hat einer ein schlechtes Gewissen und sucht Ausreden – ›Wenn ich einmal erbe, tue ich viel Gutes‹ –, oder behauptet er, es sei sein

Recht und ein Naturgesetz, dass es ihm oder ihr viel besser geht als den meisten anderen.«

»Du bist ein soziales Wesen, und zu deinem Bewusstwerden gehört auch, dass du dich als soziales Wesen begreifst, verstehst, dass dein Interagieren mit anderen Menschen ein Prozess ist, der dich verändert, der ein Ziel hat, der dir hilft, dir die Welt anzueignen. Du probierst Wissen aus, du lernst Kritik und dich der Kritik auszusetzen und zu unterscheiden, welche Kritik lohnt, ernst genommen zu werden, und welche nicht. Es gibt keine Instanz. Du entscheidest. Und du entscheidest vielleicht falsch. Du lernst, bewusst zu handeln, dich auseinanderzusetzen.«

Was hatte ich bisher schon riskiert? Lächerliches nichts.

»Ich habe also eine Chance zu werden, wer ich sein will?«

*

Kleiner Ausblick auf die Jahre 1974–1976: In Schottland war ich so tief in eine andere soziale Wirklichkeit eingetaucht, dass ich in Deutschland oft Englisch dachte und träumte. Meine Tagebuchnotizen enthielten deutsch-englisches Kauderwelsch. Ich bemühte mich, Unireferate in »feinem« Deutsch zu schreiben. Obgleich ich in Glasgow auch deutsche FreundInnen gehabt hatte, klang die deutsche Sprache überall um mich herum jetzt umständlich und hart. Ich vermisste den Glaswegian Sound, nicht nur den Sound.

Ich hing zwischen zwei Liebesbeziehungen, und mein Alltagsleben hatte keinen eigenen Ort mehr. Wo sollte ich diesmal studieren? Ich wollte in keine der Städte zurück, in denen ich einmal gelebt hatte, nicht nach Heidelberg, nicht nach Hamburg. Freiburg erschien mir wie eine Theaterbühne, eine niedliche selbstzufriedene bürgerliche Idylle, in der sich Menschen nur in Zeitlupe zu entwickeln schienen. Ich zuckte zusammen, wenn ich das Lob »hoher Freizeitwert« hörte, und vermisste das raue schwarze Glasgow. Die sozialen Konflikte und die politischen Auseinandersetzungen schienen sich in Freiburg wie in einer sonnigen, musealen Glasvitrine abzuspielen.

So unternahm ich eine Rundreise zu verschiedenen Universitäten. Tübingen und Marburg schieden aus ähnlichen Gründen aus wie Freiburg. Hamburg wäre infrage gekommen, lag aber zu nahe an Ahrensburg, wo meine Eltern lebten. Berlin erschien mir wie eine Ansammlung von eingeschlossenen Dörfern, wer nicht in seinem Kiez versauern wollte, als sei er im heimischen Kaff in Schwaben oder Holstein geblieben, verplemperte den halben Tag im öffentlichen Nahverkehr. Die dortigen HochschullehrerInnen in Soziologie, Politik und Geschichte lockten nicht mehr.

München: Gab es da überhaupt auch nur einen einzigen linken Hochschullehrer? Ich liebäugelte kurze Zeit mit Frankfurt am Main. Die HistorikerInnen schienen stockkonservativ. Es gab den Politikwissenschaftler Joachim Hirsch und zwei, drei andere linke HochschullehrerInnen, die mich interessierten. Aber da lehrte auch ein gewisser Jürgen Habermas, von dem ich mich schon in Heidelberg verabschiedet hatte. Hans-Jürgen Krahl war tot, Theodor W. Adorno auch. Die materielle Ausstattung meines Hauptfaches Soziologie war schrottreif. Die politische Szene, die vorgab, undogmatisch und spontaneistisch zu sein, wirkte wie eine einzige große beklemmende Wohngemeinschaft voll heimlicher Strukturen und informeller Hierarchien.

Bielefeld war zwar kleiner, aber eine durchschnittliche Großstadt mit einigermaßen realistischen sozialen Verhältnissen. Es gab Fabriken und Handwerksbetriebe, viel Landschaft drumherum und noch billige Mieten. Ausschlaggebend war die neue, 1969 gegründete Universität. Meine fünfte Universität sollte die letzte bis zum Examen sein. Es lohnte sich, die fremde Stadt anzusehen. Nur 4500 StudentInnen lebten in der 350 000 Menschen großen Stadt. Die Seminare waren klein. Die meisten HochschullehrerInnen jung, manche nur fünf bis zehn Jahre älter als wir, und viele irgendwie links; manche galten sogar als Marxisten. Es gab ungewöhnlicherweise eine eigene soziologische Fakultät mit einem großen Themenangebot. Die Lehrveranstaltungen hatten die ausgebeutete »Dritte Welt« zum Thema, befassten sich mit Lateinamerika, Afrika und Asien. Mit abhängiger Entwicklung, Widerstand, Kapital und Arbeitswelt. Linke Staatstheorien wurden untersucht. Zur Standardliteratur gehörten Zeitschriften wie *Das Argument* und *Prokla – Probleme des Klassenkampfs*. Und – neben allerlei langweiligem Pflichtprogramm – wurden alle drei Bände des Marxschen Kapitals gelehrt. Hier wollte ich studieren.

Ich wollte nicht mehr zu den Bürgerkindern gehören, die nur links waren, solange sie studierten, um nach dem Studium brav in die Fußstapfen ihrer Eltern zu treten. Ich begegnete zu vielen Gleichaltrigen, die sich am Studienort radikal aufführten und, sobald sie ihre Eltern besuchten, regredierten. Es dauerte eine Weile, bis ich begriff, dass Kinder aus kleinbürgerlichen Verhältnissen oft auch nicht besser waren.

Meine Vorstellungen von dem, wer ich sein wollte, hatten sich verändert, meine Ansprüche an Liebesbeziehungen desgleichen. Eine zerbrach in einer Nacht an meinem Interesse an Marx und an einer leidenschaftlichen Diskussion über historischen Materialismus. Wir hatten uns längst auseinanderentwickelt, den letzten Riss verursachten meine schottischen Erfahrungen und mein – unverstandenes – Gefühl von Fremdheit vor den deutschen Verhältnissen.

Andere Männer standen mir vielleicht politisch oder erotisch näher, aber mehr Vertrauen bedeutete das nicht.

Was ich mir wünschte, gab es wahrscheinlich nicht: jemanden, der nicht erst glücklich war, wenn er mich in seine Welt verschleppte, der nicht irgendeine Funktion liebte, die ich für ihn haben konnte, sondern ein Mensch, der meine Werte, meine Hoffnungen und meine Absichten verstand, sie in wesentlichen Zügen teilte und sich mit mir politisch, intellektuell und persönlich auseinandersetzte.

Ich fing wieder einmal (scheinbar) von vorn an, meine 11. Ausbildungsstätte in 18 Jahren, ich kannte hier in Bielefeld nur zwei Menschen, meine liebsten FreundInnen lebten in anderen Städten. Fragte mich einer nach meiner Heimatstadt, zuckte ich mit den Schultern. Ich fand eine Wohnung, bald eine erste Wohngemeinschaft in einem Bauernhof in Spenge, in welcher der nächtliche Sport der männlichen Bewohner darin bestand, in den leerstehenden Kuhställen Ratten zu erschlagen.

Noch war die Reformuniversität in einem Übergangsgebäude untergebracht, dem Allgemeinen Verfügungszentrum (AVZ), in dem sich später die Pädagogische Hochschule befand. Auf der anderen

Seite der Voltmannstraße wuchs ein mächtiger Betonklotz heran, die künftige Universität. Die politische Szene war so klein, dass die Kooperation zwischen den meisten linken Gruppen eng war. Bei allen ideologischen und praktischen Differenzen: Linke Grundpositionen waren hegemonial. Wen interessierte der RCDS, der vor sich hinkümmerte?

Die Verhältnisse in Deutschland hatten sich verändert. Konrad Lorenz hatte 1973 den Nobelpreis für Medizin erhalten und ausgerechnet Henry Kissinger den Friedensnobelpreis für den Rückzug der USA aus Vietnam. Es traf eben oft die Richtigen. Nixon trat wegen der Watergate-Affäre zurück. Mitten in Westeuropa, in Portugal, war im April 1974 eine Revolution ausgebrochen und hatte die faschistische Diktatur beseitigt. Die griechische Militärdiktatur wurde gestürzt. In Spanien herrschte immer noch Hitlers Kompagnon Franco. Willy Brandt war zurückgetreten, nachdem sein persönlicher Referent Günter Guillaume als DDR-Spion aufgeflogen war. Willy Brandts »Radikalenerlass« von 1972 bestand weiter, wirkte ausschließlich gegen Linke und wurde 1975 vom Bundesverfassungsgericht bestätigt. Helmut Schmidt folgte 1974 als Bundeskanzler nach und marschierte mit schneidender Stimme wie ein Offizier gegen linke Oppositionelle.

Ulrike Meinhof, Gudrun Ensslin, Andreas Baader und rund vier Dutzend andere RAF-Gefangene waren in den dritten Hungerstreik getreten. Zu den hungerstreikenden Gefangenen gehörten auch die PsychiaterIn Dr. Wolfgang Huber und Dr. Ursel Huber, die Gründer des Sozialistischen Patientenkollektivs Heidelberg (SPK), die 1972 mit Hilfe des Paragrafen 129 Strafgesetzbuch, einer diktatorischen Allzweckwaffe gegen Linke, als Mitglied einer »kriminellen Vereinigung« zu viereinhalb Jahren Haft verurteilt worden waren. Ihnen half auch nicht, dass sich Jean-Paul Sartre vom Sozialistischen Patientenkollektiv noch 1975 »außerordentlich beeindruckt« zeigte und es für »die einzig mögliche Radikalisierung der Antipsychiatrie« hielt, auch nicht, dass internationale Prominenz wie Simone de Beauvoir, Michel Foucault, Franco Basaglia und große Psychiatriekongresse wie in Mailand 1975 ihre Solidarität erklärten und die Freilassung forderten.

Der Hungerstreik der RAF richtete sich gegen Haftbedingungen, die den Charakter von Folter hatten. In unser politisches Vokabelheft kam ein neuer Begriff: »sensorische Deprivation«. Ulrike Meinhof beispielsweise war 273 Tage in totale Isolationshaft gesperrt worden. Sie lebte fast 24 Stunden täglich in absoluter Stille und ohne menschliche Kontakte. Ihre Zelle war vollständig mit weißer Ölfarbe gestrichen und Tag und Nacht hell ausgeleuchtet, im Winter unterkühlt.

Sie beschrieb, was da mit ihr geschah: »Das Gefühl, es explodiert einem der Kopf, das Gefühl, die Schädeldecke müsste eigentlich zerreißen, abplatzen (…) das Gefühl, es würde einem das Rückenmark ins Gehirn gepresst – das Gefühl, das Gehirn schrumpelte einem allmählich zusammen wie Backobst (…) Man kann nicht erklären, ob man vor Fieber oder vor Kälte zittert (…) man kann die Bedeutung von Worten nicht mehr identifizieren (…) der Gebrauch von Zischlauten (…) ist absolut unerträglich (…) Kopfschmerzen (…) Satzbau, Grammatik, Syntax – nicht mehr zu kontrollieren (…) das Gefühl, innerlich auszubrennen (…) rasende Aggressivität, für die es kein Ventil gibt. Das ist das Schlimmste. Klares Bewusstsein, dass man keine Überlebenschance hat; völliges Scheitern, das zu vermitteln (…) Das Gefühl, als sei einem die Haut abgezogen worden.« (Peter Brückner, *Ulrike Meinhof und die deutschen Verhältnisse*, 1976)

Meinhofs Brief traf uns wie ein Hieb. Es war kein Ende des ungleichen Krieges eines hochgerüsteten sozialdemokratischen Staates gegen einige Dutzend Staatsfeindinnen abzusehen. Nach zwei Monaten, im November 1974, starb Holger Meins, bis zum Skelett abgemagert. Daraufhin erschoss die Bewegung 2. Juni den Berliner Kammergerichtspräsidenten von Drenkmann. An Meins' Grab hob Rudi Dutschke die Faust und rief »Der Kampf geht weiter«. Ich hatte viel Kritik an der Analyse und an der Strategie der RAF, aber die RAF war, so sahen wir es alle, ein Teil der Linken.

Jean-Paul Sartre besuchte Andreas Baader in Stuttgart-Stammheim und nannte die Haftsituation eine »Form der psychischen Folter«. Auch er kritisierte den individuellen Terror der RAF und erklärte, dass dieser der Linken schade. Herbert Marcuse feierte seinen

75. Geburtstag und unterschied zwischen legitimer revolutionärer Gewalt und individuellem Terror. Distanzierte er sich? – eine klassische Frage jener Zeit. Nein, es sei nicht seine Aufgabe, sagte Marcuse, sich zu distanzieren oder militante Gruppen zu denunzieren. Die größte Gewalt gehe nach wie vor vom Establishment aus.

Im Mai 1975 begann in der Staatsfestung von Stuttgart-Stammheim der Schauprozess gegen Ulrike Meinhof, Gudrun Ensslin, Andreas Baader und Jan-Carl Raspe.

Joachim Hirsch kommentierte: Das Modell Deutschland, »das heißt der enge Zusammenhang zwischen der imperialistischen Rolle Westdeutschlands und der autoritären politischen Entwicklung im Innern, [wurde] auch im Ausland aufmerksam registriert«. Nicht nur die »›sichtbaren‹ Momente«, wie »Berufsverbote, Aufbau eines umfassenden staatlichen Überwachungs- und Kontrollarsenals, beschleunigter Abbau rechtsstaatlicher Garantien unter dem Vorwand der Terrorismusbekämpfung« waren »frappierend«. Hirsch: »Dahinter stehen vielmehr erhebliche Transformationsprozesse im System der politischen Apparate und in Organisation und Funktion des Staates, die auf fundamentale Verwerfungen in den staatlich-politischen Strukturen hindeuten und in besonderen Formen politischer Konflikt- und Krisenbearbeitung kulminieren.« Und: »Die Eigentümlichkeit der politischen Restaurationsgeschichte der siebziger Jahre bestand darin, dass sie unter einer sozialdemokratisch-liberalen Regierungskoalition vorangetrieben und von den Gewerkschaften weitgehend gedeckt wurde.« (*Der Sicherheitsstaat*, 1980)

Dass der Staat immer härter gegen die linke Opposition vorging, dass der sogenannte Rechtsstaat in Gerichtsverfahren und Gesetzgebung seine eigenen Prinzipien aufgab, sobald es gegen Linke ging – zum Beispiel indem er Sondergesetze durchs Parlament peitschte, die einer Diktatur zur Ehre gereicht hätten –, hatte gewiss auch damit zu tun, dass der Staat 1974/75 wieder einmal auf eine ökonomische Krise zu reagieren hatte.

Seit 1973 stieg die Arbeitslosigkeit scharf an. Was wäre denn, wenn sich Teile der ArbeiterInnenbewegung – unter ihnen viele klassenbewusste und kämpferische ausländische ArbeiterInnen – mit der neuen Linken und den aufkommenden neuen sozialen Bewegungen zu einer wirksamen sozialen Opposition verbänden? Ein Alptraum für jeden Staatssicherheitsfanatiker.

In Bielefeld gab es die ganze Palette reformistischer Gruppen wie Jusos, SHB und MSB Spartakus. Die trotzkistische GIM (Gruppe internationaler Marxisten), den kurz vor meiner Schottlandreise gegründeten KBW, die nationalen SpießerInnen von der KPD/AO. Das Sozialistische Büro (SB). Erst ab 1976 den Kommunistischen Bund (KB) und eine kleine extrem dogmatische und hierarchische Marxistische Gruppe (MG). Und, selbstverständlich, UnterstützerInnenkreise für die politischen Gefangenen der RAF. In fast allen Wohngemeinschaften wurde die klassische Frage – »Würdest du RAF-Leute verstecken, wenn jemand, von der Polizei verfolgt, an deine Tür klopft?« – … mit Ja beantwortet.

Ich wollte mich organisieren. Nicht mehr Mitläuferin sein. Wo sollte ich ansetzen? Ich nahm mir Zeit und dachte nach. Was hatte ich bisher eigentlich gemacht? Die Arbeitskämpfe Ende der sechziger Jahre hatten meinen sorgfältig gesponnenen großbürgerlichen Kokon noch nicht aufgebrochen. Eine wie ich hatte in der Nähe brodelnder sozialer Ereignisse leben und doch so versunken sein können in Träumereien, Malen, Musik, Liebeleien, dass sie nichts von der Welt außerhalb registrierte.

In Glasgow hatte es den *miners strike* gegeben. Arbeitskämpfe an den Docks des Clyde. Unbekannt breite Aktionen gegen den Militärputsch in Chile. Frachter aus Chile waren an den Docks von Glasgow nicht gelöscht worden. Die größte 1.-Mai-Kundgebung, an der ich je teilgenommen hatte, und – tatsächlich eine Demonstration gegen die Strafbarkeit von Abtreibungen. Frauen und Männer hatten teilgenommen und offen über eigene Erfahrungen geredet. Abtreibung war keine zu verheimlichende private Frage mehr, sondern eine politische.

Auch das hatte ich in Schottland gelernt.

In Deutschland war ich bislang nur ritualisierten 1.-Mai-Kundgebungen begegnet, die am Tropf der Sozialdemokratie hingen und das Parfüm der Integration hinterm Ohr trugen. Ich hatte ein einziges Mal SPD gewählt, danach nie wieder.

Der SDS-Weiberrat von 1968 war schon Geschichte gewesen, als ich angefangen hatte zu studieren. Ich hatte den Rückzug vieler SDS-Frauen aus aktiver linker Politik beobachtet. Es kam jetzt vor, dass mir einer eine Frau zeigte und sagte: Die Soundso war mal eine aktive SDSlerin. Ich sah eine Frau, fünf oder zehn Jahre älter als ich, mit einer Gruppe Kinder an der Hand aus einem Kinderladen kommen, den sie mit anderen organisierte. War es diesen Frauen, die es einmal ganz anders machen wollten, nicht am Ende ähnlich ergangen wie ihren Müttern? Rückzug aus der vordersten Front der politischen und gesellschaftlichen Auseinandersetzungen?

Gewiss, die Kinderläden machten, neben einigem Mist, wertvolle Experimente und Erfahrungen, wälzten die gewohnte deutsche autoritäre Pädagogik um. Aber die Frauen jener politischen Generation spielten oft weder im akademischen Betrieb noch in den Gewerkschaften oder in den linken und linksradikalen Gruppen eine Rolle. Ich war fest entschlossen, nicht in die gleiche Falle zu tappen.

Neben der sozialen Frage gewannen in Bielefeld politische Themen in Teilen der neuen Linken an Bedeutung, die der SDS und die Nachachtundsechziger ignoriert hatten: die Frauenfrage und die Ökologie. Linke Frauen – Gewerkschafterinnen, Kommunistinnen, Sozialistinnen – fanden sich in Bielefeld zum Komitee der bundesweiten Aktion gegen das Abtreibungsverbot zusammen. Es beteiligten sich reformistische, kommunistische und undogmatische studentische wie betrieblich organisierte linke Frauen und eine Minderheit von Männern. Als Ausländerin hatte ich mich in Glasgow zurückhalten müssen, jetzt hielt mich nichts mehr, außer meinen Hemmungen.

Meine erste Kundgebungsrede hielt ich 1975 vor dem Bielefelder Rathaus auf einer Demonstration gegen den Paragrafen 218.

Ich suchte Theorie und Aktion, ich suchte Verbindlichkeit und eine Organisation. Vielleicht war das örtliche Frauenzentrum der richtige Ort? Ich fand mich zu einem frühmorgendlichen Treffpunkt ein. Busse sollten uns zu einer Demonstration nach Bonn bringen. Aber frau hatte vergessen, sie zu bestellen. Ich hängte mich ans Telefon und organisierte rasch andere Busse. Das schuf ein paar erste Spannungen. Eine Zeit lang nahm ich regelmäßig an Treffen des

Bielefelder Frauenzentrums teil. Es gab einige pragmatische Unternehmungen, die mir gefielen: der Aufbau eines der ersten bundesweiten Frauenhäuser für geschlagene Frauen. Die ersten Notrufe für vergewaltigte Mädchen und Frauen. Die Organisation von Abtreibungsfahrten in die Niederlande, in Bussen, die völlig offen mit entsprechenden Transparenten dekoriert waren.

Aber das Interesse, auch theoretisch zu arbeiten, war gering. Ich las meist allein. Neben Germaine Greer und Betty Friedan, die ich in England gelesen hatte, begegnete ich nun feministischen Theoretikerinnen wie Shulamith Firestone (*The Dialectic of Sex: The Case for Feminist Revolution*, 1970). Firestone wurde ein paar Jahre später von Angela Davis scharf und zutreffend kritisiert. Davis:

»Der Rassismus sei als solcher, so behauptet Firestone, eigentlich eine Verlängerung des Sexismus. Ausgehend von der biblischen Vorstellung, dass (...) ›die Rassen nichts weiter als verschiedene Eltern und Geschwister der Menschenfamilie‹ seien, entwickelt sie [Firestone] eine Konstruktion, worin sie den weißen Mann als Vater, die weiße Frau als Mutter und die Schwarzen als die Kinder bestimmt. Indem sie Freuds Theorie vom Ödipuskomplex auf die Ebene der Rassen überträgt, unterstellt Firestone den schwarzen Männern ein unkontrollierbares Verlangen nach sexuellen Beziehungen mit weißen Frauen, als wollten sie den Vater töten und mit der Mutter schlafen. Außerdem müsse der schwarze Mann, um ›ein Mann zu werden‹ (...) die Bindung zur weißen Frau lösen, und er wird dann, wenn überhaupt, mit ihr nur noch Kontakt haben, um sie zu erniedrigen. Hinzu kommt, dass er – aufgrund seines bohrendes Hasses und seiner Eifersucht auf ihren Besitzer, den weißen Mann – nach ihr wie nach einem Objekt jagt, nur um diesem Weißen eins auszuwischen. (...) Wie [andere] unterliegt«, kritisierte Davis zutreffend, »auch Firestone der alten rassistischen Sophisterei, nach der das Opfer schuldig ist. Ob nun bewusst oder unbewusst, ihre Ausführungen haben die Wiederbelebung des schäbigen Mythos vom schwarzen Vergewaltiger gefördert. Ferner hindert sie ihre geschichtliche Kurzsichtigkeit zu begreifen, dass die Charakterisierung des schwarzen Mannes als Vergewaltiger die offene Aufforderung des Rassismus an die weißen Männer verstärkt, sich selbst der Körper der schwarzen Frauen geschlechtlich zu bedienen.« (Angela Davis, *Women, Race and Class*, 1981)

Über die Widersprüche innerhalb der feministischen Theoriebildung wollten die meisten feministischen Freundinnen nicht diskutieren. Das einseitige Aufgreifen des vernachlässigten feministischen »Nebenwiderspruchs« gebar neue Ignoranz: Keineswegs wurde die Emanzipation der Frau automatisch mit der umfassenden Emanzipation des Menschen verknüpft, und Gleichberechtigung der Frau hieß nicht notwendigerweise soziale Gleichheit für alle Menschen. Es gab in der neuen Frauenbewegung auch rassistische Unterströmungen und antikommunistische Vorbehalte gegen die Neue Linke.

Warum konnten wir die Kritik des Patriarchats nicht mit dem Kampf gegen den Kapitalismus verbinden? Patriarchat und Kapitalismus hatten sich seit Jahrhunderten verschmolzen, warum sollte unser Widerstand sich aufspalten?

Der spanische Franco-Staat ermordete seine GegnerInnen noch immer mit einer Garotte, dem Würgeeisen. Im Frauenzentrum wurden unglückliche Beziehungen zu Männern diskutiert. Ich hatte angenommen, dass Frauensolidarität helfen sollte, sich aus solchen unerquicklichen Beziehungen zu lösen, stattdessen halfen »diese Beichten«, einem Ventil gleich, Druck abzulassen und die Beziehungen aufrechtzuerhalten.

Ulrike Meinhof starb im Mai 1976 unter fragwürdigen Umständen im Knast.

Ich fuhr einen Monat danach zum bundesweiten Antirepressionskongress des Sozialistischen Büros (SB) – einer 1969 gegründeten sozialistischen Organisation, die sich sowohl von anarchistischen als auch von parteikommunistischen Organisationen abgrenzte – nach Frankfurt am Main.

Unter der sozialliberalen Koalition seit 1969 hatte sich der Staat Stufe für Stufe mit Dutzenden von Gesetzen und Gesetzesänderungen bis an die Zähne gegen jedwede linke Opposition bewaffnet. Die RAF war nur der Vorwand. Der diktatorische Wahn von der »Inneren Sicherheit«, die alltägliche Verfolgung namens »Terroristenjagd« und die Duckmäuserei der meisten deutschen UntertanInnen bestimmten unseren Alltag. Es ging nicht um »Terrorismus«, es ging um Herrschaftssicherung. Der staatliche Verfolgungswahn gegen alle, die sich nach der APO von den staatstragenden Parteien, allen voran der SPD, nicht hatten einverleiben und auch sonst wie nicht hatten integrieren lassen, schien alles beherrschend.

Die Notstandsgesetze der Großen Koalition galten seit 1968. Im Spannungs-, Verteidigungs-, Katastrophenfall sowie im Fall des Inneren Notstands wurden Bundestag und Bundesrat entmachtet und der Bundeskanzler allmächtiger oberster Befehlshaber der Streitkräfte.

Mit der Bildung der SPD/FDP-Bundesregierung hatte 1969 das Spiel »Spalten und Herrschen« begonnen. 1970 waren etwa 10 000 Menschen amnestiert worden, die während der APO für Gesetzesverstöße im Zusammenhang mit Demonstrationen bestraft worden waren. Zuckerbrot für diejenigen, die der Staat für integrierbar hielt und die für die Modernisierung gebraucht wurden. Nicht amnestiert wurden zum Beispiel die RAF und das Sozialistische Heidelberger Patientenkollektiv.

In nie da gewesenem Ausmaß wurde von 1969 bis 1976 das Bundeskriminalamt (BKA) ausgebaut, personell erweitert und mit Befugnissen – auch des Verfassungsschutzes – ermächtigt. Das BKA wurde zu einer Eliteeinheit der Polizei. Die Länderpolizeien erhielten gleichfalls neue Befugnisse und immer mehr Waffen, die Westberliner Polizei beispielsweise Handgranaten und Maschinengewehre, die auch gegen Menschenmengen eingesetzt werden durften. Der Verfassungsschutz bekam mehr Mittel, mehr Personal, mehr Befugnisse zur Überwachung und Ausforschung der Opposition.

1972 jagten 150 000 Polizisten und Beamte des Bundesgrenzschutzes die »Baader-Meinhof-Bande«. Die RAF hatte am 11. Mai 1972 ihren ersten Bombenanschlag verübt. Wenige Monate später war fast die ganze Gruppe der »ersten Generation« gefasst. Ulrike Meinhof, Gudrun Ensslin, Andreas Baader und andere wurden festgenommen und blieben bis zu ihrem ungeklärten Tod – 1976 bzw. 1977 – in Haft. Der Ausbau des »Sicherheitsstaats« ging weiter.

Mit dem »Radikalenerlass« von 1972, der international Aufsehen erregte, verschlechterte sich die Lage aller Linken noch einmal: Es folgten 3,5 Millionen politische Überprüfungen von BewerberInnen im öffentlichen Dienst; in 35 000 Fällen wurden Erkenntnisse von Verfassungsschutzämtern an die Einstellungsbehörden weitergegeben und – neben Entlassungen und Disziplinarverfahren – rund 10 000 Berufsverbote ausgesprochen.

Der Bundesgrenzschutz wurde für den möglichen Einsatz im Inneren und zur Polizei des Bundes aufgerüstet. Seine Hubschrauber lernten wir bei Demonstrationen kennen und vergaßen – neben den Prügeltruppen, die ihnen entstiegen und dem Tränen- und Kampfgas, das sie auf uns schleuderten – ihr Geräusch nie mehr.

In allen Bundesländern waren seit 1973 polizeiliche Spezialeinheiten eingerichtet worden, darunter mobile Einsatz- und Präzisionsschützenkommandos. Als die Regierung 1973/74 die zweite große Nachkriegsrezession nicht in den Griff bekam und Arbeitskämpfe zum Beispiel bei Ford ausbrachen, zog sie die Schraube weiter an und setzte Polizei nun wieder auch gegen ArbeiterInnen ein.

Die staatlichen Verfolgungsbehörden unternahmen im Herbst 1974 eine Art Probe für den »Deutschen Herbst 1977«: die Aktion »Winterreise«. Geheim gehaltene Maßnahmen dienten der Aufrechterhaltung des Fetisches »Innere Sicherheit«. Sie hinterließen eine breite Spur von Verwüstungen und Misshandlungen: Viele Dutzend Wohnungen wurden durchsucht, Verlage, Druckereien, Projekte; Hunderte von Menschen festgenommen und wieder freigelassen. Ein »Erfolg (…) vor allem für das Image und das Selbstbewusstsein der Polizei«, wie Bundesinnenminister Maihofer (FDP) prahlte.

Die Rechte von VerteidigerInnen und von Strafgefangenen wurden eingeschränkt, die kollektive Verteidigung untersagt, die Korrespondenz zwischen Rechtsanwälten und Mandanten überwacht, die Trennscheibe bei Knastbesuchen eingeführt.

Mehr als einhundert Menschen waren seit 1971 durch Polizeischüsse ums Leben gekommen. 1975 wurde nun der polizeiliche Todesschuss legalisiert.

Seit Februar 1975 wurde der Bauplatz für das geplante Atomkraftwerk in Wyhl besetzt. 1976 schränkten Strafrechtsänderungen und sogenannte Antiterrorgesetze wie der Paragraf 129 a StGB die Presse-, Versammlungs- und Organisationsfreiheit ein.

Der 129 a stellte die Bildung, Mitgliedschaft, Unterstützung und

Werbung für eine »terroristische Vereinigung« unter Strafe. Es musste nicht mehr, so das bisherige bürgerlich-demokratische Rechtsstaatsprinzip, die konkrete Straftat einem konkreten Individuum zugeordnet werden, sondern unter Strafandrohung stand die linksoppositionelle Gesinnung. Ein staatsdiktatorischer Apparat war geschaffen worden. Politische Gruppen, ob Streikkomitees oder Anti-AKW-Initiativen, konnten als »terroristische Vereinigungen« diffamiert, samt persönlichem Umfeld ausgeforscht und aus geringem Anlass verfolgt werden.

»Wir leben im freiesten, demokratischsten Deutschland, das es je gegeben hat«, sagte nicht nur Hoimar, sondern auch SchriftstellerInnen und andere Leute, die ich einmal geschätzt hatte. Das »freieste, demokratischste Deutschland« vielleicht im Vergleich zum NS-Faschismus –, aber war das ein angemessener Maßstab? Eine kritische, oppositionelle Haltung samt Zivilcourage hatten wenige. Wir wurden fremd im eigenen Land. Vielleicht nicht das Schlechteste, um die gesellschaftlichen Verhältnisse so zu sehen, wie sie wirklich waren. Wir ahnten nicht, dass es noch schlimmer kommen würde. (Joachim Hirsch, *Der Sicherheitsstaat*, 1980; Rolf Gössner / Uwe Herzog, *Der Apparat*, 1982; Enno Brand, *Staatsgewalt*, 1988; Rolf Gössner, *Widerstand gegen die Staatsgewalt*, 1988)

Ich fand, dass Frauen sich organisieren sollten, um die Gesellschaft herauszufordern und sie zu verändern. Aber die SB-Genossen missbilligten mein Vorhaben, eine Frauengruppe im SB – dessen Mitglied ich geworden war – einzurichten. Im Frauenzentrum hingegen begann die Phase der körperlichen Selbstuntersuchung und, in doppelter Hinsicht, einer neuen, auch esoterischen Innerlichkeit.

Der Arbeitsausschuss des SB lehnte es ab, sich wie andere linke Organisationen an der bundesweiten Kampagne gegen den Paragrafen 218 zu beteiligen. Ich führte einen wütenden Briefwechsel und scheiterte. Mensch hatte sich gefälligst nach Arbeitsfeldern zur organisieren und vor allem gewerkschaftlich, sagte der Ausschuss. Aber was kam heraus, wenn sich nur LehrerInnen trafen? Was, wenn ausschließlich solche eng miteinander arbeiteten, die der Anpassungs- und Schleifmühle im gleichen Betrieb und in derselben Gewerkschaft ausgesetzt waren?

Was kam andererseits heraus, wenn sich Frauen auf scharf begrenzte »Frauenfragen« konzentrierten? Wenn sie es aufgaben, feministische Analysen mit allgemeinen linken Gesellschaftsanalysen zu verschmelzen und mit diesem intellektuellen Kopfwerkzeug die Gesellschaft herauszufordern? Bei dieser und jener Parlamentswahl mobilisierte das Sozialistische Büro ausgerechnet zugunsten der SPD. Was das Sozialistische Büro schrieb und wie es handelte, war allzu oft widersprüchlich.

Inkonsequenz konnte eine fertigmachen. Um mich herum gaben einige Leute, die ich geschätzt hatte, intellektuell den Löffel ab. Das hatte Gründe. Eine Reformuni, die ausgebaut wird, versprach auch in allmählich drohenden Krisenzeiten gut bezahlte Jobs. Die Zeiten, in denen jede von uns – die es wollte – damit rechnen konnte, nach dem Studium zwischen gut bezahlten, interessanten Arbeitsplätzen auswählen zu können, waren vorbei. Etliche Linke hörten auf mit der Politik und wurden fleißig. Sie wählten neue Arbeitsschwerpunkte, solche mit beruflichen Chancen. An gesellschaftlicher Veränderung orientiertes, reines, verschwenderisches Erkenntnisinteresse zog sich zugunsten des Interesses an »vernünftigem«, zweckorientiertem, beruflich verwertbarem Wissen zurück. Mit manchen KommilitonInnen lohnte das Gespräch nicht mehr. Manche änderten sich ohne jede Vorwarnung hinter dem Rücken ihrer FreundInnen.

Nordrhein-Westfalen war ein sozialdemokratisch regiertes Land mit einem über Jahrzehnte kunstvoll gewalkten Filz, dicht und fest, dem bayerischen in nichts nachstehend. Der Kultusminister hieß Johannes Rau und regierte in Forschungsprojekte und die Personalpolitik der Universität hinein oder ließ hineinregieren. Junge linke Dozenten, kaum eine Frau darunter, zeigten deutliche Symptome voranschreitender Etablierung. Sie versammelten Kreise von Studenten um sich, auch hier mehr Männer als Frauen. Quotierung hätte die Sache nicht grundsätzlich verbessert. Freundeskreise mutierten zu Karrierezirkeln. Manche dieser Zirkel waren wie kleine Fürstentümer samt Hofstaat. Heiße Karrierechancen hatte, wer mit einem sozialdemokratisch-gewerkschaftlichen Ticket reiste. Schon ein bisschen links davon war es deutlich kühler.

Während die winzige Marxistische Gruppe (MG) mit fünf verschiedenfarbigen Textmarkern im *Kapital* mehr Zeilen bunt strich als unmarkiert übrig ließ, und sich eher die Hand hätte abhacken lassen, als an einer politischen Aktion teilzunehmen; während der KBW die dämliche Parole »Volksentscheid über den Paragrafen 218!« auf seine Transparente schrieb – Motto: »Dein Bauch gehört dem deutschen Stammtisch« – und immer noch nichts vom Selbstbestimmungsrecht der Frau verstand; während die örtliche Vertreterin der KPD/AO, deren sehr geheimen Decknamen jeder kannte, mir erläuterte, dass sie ein Kostüm trage und mit wohlerzogenen Kindern und ihrer braven, unauffälligen Kleinfamilie in einem kleinbürgerlichen Reihenhaus mit ebensolcher Nachbarschaft lebe, um dem Proletariat in dessen unterwürfigster Verfassung nah zu sein – später wurde sie Europaabgeordnete der Grünen; währenddessen diskutierte ich mit FreundInnen in Bielefeld und an den Orten, durch die ich gereist und an denen ich gelebt hatte, was zu tun sei. Ich hatte Entscheidungen zu treffen. Ich wollte keine Mitläuferin mehr sein.

Es gab Linke, die hatten Ähnliches schon einmal erlebt. Nach der Auflösung des SDS, fünf, sechs Jahre zuvor, hatten auch sie sich die Fragen gestellt: »Warum hört einer auf, links zu sein, wenn er oder sie schon einmal eine kritische Analyse von dieser Gesellschaft hatte, nur weil der Wind ein bisschen rauer weht?«, »Ist Korruption eine so einfache und billige Methode?«, »Spielt es eine Rolle, aus welcher Klasse bzw. sozialen Schicht jemand kommt?«, »Wie entsteht politisches linkes Bewusstsein, und was hält es stabil?« Wie wollte ich leben? Wie ernst war es mir mit dem Bruch von Privilegien? Wenn ich nicht brach, was für ein Mensch würde ich in zehn oder zwanzig Jahren sein?

Wenn ich dann noch mit mir befreundet sein wollte, hatte ich einiges zu entscheiden. Nicht alles an einem Tag, aber doch nach und nach. Ich hatte ein paar Freiheiten für schlechte Angewohnheiten und falsche Beziehungen geopfert. Die Beziehung zu meinen Eltern war immer noch, trotz aller Auseinandersetzungen, voll unausgetragener Konflikte und emotionaler Verwicklungen, die außer mir niemanden interessierten.

Einige FreundInnen zogen sich ins alternative Landleben zurück, tranken Tee und murmelten Mantras. Andere bauten und werkten und hatten für jedes Gewerk einen Grund. Mensch konnte sich vorstellen, dass sie mit 60 noch genauso lebten, gleichgültig, wie oft sich die Welt inzwischen gedreht hatte. Wieder andere wurden fleißig, exzerpierten Bücher, aus denen keine Erkenntnisse mehr gezogen werden konnten, und hatten jeden Karriereschritt bis zum Rentenalter geplant.

Ich suchte weiter nach Organisierung, nach einer Gruppe von Gleichgesinnten, nach Menschen, mit denen ich mich verbindlich auseinandersetzen konnte. Ich wollte lernen, diese Gesellschaft zu verändern. Nicht als hippieskes Spiel, nicht als Wohngemeinschaftsdiskussion, nein, alles Großbürgerkindliche, Unverbindliche wollte ich endlich ablegen, ohne dogmatisch zu werden, und auch meine mühsam errungene kleine Freiheit nicht irgendwelchen Kadern opfern.

Ich beobachte, wie Menschen sich der RAF oder den Revolutionären Zellen anschlossen. Aber das war nicht mein Weg. Meine Gründe waren gemischt und schwer zu entflechten: Ich scheute das Risiko. Ich hasste Kommandostrukturen, denen mensch sich in dieser Abteilung der Linken zu unterwerfen hatte. Ulrike Meinhof war tot, andere RAFler standen mir ferner. Ich teilte manche ihrer Einschätzungen, viele ihrer Analysen aber nicht. Mir leuchtete die Strategie nicht ein, in einem hochgerüsteten Staat wie der BRD mit einer kleinen Gruppe bewaffnet in den Untergrund zu gehen und zugleich die Verbindungen zu dem linken Teil der neuen sozialen Bewegungen zu kappen.

Hatte ich in meiner Beschäftigung mit der ETA, mit Guevara und Debray, mit Feministinnen, mit Mao, mit Marx und Engels, mit den Black Panther, mit Marcuse, Luxemburg und Bloch, mit der National Union of Miners (NUM), mit Revolutionen in Lateinamerika und Afrika Wesentliches übersehen?

Hatten nicht alle stets betont, dass es keine Revolution gibt und keine RevolutionärInnen ohne soziale Basis? Wer war das »revolutionäre Subjekt«, auf das die RAF sich bezog? Das Proletariat als Klasse gab es noch, aber was war mit dem Klassenbewusstsein der ArbeiterInnen und Angestellten?

Wer war da sonst noch?

Am Kaiserstuhl in Südbaden protestierten WeinbäuerInnen und Linke seit einiger Zeit gemeinsam gegen ein geplantes Atomkraftwerk in Wyhl. Ein ursprünglich konservativer Widerstand enthielt nun Elemente einer sozialen Rebellion. Im Februar 1975 vertrieben 30 000 AtomkraftgegnerInnen die Polizei, besetzten mit sachbeschädigender »Gewalt« den Bauplatz und bauten darauf ein Hüttendorf. Das AKW Wyhl wurde nie gebaut.

Es ging bald nicht mehr nur um die Qualität des Weins, sondern um den drohenden »Atomstaat« (Robert Jungk), um die Verschmelzung einer mörderischen Technologie, die Krebs und Atomwaffen mit sich brachte, mit einem bis an die Zähne hochgerüsteten Polizeistaat, der in den Hufen scharrte und sein Waffenarsenal ausprobieren wollte, nicht nur an der RAF, sondern an allen, die sich gegen Ausbeutung und Naturzerstörung wehrten.

Etwa hundert Atomkraftwerke sollten – so der Plan des Atomkapitals in den frühen siebziger Jahren – in der Bundesrepublik gebaut werden. Auch in der Schweiz und in den Niederlanden wehrten sich die Menschen gegen Atomanlagen. Im französischen Fessenheim sollte ein Atomkraftwerk gebaut werden. Aus den USA hörten wir von waghalsigen Aktionen der Clamshell Alliance.

Herbst 1976. Bald sollte es eine Anti-AKW-Demonstration geben, in einem kleinen Ort in Schleswig-Holstein, von dem ich noch nie zuvor gehört hatte, Brokdorf.

Lange bevor irgendwer auch nur an eine grüne Partei dachte, kamen harte Auseinandersetzungen mit Staat und Kapital auf uns zu. Unsere Erkenntnisse und unser konkreter Widerstand brachten uns in einen scharfen Gegensatz zu den herrschenden Verhältnissen und machten viele von uns, auch mich, zu Objekten staatlichen Interesses. Aber das ist eine andere Geschichte.

Bücher der Autorin

- *Die tägliche legale Verseuchung unserer Flüsse und wie wir uns dagegen wehren können.* Ein Handbuch mit Aktionsteil (Hrsg. mit R. Glaser), Hamburg: Rasch & Röhring 1987.
- *Träumen Kämpfen Verwirklichen. Politische Texte bis 1987*, Köln: Kiepenheuer & Witsch Verlag 1988.
- *Lebe wild und gefährlich. Radikalökologische Perspektiven*, Köln: Kiepenheuer & Witsch Verlag 1991.
- *Feuer in die Herzen. Gegen die Entwertung des Menschen*, Hamburg: Konkret Literatur Verlag 1997 (3. erw. und vollst. überarb. Neuausgabe; 1. Aufl.: Carlsen 1992).
- *Was ich denke. Anders oder Gleich. Über die Entwertung des Menschen*, München: Goldmann Verlag 1995.
- *Blavatzkys Kinde.* Thriller, Bergisch Gladbach: Bastei Lübbe Verlag 1995.
- *Entspannt in die Barbarei. Esoterik, (Öko-)Faschismus und Biozentrismus,* Hamburg: Konkret Literatur Verlag 2009 (4. unveränd. Aufl.; 1. Aufl.: 1997).
- *Feuer in die Herzen. Gegen die Entwertung des Menschen*, Hamburg: Konkret Literatur Verlag 1997 (3. erw. und vollst. überarb. Neuausgabe; 1. Aufl.: Carlsen 1992)
- *Die Himmelsstürmerin.* Roman, München: Marion von Schröder Verlag 1998. Taschenbuchausgabe: München: Ullstein Taschenbuch Verlag 2000.
- *Das waren die Grünen. Abschied von einer Hoffnung*, München: Econ Taschenbuch Verlag 2001 (3. unveränd. Auflage; 1. Aufl. 2000).
- *Durch unsichtbare Mauern. Wie wird so eine links?*, Köln: Kiepenheuer & Witsch 2003 (3. unveränd. Aufl.; 1. Aufl. 2002).
- *Ulrike Meinhof. Die Biografie*, Berlin: Ullstein 2007 (1.–3. Aufl. 2008). Taschenbuchausgabe: Berlin: Ullstein Taschenbuch Verlag 2009 (1.–4. korr. Aufl. 2010).

  (Bisher auch in Schweden, Norwegen, den Niederlanden, der Türkei und in Griechenland erschienen.)
- *Rudi und Ulrike. Die Geschichte einer Freundschaft*, München: Droemer Verlag 2008.
- *Zeit des Zorns. Streitschrift für soziale Gerechtigkeit*, München: Droemer Verlag 2009.
- *Die Himmelsstürmerin.* Roman, Berlin: Rotbuch Verlag 2010 (1. vollst. überarb. Neuausgabe, mit Abb.).
- *Krieg, Atom, Armut. Was sie reden, was sie tun: Die Grünen*, Berlin: Rotbuch Verlag 2011.

Hinweis & Kontakt

Dies ist keine Autobiografie, sondern der Versuch, unter Verwendung autobiografischer Skizzen, herauszufinden, wie eine links wird, eine von vielen, und es ist ein Beispiel dafür, was beim Zusammenprall biografischer Zufälle mit gesellschaftlichen Entwicklungen geschehen kann, wenn dann noch individuelle Entscheidungen hinzukommen.

Ich habe mich bemüht, Menschen, Orte und Ereignisse zutreffend darzustellen und meine Erinnerungen zu überprüfen, aber das Gedächtnis spielt einer manchmal sonderbare Streiche. Sollten sich also dennoch Fehler in dieses Buch eingeschlichen haben, bitte ich die geneigten LeserInnen um Entschuldigung und um entsprechende Hinweise.

Weitere Informationen über meine Bücher und Texte, mich, das Ulrike-Meinhof-Archiv sowie die Termine meiner Vorträge und Lesungen auf: www.jutta-ditfurth.de.

Über Anregungen und Kritik freue ich mich: ÖkoLinX-ARL, Jutta Ditfurth, Neuhofstraße 42, 60318 Frankfurt am Main, oder per E-Mail: jutta.ditfurth@t-online.de.

Jutta Ditfurth, im Juli 2011